SV

Hans Mayer
Gelebte Musik

Erinnerungen

Suhrkamp Verlag

Erste Auflage 1999
© Suhrkamp Verlag Frankfurt am Main 1999
Alle Rechte vorbehalten, insbesondere das der Übersetzung,
des öffentlichen Vortrags sowie der Übertragung durch
Rundfunk und Fernsehen, auch einzelner Teile.
Kein Teil des Werkes darf in irgendeiner Form (durch Foto-
grafie, Mikrofilm oder andere Verfahren) ohne schriftliche
Genehmigung des Verlages reproduziert oder unter Ver-
wendung elektronischer Systeme verarbeitet, vervielfältigt
oder verbreitet werden.
Satz und Druck: Friedrich Pustet, Regensburg
Printed in Germany

Gelebte Musik

Inhalt

III. *Musik nach der Zerstörung*

I.
Die Zwanziger Jahre

Ein mißglückter Musikant

Ein musikalisches Wunderkind bin ich nie gewesen. Auch kein mißglücktes. Das haben vermutlich die guten Lebensverhältnisse meiner jungen Eltern verhindert. Die musikalischen Wunderkinder nämlich, worunter hier die reproduzierenden Kinder verstanden sind, nicht also Fälle wie Mozart oder Mendelssohn, wuchsen fast immer in sehr ärmlichen Verhältnissen auf. Die Eltern waren kleine Leute, die plötzlich eine erstaunliche Begabung bei ihrem Kind entdeckten. Sie holten sich Rat bei ihren Freunden und Nachbarn. Man kannte ähnliche Fälle, gab den Eltern guten Rat, wie sie das hoffnungsvolle Wunderkind entwickeln und berühmt machen könnten.

Eine solche Heimat geigender Wunderkinder ist in unserem Jahrhundert die Stadt Odessa gewesen. Genauer: das jüdische Armenviertel der Hafenstadt.

Darüber hat der große Schriftsteller Isaak Babel in seinen *Geschichten aus Odessa* aus eigener Kenntnis berichtet. Im jüdischen Odessa war die glanzvolle Erinnerung an den Geiger Mischa Elman getreulich bewahrt worden bei den armen Juden. Elman war einer von ihnen gewesen. Man hatte das Wunderkind zu dem großen Geigenlehrer Leopold Auer nach Moskau und St. Petersburg geschickt. Dort durfte er bald dem Zaren vorspielen. Er wurde ein Weltstar. Nun ging man in Odessa daran, jedes begabte Judenkind auf seine Tauglichkeit zu überprüfen.

Isaak Babel hat ergötzlich berichtet, wie man es auch mit ihm versuchte. Allein, er war kein Wunderkind. Wollte es auch gar nicht sein. War folglich zunächst einmal ein Versager.

Andere Eltern waren glücklicher. Auch Isaak Stern kam in Odessa zur Welt, doch seine Eltern emigrierten bald nach Amerika. Auch Wladimir Horowitz stammte aus Odessa. Auch er war ein Wunderkind, freilich als Klavierspieler. Außerdem waren seine Eltern recht wohlhabend. Da verlief dann alles ganz anders.

Um es zu wiederholen: Ich bin nicht einmal ein gescheitertes musikalisches Wunderkind gewesen. Viele musikalische Begabungen besaß ich trotzdem: das absolute Gehör; ein sehr gutes Gedächtnis; die Fähigkeit schließlich, mit einer größeren Menschengruppe gut umzugehen. Allein, ich habe die Geige, überhaupt die Streichinstrumente, für mich niemals so recht gemocht. Wohl aber das Klavier. Da freilich stellte sich bald heraus, daß die Hände zu klein waren für die große Virtuosität einer Liszt-Nachfolge, die voraussetzt, daß man ohne Schwierigkeit mit den Nonen und Dezimen herunterdonnern kann. Alle übrigen Verhinderungen besorgte meine Mutter, die unter gar keinen Umständen das einzige Kind auf die Bahn eines Musikanten zu schicken gedachte. Immerhin gab es einige Anzeichen bei mir, dem kleinen Buben von vier oder fünf Jahren, die auf eine offenkundige musikalische Begabung schließen mochten.

Wir wohnten damals in Köln noch in der gutbürgerlichen Neustadt, jenseits der Ringe, die an die Stelle der niedergelegten Stadtmauern getreten waren. Die Familie muß damals noch in meinem Geburtshaus (im Jugendstil) in der Genter Straße 30 gewohnt haben. Der Stadtgarten war ganz in der Nähe. Dort ging man dann am Samstag oder Sonntag hin: zu Kaffee und Kuchen oder einem »Kaffee mit Essen«, wie man das damals nannte. Als Essen waren Schwarzbrot und Rosinenbrot zu verstehen, mit Butter und Konfitüre. Im französischen Sinne also ein Café complet. Da saß man dann im Freien und lauschte der Musik. Die Musiker waren in einem schönen Pavillon untergebracht. Der übliche Pavillon sämtlicher Kurgärten im Deutschen Kaiserreich.

Plötzlich war ich verlorengegangen, man stand auf, um mich zu suchen. Da stand ich allein vor dem Musikpavillon, wo gespielt wurde. Ich schaute starr nach oben, und ich dirigierte. Wie das zuging? Ich weiß es nicht. Ich dirigierte eben.

Ein Ring von Leuten hatte sich gebildet, die mir lachend zuschauten. Ich wurde dann von der Mutter weggeschleppt. Sie war beschämt. So etwas! Allein, man hat viel später immer wieder diese Geschichte von mir erzählt. Ich selbst konnte mich an nichts erinnern.

Bald darauf zogen meine Eltern in die neue gutbürgerliche Vorortgegend eines »Neuen Ehrenfeld«. Das Alte Ehrenfeld war plebejisch und proletarisch. Weshalb mir zuhause auch eingeprägt wurde, nicht mit den »Schmuddelkindern« aus Alt-Ehrenfeld zu spielen. Das Verbot war leicht einzuhalten, denn es gab sie nicht, diese Schmuddelkinder, im Neuen Ehrenfeld.

In Neu-Ehrenfeld im Schillergymnasium, genauer gesagt in dessen Vorschule, wurde ich dann mit sechs Jahren eingeschult. Meine Empfindlichkeit für musikalische Geräusche war inzwischen von neuem bemerkt worden. Vor allem war auch die ältere Schwester meiner Mutter mit ihrem Mann in unsere Nähe in Neu-Ehrenfeld gezogen. Tante Emma, eine außerordentliche, etwas maskuline Frau, von großer musikalischer Begabung. Sie spielte sehr gut Klavier. Mit vielen Künstlern des damals modisch werdenden Expressionismus war sie befreundet. Wir haben später viel auf zwei Klavieren musiziert. Sie hat mich immer verteidigt gegenüber ihrer jüngeren Schwester. Sie war schon alt geworden mit ihrem Mann, als man sie nach Theresienstadt deportierte. Dort muß sie, wie Aussagen von Überlebenden bestätigt haben, eine außerordentliche Rolle gespielt haben als Organisatorin alles Kulturellen in dieser tückisch getarnten Hölle.

Tante Emma setzte durch, daß ein Klavier angeschafft wurde, meine Mutter hatte in ihrem Elternhaus nicht gespielt. Ich bekam Klavierunterricht: wohl mit sieben oder acht Jahren. Kein Wunderkind sollte hier herangezogen werden. Dafür sorgte Fräulein Rings, die Klavierlehrerin.

Fräulein Rings, ihren Vornamen habe ich vermutlich niemals gewußt, war ein hochgewachsener blonder Koloratursopran. Nicht mehr ganz jung, doch recht sangesfreudig. Eigentlich gehörte sie zu dem früher bekannten und geschätzten Rollenfach einer dramatischen Koloratursängerin. Dieses Fach ist heute überaus selten geworden, verlagerte sich dann eher auf den Bereich des Mezzosoprans. Die großen Ausnahmen einer Callas oder Gruberova bestätigen dies nur. Auch die musikalischen Interessen von Fräulein Rings entsprachen denen eines Koloratursoprans. Daher weiß ich bis heute Bescheid über die Tücken der Glöckchen-Arie aus *Lakmé* von Léo Delibes. Mir wurde auch eine entsetzlich schwere Arie, vermutlich eine Wahnsinnsarie, von Meyerbeer vorgesungen, wenn ich fleißig geübt hatte. Fräulein Rings begleitete sich dabei am Klavier.

Im übrigen regierte auch in meinem Falle der Carl Czerny.

Die Schule der Geläufigkeit

Geläufigkeit ist das Geheimnis eines Klavierspiels. Auch mein späterer (richtiger) Klavierlehrer, der Holländer Simon van Gelder, verlangte stets, die Läufe müßten wirken »wie ain Perleketsche«. Was man sich gesagt sein lassen sollte.

Also Czerny-Etüden. Mir machte das Tonleiterspielen am Anfang viel Spaß. Der hörte erst dann auf, als später diese komplizierten Fingersätze beachtet werden mußten.

Mit all dieser Musik hatte der Unterricht von Fräulein Rings kaum etwas zu tun. Da war die Klavierschule und die mußte der Reihe nach durchgeübt werden. Der Unterschied der Stücke war festgelegt durch die jeweilige Überschrift. Mehr war dazu nicht zu sagen.

Immerhin kam ich auf diese Weise zu einiger Fingerfertigkeit. Man konnte die Stücke erkennen, die ich spielte. Unter ihnen befand sich, das weiß ich heute noch, jenes Thema des jungen Beethoven aus seinem Ballett *Die Geschöpfe des Prometheus,* das ich viel später plötzlich mit großer Beglückung wiedererkannte beim ersten Anhören der *Eroica.*

Inzwischen war der Erste Weltkrieg, womit wohl keiner der Erwachsenen gerechnet hatte, mit einer deutschen Niederlage zuende gegangen. Der Vater war wieder zuhause, freute sich über das Klavier und den Eifer seines zwölfjährigen Sohnes. Er meinte deshalb, daß man sich bei Fräulein Rings für ihre Arbeit bedanken müsse. An ihre Stelle sollte nun ein wirklicher Klavierlehrer, also ein richtiger Klavierspieler, treten.

Geschäftsfreunde meines Vaters in der musikfreudigen Stadt Köln empfahlen ihm eben jenen Holländer Simon van Gelder, den alle nur Sim nannten. Er war noch jung, sehr freundlich und gesellig, stets von jungen Damen umgeben. Er hatte an der Musikhochschule studiert und mit dem Konzertexamen abgeschlossen. Van Gelder war wirklich ein guter Klavierspieler. Mehr lebenslustig als strebsam oder gar ehrgeizig. Er hat wohl auch nicht sehr gern geübt. Als hochgeschätzter Klavierlehrer kam er gut zurecht.

Dennoch habe ich einmal einem Klavierabend von ihm im Kammermusiksaal des Gürzenich beigewohnt. Der Saal war voll, ein freudig geneigtes Publikum. Simon van Gelder begann, was durchaus für ihn sprach, wie ich heute meine, mit den musikalisch ganz außerordentlichen Variationen in f-Moll des späten Haydn. Dann die unvermeidliche *Pathétique,* die er nach der damaligen Mode überaus pathetisch, gleichsam als Vorwegnahme der *Fünften Sinfonie,* präsentierte. Dem Publikum war es recht. Als ich sie dann später selbst zu spielen hatte, die Sonate opus 13, freute ich mich im Gegenteil darüber, daß der Schlußsatz mit so vieler und gar nicht besonders schwerer Geläufigkeit, eher heiter war als pathetisch, nicht dämonisch, sondern elegant. Aber damals spielte auch der große Edwin Fischer die *Pathétique* als Ausdruck von Dämonie und Weltschmerz.

Im zweiten Teil gab es dann bei diesem Klavierabend den üblichen Chopin. Sim schloß mit dem Scherzo in b-Moll, seinem Lieblingsstück.

Ich blieb dann die ganzen frühen Zwanziger Jahre, über das Abitur hinaus, bis zum Beginn meines Studiums in Köln bei meinem Simon van Gelder. Ihm verdanke ich eine große Kenntnis nicht allein des Klavierrepertoires, oder vielmehr: Indem mir mein Lehrer so viele Klavierkomponisten als Aufgabe stellte, vom *Wohltemperierten Klavier* bis zu Claude Debussy, man denke, wuchs mein musikalisches Interesse für das Gesamtwerk all dieser Komponisten.

In jener Zeit mit Simon van Gelder war mein Interesse für die Oper noch wenig entwickelt. Im Grunde bin ich niemals ein großer Liebhaber des Gesangs gewesen. Meine wirkliche Musik ist fast immer Instrumentalmusik gewesen. Mit dem Streichquartett als Höhepunkt. Wobei übrigens, wie ich heute meine, gar nicht Beethoven zum innersten Kern für mich gehörte, sondern Haydn und Mozart. Und Schubert natürlich.

Da Simon van Gelder in Köln sehr beliebt war und gute Verbindungen hatte, nahm er mich regelmäßig mit in die Generalproben der Gürzenich-Konzerte. Das wurde meine Erweckung. Denn ich beschaffte mir sodann die Klavierauszüge der großen Sinfonien. Wenn die Auszüge vierhändig gesetzt waren, fand ich irgendwelche Mitschüler oder Mitstudenten als Partner.

Das größte Versäumnis dieses so entscheidenden Klavierlehrers bestanden darin, daß er sich nur für mein korrektes Klavierspiel interessierte. Jegliche Analyse der Werke unterblieb. Die Struktur der Partituren wurde mit Hilfe von musikalischen »Vorzeichen« abgehandelt. Schlimmer noch: man vergaß beim Unterricht die Harmonielehre. Die wurde durch Klangvorschriften ersetzt.

Dies alles muß ich schon mit meinen fünfzehn oder sechzehn Jahren gespürt haben, denn ich ersetzte von mir aus die fehlende Unterweisung durch genaues Lesen der Noten. So kam ich einigermaßen zurecht. Doch die fehlende Unterweisung in Harmonielehre und Musiktheorie war niemals gutzumachen.

Das Kölner Musikleben mußte aushelfen, was auch gut gelang. Ich hörte nunmehr die von mir mißverstandenen Klavierwerke oder Sinfonien im Konzert. Jetzt verstand ich viel besser.

Trotzdem. Ich lasse mir nicht ausreden, am Abend eines langen Lebens, daß ich erst heute in der Lage bin beim Anhören eines Konzerts oder einer Aufnahme, jene Werke wirklich zu verstehen, die ich damals bloß spielen konnte.

Gespielt habe ich immerfort in meiner Jugendzeit. Alles ging kinderleicht. In seine geräumige Wohnung mit zwei Flügeln lud Herr van Gelder meine Eltern und meine Tante Emma ein. Ich habe dort auswendig das Mozart-Konzert in A-Dur KV 488 und das Erste Klavierkonzert in g-Moll von Felix Mendelssohn Bartholdy gespielt. Gespielt ist geprahlt. Aber man war damit sehr zufrieden. Man nannte das: Für den Hausgebrauch. Heute frage ich mich, ob das wirklich einmal real war. In meiner Erinnerung, für die es Zeugen gab, ist es so gewesen. Dafür spricht auch, daß die wirklichen jungen Musiker meiner Generation mich damals annahmen. Als einen möglichen Musiker, der dann keiner werden wollte.

Von einem ungewöhnlichen Mann ist hier zu sprechen, der völlig vergessen scheint, und der doch verdient hätte, in unserem Bewußtsein zu bleiben. Es handelt sich um den eigentlichen musikalischen Lehrer meines Lehrers Simon van Gelder. Das war der Pianist Max van de Sandt. Auch ein Holländer. Dazu noch ein Schüler von Franz Liszt in Weimar. Van de Sandt lebte in Köln. Er muß zu Beginn unseres Jahrhunderts ein erfolgreicher Pianist gewesen sein. Ich durfte bei ihm ein paarmal zuhören, wenn er mit Simon van Gelder arbeitete und musizierte. Ein freundlicher, stiller, unergründlicher und einsamer Mann. Er hatte das Grauen des Weltkrieges nicht ertragen können, daher beschlossen, nicht mehr öffentlich zu spielen. Er ließ wenige Schüler an sich heran.
Dieser Liszt-Schüler wäre vielleicht völlig vergessen, gäbe es da nicht eine berühmte Photographie, die sein Bild festhielt. Sie findet sich zusammen mit anderen Musikern und Komponisten in dem Band *Menschen des 20. Jahrhunderts* von August Sander, dieser Bilderenzyklopädie von Menschen aus Deutschland in den Zwanziger Jahren.
Max van de Sandt steht da ganz streng und abweisend, freundlichen Gesichts, in Photographierpose. Elegant im Paletot mit der Melone auf dem Kopf. Wer nicht weiß, um wen es sich handelt, wird an einen etwas faden und ältlichen Dandy erinnert. Er war aber ein mißglückter großer Musiker.

Deutsche Musik um Neunzehnhundertzwanzig

Die Weimarer Reichsverfassung vom August 1919 hatte es ausdrücklich festgelegt: »Das Deutsche Reich ist eine Republik. Die Staatsgewalt geht vom Volke aus.« Allein, diese Republik, das hat man später immer wieder feststellen müssen, war in ihren Anfängen nahezu eine Republik ohne deutsche Republikaner. Das Volk glaubte nicht an die schmerzliche Niederlage. Man hatte den Krieg nicht verloren: nachdem man so oft gesiegt hatte, so erfolgreich gewesen war mit so vielen Helden im Luftkrieg und im U-Bootkrieg. Man hatte dem russischen Zarenreich schließlich in Brest-Litowsk einen harten Siegfrieden diktiert. Das sollte alles nichts gewesen sein?

Das weitere ist bekannt. Die Freikorps. Jenen Gesang bei der Einjährigenfeier unseres Schillergymnasiums zu Köln im Frühjahr 1922 habe ich niemals vergessen.

> Hakenkreuz am Stahlhelm,
> Schwarzweißrot das Band:
> Die Brigade Ehrhardt
> Werden wir genannt!

Die Brigade Ehrhardt gehörte zu jenen terroristischen Vereinigungen gescheiterter Soldaten und Offiziere, deren Tun durchaus der heutigen Definition einer »Kriminellen Vereinigung« entsprach. Die Farben der Weimarer Republik waren Schwarzrotgold. Das waren die Farben auch des mittelalterlichen Römischen Reiches Deutscher Nation gewesen. Schwarzweißrot war das nun abgeschaffte Kaiserreich. Das Hakenkreuz bedeutete damals bereits nach Übereinkunft der sogenannten Rassetheoretiker, seit dem französischen Grafen Gobineau und dem deutschsüchtigen Engländer Houston Stewart Chamberlain, den Sonnenglanz des Ariertums und das Kampfsymbol für den Judenhaß.

Es gab ziemlich viele solcher Brigaden mit dem Hakenkreuz am

Stahlhelm. Die meisten sind dann wohl aufgegangen in dem bekannten Strom, der ins Blutmeer eines Zweiten Weltkrieges münden sollte.

Auch das kulturelle Leben in Deutschland zu Beginn jener Zwanziger Jahre schien den neuen Staat und die neue Staatsform zu ignorieren. Was die Musik betrifft, so lebte man in den großen Konzertvereinigungen der deutschen Städte, bei den ausübenden Musikern wie beim Stamm- und Abonnementpublikum, nach wie vor im Kaiserreich.

Als ich zum Wintersemester 1926/27 das Studium an der Universität Köln, einer städtischen Gründung der ersten Nachkriegszeit, mit dem Studium an der Friedrich-Wilhelm-Universität zu Berlin Unter den Linden vertauschte, befand ich mich in einer Universität des Kaiserreiches. In Köln hatte bereits ein bißchen Luft einer neuen Zeit geweht.

Die rasende Geldentwertung der frühen zwanziger Jahre hatte die materielle Substanz des alten deutschen Bürgertums mit Bildung und Besitz von Grund auf zerstört. Man war arm geworden. Die Währungsreform vom 1. Januar 1924 stabilisierte, was kaum einer heute noch weiß, auf der Grundlage eine Billion gleich eine Rentenmark. Eine Billion bedeutet, nach deutscher Rechenweise, eine Million Millionen.

Nach dem vom Bürgertum im Wilhelminischen Reich so ausgiebig bespöttelten »Verarmten Adel« gab es nun das »Verarmte Bürgertum«. Das imitierte jedoch den verarmten Adel auch darin, daß es das Gesicht zu wahren suchte. Man verzichtete auf notwendige Kleidung und nahrhaftes Essen. Nicht verzichten wollte man auf den Stammsitz in den Kölner Gürzenich-Konzerten, den Münchener Odeonskonzerten, den Frankfurter Museumskonzerten, den Philharmonischen Konzerten in Hamburg und Berlin.

Hier wollte man alles so weiter haben: wie bisher im schwarzweißroten Kaiserreich. Also vor allem die Drei Großen B, nach der Formel des Hans von Bülow. Bach – Beethoven – Brahms. Bürgerliche Fortschrittler wollten den Anton Bruckner als viertes großes B dazu haben.

In einem jedoch bestand bei ihnen allen Übereinstimmung: Musik ist deutsche Musik. Um anzudeuten, was damit, auch wenn man es im einzelnen Falle gar nicht ahnte, gleichzeitig ausgesagt war, sei daran erinnert, daß im August 1922 im berühmten Café Basar zu Salzburg, im Zusammenhang mit den im Jahre 1920 begründeten Festspielen zu Salzburg nach der Formel Hugo von Hofmannsthals, eine Internationale Gesellschaft für Neue Musik gegründet wurde (IGNM). Zur Gründung waren unter anderen folgende Musiker erschienen: Paul Hindemith, Anton von Webern, Béla Bartók, Zoltán Kodáli, dazu der Schweizer Arthur Honegger und der Franzose Darius Milhaud.

Ich erinnere mich nicht, daß bei den Kölner Gürzenich-Konzerten zwischen 1919 und etwa 1927 jemals ein Werk eines dieser Komponisten aufgeführt worden wäre. Musik war Deutsche Musik. Hindemith war undeutsch. Webern desgleichen. Er hatte sich den Juden Arnold Schönberg als Lehrer ausgesucht.

An öffentliche Aufführungen französischer Orchestermusik war nicht zu denken. Musik des Erzfeindes, man bedenke! In seinen Erinnerungen beschreibt der französisch-amerikanische Komponist und Pianist George Antheil, ein Jude übrigens, daß er um 1923 in München einen Klavierabend geben wollte. Er bekam Drohbriefe ins Hotel. Wenn französische Musik auf dem Programm stehe, dann werde es krachen. Antheill reiste ab.

So wie in den bereits genannten Konzerthäusern der großen Städte, die alle im Zweiten Weltkrieg nahezu vollständig zerstört werden sollten, zum großen Festsaal für die Sinfoniekonzerte auch ein kleiner Saal für die Kammermusik gehörte, so gab es in den traditionsreichen Konzertreihen dieser Städte, die natürlich auch in Detmold oder Rudolstadt nachgeahmt wurden, ein gleichsam eingesessenes Stammpublikum. In vielen Fällen als Personalunion für den Besitzer eines Stammsitzes im Gürzenich- oder Gewandhaus-Konzert, und dem Inhaber eines Abonnements auch für den Zyklus der Abende mit einem

Streichquartett. Auch darin nämlich wurde die Musik schlechthin als »deutsche« Musik betrachtet, da Streichquartette »natürlich« nur von deutschen Komponisten mit höchster Kunstfertigkeit komponiert worden waren. Von Joseph Haydn bis (vielleicht) Max Reger. Nach Reger war auch die Kammermusik, nach inniger Überzeugung der Abonnenten, übrigens auch der meisten Kritiker, an einem ruhmlosen Ende angelangt.

Daß es bereits großartige Streichquartette gab in diesem neuen Jahrhundert, von Claude Debussy und Maurice Ravel, daß auch schon die ersten großen Streichquartette von Béla Bartók entstanden waren, blieb unbekannt. Das mußte man nicht wissen. Ich habe alle diese Werke erst im französischen und schweizerischen Exil kennenlernen dürfen.

Eine Erinnerung aus meinen damaligen Studentenjahren mag diese historische Feststellung genauer illustrieren. Ich war noch Gymnasiast um das Jahr 1924, also nach der Währungsreform. Nun war, nach der Stabilisierung durch die sogenannte Rentenmark, eine berechenbare Grundlage für musikalische Veranstaltungen denkbar geworden. In unserer Schulklasse hospitierte ein junger Gymnasialintellektueller des neuen Typs. Er wußte alles, was damals neu und modisch war. Immerhin machte er uns in der Deutschstunde plötzlich mit den *Galgenliedern* von Christian Morgenstern bekannt. Als ein Schulausflug ins Ahrtal und nach Neuenahr geplant wurde, äußerte er vor der Klasse sein Mißbehagen. »Das Ahrtal ist Kitsch.« Er kannte sich also aus. Wir waren sehr beeindruckt. Ich erzählte den Ausspruch am Abendbrottisch. Mein Vater bekam einen Lachanfall.

Jener Studienassessor, dessen Name ich vergessen habe, war bekannt oder verschwägert mit einem renommierten Cellisten mit Namen Wilhelm Lamping. Der organisierte damals einen sehr erfolgreichen Zyklus von Brühler Schloßkonzerten. Konzerte also in dem von Balthasar Neumann erbauten Schloß der Kurfürsten zu Köln, die als Kurfürsten nicht mehr, seit der Schlacht bei Worringen, in der Freien und Hansestadt Köln residieren durften. Hier hatte der junge Ludwig van Beethoven vorgespielt. Ohne den Kölner Sieg bei Worringen wäre also Beethoven vermutlich in Köln am Rhein zur Welt gekommen.

Ich habe damals, dank der Hilfe des Studienassessors, alle Konzerte mit Streichquartetten besuchen dürfen. Ausschließlich Streichquartette, bisweilen ergänzt zum Quintett oder Sextett. Das Oktett von Mendelssohn wurde damals nicht gespielt, das weiß ich noch. Vielleicht weil das ein Judenwerk war.

Dabei waren durchaus auch jüdische Meister zu diesen Konzerten angereist. An ihrer Spitze der große Arnold Rosé von den Wiener Philharmonikern. Auch das Gewandhausquartett war von Leipzig nach Brühl gekommen mit dem weltberühmten Cellisten Julius Klengel, dem Lehrer unseres Emanuel Feuermann. Felix Berber mit seinen Mannen aus München. Dazu natürlich das Kölner Gürzenich-Quartett mit dem holländischen Juden Bram Eldering an der ersten Geige. Er war noch von Brahms nach Köln empfohlen worden.

Was und wie haben sie damals gespielt? Sehr schön, wie es sich versteht. Große deutsche Musik, das versteht sich gleichfalls. Das Busch-Quartett muß es damals wohl noch nicht gegeben haben. Die hätten sicher einen Reger gespielt, der sonst nicht vorkam.

In meiner Erinnerung will es außerdem scheinen, als seien alle diese Meister des Streichquartetts dem großen Spätwerk Beethovens ausgewichen. Einige Werke kannte ich von den Noten her. Gehört habe ich sie mit Bewußtsein erst viel später. Verstanden habe ich sie wohl erst in meinem späten Leben.

Der Kölner Gürzenich

Er war unbestreitbar, jedenfalls seit der deutschen Renaissance, der Mittelpunkt des gesellschaftlichen und kulturellen Lebens in der Freien und Hansestadt Köln. Vergleichbar dem Schütting in Bremen oder dem weltberühmten Artushof in der Hansestadt Danzig.

Der Kölner Gürzenich dominierte die Anhöhe über dem Rheinufer. Den Altermarkt zu Füßen des Gürzenich konnten die periodisch wiederkehrenden Überschwemmungen des Rheins bisweilen überfluten. Der Gürzenich jedoch blieb für sie unerreichbar.

Der befand sich im feinsten Stadtviertel: unweit des Historischen Rathauses und der als Wahrzeichen der Stadt Köln unverkennbaren Martinskirche. Auch der Jülichplatz war in der Nähe, den man zu Beginn des 19. Jahrhunderts noch Gülichplatz schrieb. Dort hatte der eingewanderte Johann Maria Farina seine Parfümerie gegründet. Das berühmte Eau de Cologne. Als Napoleon kurzerhand das linke Rheinufer für Frankreich annektierte, begannen die französischen Beamten mit der Numerierung der Häuser zuerst in jenem Viertel am hohen Rheinufer, also vom Gürzenich bis zu Sankt Martin. Damals bekam auch das Haus des Herrn Farina seine Nummer. Die Nummer 4711.

Was immer die Neugier und Lebenslust der Kölner beschäftigen mochte, sie hatte insgeheim mit dem Gürzenich zu tun. Das war ursprünglich ein großes Haus des allgemeinen Handels gewesen, eine Art Basar im italienischen Sinne, also nicht nach dem Vorbild des Orients. Dann kam die Börse im Zuge der Papiergeldentwicklung. Später wurde der Gürzenich zum wichtigsten Festsaal der Stadt: vor allem zur Zeit des festlichen Höhepunktes, also des Fastelovends. Auch der heißersehnte Zug am Rosenmontag erwies dem Gürzenich seine Reverenz.

Der Blick vom Fenster des Historischen Rathauses auf den »Zoch« war Ehrengästen der Stadt vorbehalten.

In unseren Zwanziger Jahren tagten in den Festsälen des Gürzenich die großen Karnevalsgesellschaften mit ihrem ermüdenden Ritual organisierter Fröhlichkeit. Dicke Herren im Frack und mit der Narrenkappe. Ihre stattlichen Damen im ausgeschnittenen Abendkleid, auch mit der Narrenkappe. Man war unter sich. Gut kölsch und gut katholisch. Kein Bedarf an jüdischem Kapital, wie in Frankfurt oder Berlin.

Wir gingen da nicht hin. Auch unsere etwas älteren Freunde, die Expressionisten aller Art und Kunstdisziplin, gingen da nicht hin. Wir feierten »Em dicke Tommes«: beim dicken und freundlichen Gastwirt, der Thomas hieß. Wir feierten Lumpenbälle. Das gehörte zur Ästhetik der Expressionisten, die sich, als Widerstand gegen die Vorurteile einer bürgerlichen Respektabilität mit Vorliebe den Randgestalten und Außenseitern der Gesellschaft zugewandt hatten. Den Dieben und den Huren, den Narren und den Hochstaplern. An Beispielen fehlt es nicht, von heute aus gesehen. Das beginnt mit der scheinbar so treuen Diebin Mutter Wolffen aus dem *Biberpelz* von Gerhart Hauptmann, geht über Wedekinds *Lulu* und seinen Hochstapler, den *Marquis von Keith,* bis zu den Halunken Carl Sternheims in seinem Zyklus *Aus dem bürgerlichen Heldenleben.*

Wir haben vor allem mit den expressionistischen Künstlern gefeiert. Damals lernte ich Otto Dix kennen, den ich immer noch verehre. Mein Vater hatte sich, beraten von Rechtsanwalt Dr. Joseph Haubrich, mit diesen Kölner Expressionisten angefreundet. Sehr zum Mißfallen meiner Mutter. Mit denen feierten wir beim dicken Thomas. Einer der bekanntesten Expressionisten von damals, das weiß man heute, vergab den eigenen Personalausweis einem Freund und Flüchtling aus der Münchener Räterepublik, der streckbrieflich gesucht wurde. Er nannte sich Red Marut und hatte in München eine revolutionäre Zeitschrift *Der Ziegelbrenner* herausgegeben. Nun war er auf der Flucht und mußte weg aus Deutschland.

Im »dicke Tommes« bekam er die Reisepapiere des Expressionisten. Dann war er verschollen. Irgendwo in Lateinamerika, wie man sich zuraunte. Wer war jener Red Marut aus den ganz frühen zwanziger Jahren, den ich noch nicht erleben konnte? Heute weiß man, wer da unter uns Hilfe gefunden hatte. Ein ebenso als Person unbekannter wie weltberühmter Schriftsteller. Er nannte sich später B. Traven.

Das war die Gegenwelt zum Kölner Gürzenich. Sie muß hier gleichfalls angerufen werden, denn sie hat stets auch in Köln dazugehört: gesellschaftlich wie kulturell. Auch sie pflegte sich bisweilen gerade im Gürzenich zu präsentieren und zu manifestieren.

Als im Frühjahr des Jahres 1848 die französische Februar-Revolution überschwappte nach Deutschland, war der Dr. Karl Marx aus Trier, der zuerst in Paris, dann im Brüsseler Exil gelebt hatte, nach Deutschland zurückgekehrt. Er hatte vor dem Exil in Köln als Redakteur einer rheinischen Zeitung gewirkt. Nun begründete er, der Organisator eines Kommunistenbundes, hier in Köln die *Neue Rheinische Zeitung*. Zur Redaktion gehörten Friedrich Engels aus dem Wuppertal, die beiden Detmolder Ferdinand Freiligrath und Georg Weerth, dazu Wilhelm Wolff aus Schlesien, der das berühmte Buch über den Weberaufstand von Peterswaldau geschrieben hatte. Ihm hat Marx den Ersten Band des *Capital* gewidmet.

Als ein Jahr später, im Jahre 1849, die Revolution gescheitert war, mußte die *Neue Rheinische Zeitung* das Erscheinen einstellen. Karl Marx versammelte einmal noch alle seine Freunde und Sympathisanten, um ihnen in einer Rede die Ereignisse zwischen Revolution und Konterrevolution zu interpretieren. Karl Marx sprach im Gürzenich.

Ich kannte den großen Konzertsaal im obersten Stock des Gürzenich, wo die Gürzenichkonzerte stattfanden, seit meiner Schülerzeit. Das neunzehnte Jahrhundert mit seinen neugotischen Sehnsüchten hatte sich hier ausgetobt. Ein großer Saal mit einem breiten Mittelgang zwischen zwei langen Sitzreihen. Es gab auch an den Wänden Sitzreihen mit ganz schlechter Sicht, auch die Plätze hinter den nach oben strebenden Pfeilern waren ungünstig. Doch die Akustik war ausgezeichnet. Oben gab es zu beiden Seiten unnumerierte Plätze auf der Galerie.

Von dort aus habe ich zu Beginn des Sommersemesters 1925 hinabgeschaut, als der Semesterbeginn feierlich zelebriert wurde durch Rektor und Senat der im Jahre 1919 städtisch begründeten Universität zu Köln.

Das sehe ich immer noch vor mir. Einmarsch der akademischen Würdenträger durch den großen Mittelgang. Voran die Pedelle. Dann die Magnifizenz im Ornat mit den Dekanen. Der gesamte Lehrkörper, worunter natürlich nur die Ordentlichen Professoren zu verstehen waren, gleichfalls im Talar. Anschließend in fast endloser und farbiger Festlichkeit die Chargierten der Studentenvereinigungen. Schlagend oder nichtschlagend. Corps und Burschenschaften. Alle in Wichs. Bändchen und Mützchen. Sehr viele Säbel, die rasseln mußten.

Die Professorenschaft zog rechts und links auf dem Treppchen empor zur Estrade. Die Feier konnte beginnen. Der eigentliche Gürzenichsaal dort unten war reserviert für die Verbindungsstudenten und ihre Damen und Anverwandten. Viele Alte Herren darunter, wie es sich versteht.

Dann konnte man beginnen. Die Magnifizenz gab Bericht. Anschließend der Festvortrag. Man hatte einen bedeutenden Mediziner darum gebeten. Die junge Kölner Universität war zeitgemäß. An Text und Inhalt jenes ersten akademischen Vortrags, den ich hören durfte, erinnere ich mich noch genau. Das Thema lautete: *Die Heilkräfte der Natur.* Niemand hatte mir bisher gesagt, daß es so etwas gab. Die Immunität also. Ich hörte auf, oben auf der Galerie unziemliche Bemerkungen zu machen über das akademische Spektakel da unten. Ich wurde sehr nachdenklich. Zum Schluß natürlich die *Akademische Festouvertüre* von Johannes Brahms. Beim abschließenden Gaudeamus standen alle auf und sangen mit. Anschließend Rückmarsch durch den Mittelgang.

Viel Gelebte Musik war für mich verbunden mit diesem Großen Konzertsaal. Daneben gab es, einen Stock tiefer, den Isabellensaal für die Kammermusik. Warum Isabella? Ich weiß es nicht.

Auch dort habe ich oft zugehört, doch die Erinnerungen sind stärker, wenn ich an den Saal des Gürzenichorchesters denke. Hatte der Saal im letzten Jahrzehnt des 19. Jahrhunderts bereits die mir vertraute Form gefunden? Dann hätte also Johannes Brahms am Dirigentenpult des Gürzenichorchesters gestanden bei der Uraufführung seines letzten sinfonischen Werkes: des *Doppelkonzertes in a-Moll* für Violine, Violoncello und Orchester. Dann wären alle drei also links unten, vom Publikum her gesehen, aus der Tür zum Künstlerzimmer gekommen, um links über die kleine Treppe aufs Podium zu steigen. Der Dirigent Johannes Brahms. Der Geiger Professor Joseph Joachim. Der Cellist Professor Robert Hausmann.

Das Denkspiel läßt sich unendlich weiterspinnen. Dann wäre also in meinem Geburtsjahr 1907 der Dirigent Gustav Mahler aus dem Künstlerzimmer gekommen, hätte sich über die kleine Treppe ans Dirigentenpult begeben, um die Uraufführung seiner 5. *Sinfonie* in cis-Moll zu leiten, die übrigens im Gürzenich ein Erfolg wurde. Im heimischen Wien Gustav Mahlers wäre sie natürlich wütend abgelehnt worden. Das wußte Mahler.

So viele sehe ich selbst noch vor mir auf dem Weg vom Künstlerzimmer zum Podium. Je nachdem zum Konzertflügel oder zu den Notenständern der Streicher oder zum Dirigentenpult vor dem wartenden Orchester.

Langsam und bedächtig, damit dem kostbaren Cello nichts geschieht, geht Pablo Casals aufs Podium. Hinter ihm sein schmächtiger, doch tüchtiger Begleiter Mieczislaw Horszowski. Gleich wird die *1. Cellosonate* in e-Moll von Brahms intoniert werden. Dann höre ich ihn wieder, jenen Celloton des Pablo Casals, den man nicht vergessen kann.

Der schlanke und hochgewachsene Richard Strauss kommt aus dem Künstlerzimmer, hinter ihm der Bariton Heinrich Rehkemper von der Bayerischen Staatsoper in München. Ein Strauss-Liederabend mit dem Komponisten am Klavier. Das Gesicht von Strauss ist bewegungslos. Daß es Zuhörer gibt, einen ausverkauften Saal, scheint er nicht zur Kenntnis zu nehmen. Er verbeugt sich mechanisch, weil sich das so gehört. Allein, die seelische Verbindung zwischen Sänger und Begleiter scheint eng zu sein. Richard Strauss ist zufrieden.

Auch andere, die es nicht hätten tun sollen, wollten unbedingt im Gürzenich zu ihrem Publikum sprechen. Einer von ihnen war der damals sehr erfolgreiche Erzähler Jakob Wassermann aus Fürth. Er hat so viel Erfolg gehabt mit seinem kriminalhaften Roman *Der Fall Maurizius*. Man befand sich in der zweiten Hälfte der Zwanziger Jahre. Die Jugend radikalisierte sich zusehends und polarisierend zwischen Hakenkreuz und Rotfront. Jakob Wassermann, über dessen Weltunkenntnis sich sein angeblicher Freund Hugo von Hofmannsthal weidlich zu amüsieren pflegte, wie mir viel später mein Lehrer Carl J. Burckhardt zu erzählen wußte, hielt es für angemessen, ein *Wort an die Deutsche Jugend* vorzutragen. Zu diesem »Behufe« kam er in den Gürzenich nach Köln. Die Wirtschaftskrise hatte bereits begonnen. Jakob Wassermann kam aus dem Künstlerzimmer und stieg über die kleine Treppe, um sich ans Rednerpult zu begeben. Er war im Frack. Da er ziemlich beleibt war, mochte man ahnen, wie unbequem er sich darin fühlen mußte.
Übrigens mußte er in einem ziemlich leeren Gürzenichsaal sprechen. Die Jugend, der seine Rede hatte gelten sollen, war ferngeblieben. Ein treues Publikum von Lesern des S. Fischer-Verlages war erschienen. Man klatschte artig.
Der etwas komische Abend wäre mir nicht in Erinnerung geblieben, wenn nicht der Zufall eine ironische Pointe beigesteuert hätte. Wenn ich mich nämlich recht erinnere, so waren keine zwei Wochen vergangen, als ich abermals den Weg zum Gürzenich nahm am Abend, um einen mir wohlbekannten Schriftsteller dort anzuhören. Er hieß Ernst Toller. Der hatte kein Manifest an die Jugend zu verkünden, sondern las einfach aus eigenen Werken. Der Gürzenichsaal war dicht gefüllt. Lauter junge Leute. Der schlanke Ernst Toller mit den glühenden Augen kam eilig die Treppe empor, setzte sich an den Tisch, begann zu lesen. Wir waren in seinem Bann. Er trug ein Russen-

hemd. Am Schluß las er aus seinem *Schwalbenbuch*. Gedichte aus der Gefängniszelle. Er war zu Festungshaft verurteilt worden als Rädelsführer der Münchener Räterepublik. Weil er im gefährlichsten Augenblick versteckt gewesen war, konnte er der standrechtlichen Erschießung entgehen. Es kam zu einem ordentlichen Strafprozeß. Die Zeugenaussagen von Thomas Mann und Max Weber haben sein Leben gerettet.

Für mich war Toller damals bereits der Dramatiker der *Maschinenstürmer* und vor allem des *Hinkemann*. Heinrich George als Hinkemann. Den weiß ich noch und werd ich immer wissen: um den jungen Brecht zu zitieren, dessen Andreas Krageler in *Trommeln in der Nacht* nicht gemeinsame Sache machen will mit den Leuten von der Räterepublik und vom Spartakusbund. Kragler hat seine Braut gerettet und geht mit ihr nach Hause: in das große, weiße, breite Bett.

Ernst Toller habe ich nur dieses eine Mal gesehen. Im Fühjahr 1939 nahm ich in Paris teil an der Trauerfeier der Emigranten für die toten Schriftsteller Joseph Roth und Ernst Toller. Toller hatte sich erhängt in einem New Yorker Hotel.

Otto Klemperer

Von einer richtigen Bekanntschaft mit ihm kann nicht gesprochen werden. Ein paar kurze Begegnungen in Köln, also zu einer Zeit, da ich noch Schüler und junger Student war, der den riesigen Mann zwar bewunderte, den er aber nicht beachten mußte. Ich erlebte ihn damals ein paarmal bei irgendwelchen Veranstaltungen, auf Proben und stets mit vielen anderen Leuten. Er dürfte mich kaum bemerkt haben. Dann viele musikalische Eindrücke während meiner Berliner Studienzeit, die zusammenfiel mit dem grandiosen Experiment seiner Kroll-Oper. Da sah man ihn meistens ganz aus der Ferne. Mit der Blickrichtung aus der Rezeptionssphäre.

Zuletzt sah ich ihn in Berlin aus Anlaß seiner Zusammenarbeit mit Walter Felsenstein in der von mir heißgeliebten Komischen Oper. Die unvergeßbare *Carmen* mit einer griechischen Sängerin in der Titelrolle. Auch Ernst und Carola Bloch, alte und enge Freunde Otto Klemperers, waren nach Berlin gekommen. Bloch unterhielt sich bei der Premierenfeier angelegentlich mit dieser jungen und hochbegabten Griechin. Er berichtete dann später: sie hätte sich als Kennerin der altgriechischen Literatur und (sogar) Philosophie erwiesen.

Das alles ist wenig, und es wäre aus diesem Grunde, mit dem Kellner Mager aus Thomas Manns Roman *Lotte in Weimar* zu sprechen, durchaus nicht »buchenswert«.

Andererseits ist Otto Klemperer in meinem Leben einer der großen Erwecker gewesen. Seine Auffassung von der Konzeption und Größe eines Kunstwerkes hat mich seit meiner Schülerzeit, als ich den Kölner Gürzenich- und Opernkapellmeister Otto Klemperer im Theater und auf der Bühne erleben durfte, entscheidend geprägt. Klemperers Interpretationen sowohl der klassischen Sinfonik wie gerade auch der zeitgenössischen Musik in unserem frühen 20. Jahrhundert gelten insgeheim für mich nach wie vor.

In Köln und in seiner Tätigkeit am Opernhaus am Rudolfsplatz, das eine so große Rolle gespielt hat bei meinen geistigen und künstlerischen Entdeckungen, war Otto Klemperer gleichzeitig für die Kölner ein Ärgernis, ein Gerücht und ein Mythos. Jedermann wußte, daß man diesen Mann mit keinem anderen der wohlbekannten musikalischen Zeitgenossen vergleichen konnte. Ich stelle mir vor, daß Gustav Mahler in Wien in ganz ähnlicher Weise erlebt wurde. Als ein Ärgernis, ein Gerücht und ein Mythos.

Mit jenem wichtigen Unterschied freilich, daß man bei Otto Klemperer in Köln stets den Eindruck hatte, daß er bei all seinen Auftritten (bewußt oder unbewußt) ein bißchen die Rolle eines Imitators von Gustav Mahler zu spielen gedachte. Das darf nicht als abschätzige Charakteristik mißverstanden werden. Daß Klemperer ein langes Leben immer wieder am Rande zwischen heller Schärfe des Geistes und bisweilen wahnhaften Gedankenspielen durchzuwandern verstand, ist notorisch und evident. Wer ihn häufig erlebte, gleichzeitig in Bewunderung und Distanz, mußte spüren, daß Klemperer gerade in den großen Augenblicken musikalischer Interpretation stets beides durchlebte: die tiefe Übereinstimmung mit der interpretierten Musik und die Geste der Verfremdung. Etwa in dem Sinne des unausgerufenen Einspruchs: So muß man das spielen!

Es kam hinzu, wenn man zurückblickt auf dieses immer wieder erfolgreiche, katastrophenreiche, widerspruchsvolle Künstlerleben, daß Otto Klemperer seine musikalischen Vorlieben und Abneigungen nicht folgerichtig beibehielt. Nach dem Ende eines Zweiten Weltkrieges dirigierte er Komponisten und Werke, die er zur Kölner Zeit und in der Epoche der Kroll-Oper mit äußerstem Hohn verachtet hätte.

Umgekehrt waren seine Vorlieben im Bereich der zeitgenössischen Musik, von wenigen Ausnahmen abgesehen, auch nicht besonders dauerhaft. Am ehesten stabil war seine Bewunderung für das Werk Igor Strawinskis. In seiner ersten Kölner Zeit hatte er sich zur »Entlastung« einen soliden Stellvertreter hergeholt, der alle die unumgänglichen Wagner-Aufführungen zu leiten hatte. Für sich reservierte er, aber das habe ich leider als junger Mensch nicht mehr erleben können, bloß den *Tristan*.

Für mich damals in Köln war es natürlich ein Glücksfall, daß Klemperer in seiner Oper sehr bewußt ein Konstrastprogramm vorstellte zu den Programmstrukturen der Gürzenich-Konzerte unter Leitung von Hermann Abendroth. In der reichhaltigen Sekundärliteratur über diese beiden Männer in ihrem Nebeneinander werden Theaterkonflikte banaler Art ganz ungebührlich dramatisiert. Ich glaube es anders zu wissen. Hermann Abendroth war ein sehr nobler Mensch, der durchaus die Größe seines Gegenspielers ermessen konnte. Umgekehrt war das wohl nicht der Fall. So kam, seit Beginn der Zwanziger Jahre, also in der letzten Kölner Zeit Otto Klemperers, der Kompromiß zustande, daß der Opernchef dreimal im Jahr mit dem Gürzenichorchester im Opernhaus einen Konzertabend geben konnte. Ich habe damals, was mir großen Eindruck machte, das *Poème de l'extase* von Alexander Skrjabin unter Klemperers Leitung hören können. Auch die ersten Begegnungen mit der Musik Arnold Schönbergs habe ich Klemperer zu verdanken. *Die Verklärte Nacht* und *Pierrot Lunaire*.

Umgekehrt durfte Klemperer bisweilen auch im normalen Gürzenich-Konzert auftreten. Damit hängt eine meiner schönsten Erinnerungen an den damals jungen Otto Klemperer zusammen. Da der genialische Musiker seine geistigen und religiösen Bekenntnisse gleichsam zufallhaft behandelte, ohne sich bei ihnen irgend festzulegen, durchlebte er damals in Köln als Jude seine erste »katholische Phase«. Da Klemperer nahezu alles bis ins Extrem vorzutreiben liebte, wurde er fortan ganz ungemein katholisch. Er schrieb eine *Missa Sacra*, die ich damals gehört habe. Ich habe sie als ein Werk durchaus interessanter zeitgenössischer Musik in Erinnerung. Merkwürdiger und wichtiger war für mich die Möglichkeit, daß ich auch bei einer Probe Klemperers zuhören durfte, die dieser Messe gewidmet war. Der wegen seiner Sarkasmen und Wutausbrüche gefürchtete Riese war auf der Probe ganz locker, heiter, offenbar dankbar für die Möglichkeit, die eigene Musik probieren zu dürfen. Er hatte sich einen Kinderchor an einigen Stellen ausgedacht; nun erlebte ich ihn bei der Probe mit den Kindern. Er war ganz reizend, ganz ohne Herablassung. Er nahm seine jungen Interpreten ernst, erklärte ihnen den musikalischen Ablauf. Die Kinder waren eifrig bei der Sache. Ich höre ihn noch, wie er abklopfte und dann sagte: »Kinder, Ihr müßt lachen! Das macht die Kehle rein.«

Auch an das erste musikalische Erlebnis mit Klemperer erinnere ich mich noch genau. Da bei uns zuhause viel Interesse gerade am Musiktheater vorhanden war, wo ich durch meine Tante Emma, die gute Musikerin, stets wohlinformiert wurde, erlebte ich Klemperer zunächst als Gerücht und als Mythos. Da war ein ganz ungewöhnlicher Mann an die Kölner Oper geholt worden. Er hat großen Erfolg gehabt in Hamburg, wohin man ihn, wie es hieß, auch dank einer ausdrücklichen Empfehlung Gustav Mahlers geholt hatte. Aus alten Programmzetteln der Familie sah ich dann, daß Klemperer während des Ersten Weltkrieges alles dirigiert hatte, was ihm vielleicht ein Greuel sein mußte. Von einer wunderbaren Aufführung der *Walküre* unter seiner Leitung wurde viel geredet. Bis auf *Rienzi* dirigierte Klemperer schließlich alle Werke Richard Wagners in Köln.

Mit etwa vierzehn Jahren durfte ich dann zum erstenmal in eine »richtige« Opernaufführung gehen. Die obligaten Stadien bürgerlicher Opernaufführungen, also *Hänsel und Gretel* und *Freischütz,* hatte ich absolviert. Jetzt gab es die *Entführung aus dem Serail* von Mozart. Ich sehe mich noch in der rechten Proszeniumsloge im ersten Rang. Ich schaue hinab auf das Orchester, sehe ihn hereinkommen, den hochgewachsenen Mann, der sich nicht hinsetzte, sondern vorerst vor dem Orchester stehenbleibt. Das Flirren der Streicher zu Beginn der Ouvertüre, dann sogleich die lärmende Janitscharenmusik. Mit äußerster Energie läßt Klemperer diese harte Türkenmusik erklingen. Das wird für die Dauer des Opernabends in meiner Erinnerung der wichtigste Eindruck. Natürlich verlor ich mich dann sogleich an die Sänger, vor allem an die sauberen Koloraturen der Konstanze. Klemperer hatte stets diejenigen Künstler zur Verfügung, die er jeweils für seine Interpretationen haben wollte. Man erlebte die Lyrik dieses Singspiels, dennoch am meisten freute ich mich über den Osmin. Ich möchte meinen, daß der Dirigent diese Vorliebe teilte. Womit nicht vom Sänger dieses Abends gesprochen wird, sondern von der Mozart-Musik dieser Rolle.

Auch an Klemperers Abschiedskonzert im Kölner Opernhaus kann ich mich erinnern. Er wollte weg aus Köln. Hier hatte er geheiratet, und zwar die menschlich sehr liebenswerte, musikalisch rührende Sängerin Johanna Geisler. Es hatte in der letzten Zeit, also um 1924, viel Ärger gegeben. Klemperer wollte nach Berlin, was sich zerschlug. Dann akzeptierte er widerwillig das Hessische Staatstheater in Wiesbaden. Allein, die Kölner Oper hatte einen weit besseren Ruf als Wiesbaden. Außerdem hatte Wiesbaden einen hervorragenden Konzertdirigenten, nämlich Carl Schuricht.

Das Abschiedskonzert war ein Beethoven-Abend. Die *Erste* und die *Dritte Sinfonie,* dazu das *Dritte Klavierkonzert* mit Artur Schnabel. C-Dur, c-Moll, Es-Dur. Seit diesem Abend war ich ihm verfallen.

Langsam und mit sonderbaren Wendungen und Windungen begann Klemperers steigender und stetiger Erfolg in Berlin. Zwei Jahre später, im Herbst 1926, bei meinem ersten Berliner Semester, wurde abermals ein Beethoven-Abend Klemperers mit den Berliner Philharmonikern angekündigt. Auch da war ich zur Stelle. *Egmont*-Ouvertüre, die deutlich erkennen machte, daß da eine Hinrichtung stattfand, bevor der Freiheitsjubel erklingen darf. Diesmal das *Vierte Klavierkonzert* in G-Dur mit dem damals sensationell aufsteigenden Walter Gieseking. Ich habe dieses Konzert und auch den öfter erlebten Walter Gieseking nie schöner gehört als an diesem Abend. Zum Schluß die *Siebente Sinfonie*. Der Schlußsatz war durchaus nicht, wie Richard Wagner behauptet hat, eine »Apotheose des Tanzes«. Es war, gleichsam als Steigerung der Janitscharenmusik bei Mozart, ein wütendes Spiel gegensätzlicher Rhythmen. Auch dieser Abend blieb unvergeßbar.

Über die Geschichte der Kroll-Oper ist viel geschrieben worden. Ich habe dazu wenig beizutragen, obwohl ich den *Oedipus Rex* von Strawinski ebenso erlebte, wie den großartigen *Fliegenden Holländer* in der Inszenierung Jürgen Fehlings. Damals war ich jedoch noch ein nach wie vor recht konservativer Musikfreund. So gab ich meistens der Oper Unter den Linden, gerade auch Erich Kleibers Aufführungen im Schauspielhaus am Gendarmenmarkt, den Vorzug. Zu schweigen von den wunderbaren Abenden mit Bruno Walter und der Maria Ivogün in dem Haus zu Charlottenburg, das bald darauf erst zur Städtischen Oper ernannt wurde.

Vieles aus der inneren Geschichte der Kroll-Oper verdanke ich den späten Erinnerungen Ernst Blochs. Klemperer und Bloch, beide vom Jahrgang 1885, waren enge Freunde. Bloch empfand sich, ein bißchen selbstironisch, als Vasallen dieses ungebärdigen Selbstherrschers.

Doch eine Episode, die mir Bloch erzählte, muß ich hier schildern, weil sie eine herrliche und wahrhaft »buchenswerte« Geschichte ist.

Ich fragte Bloch einmal, ob er Igor Strawinski gekannt habe. Die Antwort lautete: »Mit Strawinski habe ich Menuett getanzt!« Das war nach der erfolgreichen Premiere des *Oedipus Rex*. Man war in die berühmte und riesige Berliner Hasenheide gezogen. Laute und plebejische Blasmusik, was den Schöpfer des *Petruschka* entzücken mußte. Da sei zu Beginn einer Nummer des Blasorchesters plötzlich der kleine Strawinski vor Ernst Bloch getreten, habe sich zeremoniell verbeugt und gefragt: »Darf ich bitten.« Alle hatten offenbar viel gutes Bier getrunken. So tanzten sie also miteinander zeremoniell zu den Klängen dieser Musik. Igor Strawinski und Ernst Bloch. Auch dies gehört, wie mir scheint, zur Geistesgeschichte dieser Kroll-Oper.

Das weitere ist bekannt. Wütende Hetze gegen Klemperer und seinen »Kulturbolschewismus«. Die Kroll-Oper wird eingespart, Klemperers Stellvertreter am Dirigentenpult, also Alexander von Zemlinsky, wird gleichfalls entlassen. Klemperer darf weiter an der Lindenoper und ihren Ersatzhäusern dirigieren, wenn das Haus Unter den Linden wieder einmal repariert werden muß. Er wagt es dort, allen Warnungen trotzend, dem einstigen *Holländer* an der Kroll-Oper nun auch einen neuen

Tannhäuser folgen zu lassen. Abermals in Zusammenarbeit mit Jürgen Fehling. Allein, inzwischen hat es den absoluten Wendetag unseres Jahrhunderts gegeben, den 30. Januar 1933. Auch hier ist das weitere bekannt.

Im Exil gibt es immer wieder widerspruchsvolle Gerüchte über diesen sonderbaren Musiker. Er war als Chef des Los Angeles Philharmonic Orchestra geholt worden. Dort brach einige Jahre später ein Gehirntumor aus. Der schmerzgepeinigte Künstler sei einfach wild weggelaufen und mußte eingeholt werden. Die amerikanische Presse in ihrer Freude am einträglichen bösen Skandal hatte nicht gespart mit Einzelheiten. Viele Jahre später erzählte mir ein Verwandter des Musikers, der Romanist Victor Klemperer, in Dresden, der als Halbjude überdauern konnte, wie seine berühmten Tagebücher berichten, was in ihm vorging, als die Nazipresse 1939 höhnisch mitzuteilen hatte: »Jud Klemperer wurde als Verrückter eingefangen.«

Als der Krieg zuende war, hat man sich in dem besiegten und zerstörten Mitteleuropa nicht um die nun rückkehrwilligen großen Musiker von einst gerissen. Sie heißen beispielsweise George Szell und Erich Kleiber, Fritz Reiner und Fritz Busch, Otto Klemperer und sein einstiger Kölner Assistent Hans Wilhelm Steinberg, der nun als William Steinberg in Amerika erfolgreich geworden war.

Klemperer versuchte es mit der Oper in Budapest, einer Stadt, in der er und die Familie sich im musikalischen Bereich wohl fühlten, wo er aber sofort in Konflikt mit dem schauerlichen Stalinismus des damaligen Machthabers Rakosi kam.

Dann kam es zu einer Einladung an die Berliner Komische Oper durch Walter Felsenstein. Im Zusammenhang mit der Vorbereitung der *Carmen* im Haus an der Behrenstraße gab Klemperer auch einige Konzerte. An eines dieser Konzerte kann ich mich gut erinnern, weil es in einer doppelten Weise »buchenswert« gewesen ist. Klemperer dirigierte die *Schottische Sinfonie* in a-Moll von Felix Mendelssohn Bartholdy. Sie ist gleichsam als Rahmenerzählung komponiert: als Erinnerungsmusik sowohl an die schottische Geschichte wie die schottische Landschaft und Lebensform. Im Finale wird noch einmal die blutige Geschichte heraufbeschworen. Sie versinkt dann leise als Erinnerungsbild in a-Moll. Dann folgt, als Abschluß der Rahmengeschichte, eine schwungvolle Apotheose des Heute in A-Dur.

Klemperer dirigierte nun in Berlin die Partitur Mendelssohns bis zu dem leisen Ausklang in a-Moll. Dann war die Sinfonie für ihn offenbar zuende. Er legte den Taktstock weg. Das Publikum applaudierte herzlich, ganz ohne Irritation. Man ging in die Pause. Ich war verwundert. Was war dort geschehen? Als junger Chefredakteur im Frankfurter Rundfunk hatte ich einige Jahre vorher eine Sendung über Mendelssohn ausdrücklich gipfeln lassen in diesem von Klemperer nicht dirigierten Finale der *Schottischen Sinfonie*.

Ich wandte mich in der Pause an einige mir gut bekannte und tüchtige Vertreter der Berliner Musikkritik mit der Frage: »Warum hat Klemperer den Schluß gestrichen?« Allgemeine Verwunderung bei den Befragten. Sie hatten nichts gemerkt. Man kannte sich offenbar nicht mehr gut aus mit der Musik jenes Felix Mendelssohn Bartholdy. – Später erfuhr ich von wirklichen Sachkennern, Klemperer habe sich bei dieser Verweigerung auf Selbstzweifel des Komponisten Mendelssohn berufen können über diesen so überaus affirmativen, lauten Schluß seiner schottischen Musik.

Der erste *Tristan,* und Bruno Walter

Ein etwa Fünfzehnjähriger erlebt zum erstenmal eine Aufführung von *Tristan und Isolde* in der Charlottenburger Oper,
die damals noch nicht als Städtische Oper Berlin anerkannt
worden war. Bruno Walter dirigierte. Frida Leider, damals wohl
noch an der Hamburgischen Staatsoper engagiert, sang die
Isolde. Als Brangäne hatte sich Bruno Walter eine schwedische
Altistin geholt, die sich ausdrücklich als Madame Charles
Cahier vorzustellen gedachte. Eine wunderbare Künstlerin, die
vor dem Ersten Weltkrieg in München, gleichfalls unter Leitung von Bruno Walter, zusammen mit dem holländischen Tenor Jacques Urlus, das *Lied von der Erde* von Gustav Mahler
uraufgeführt hatte.
Den Sänger des Tristan hatte man sich von der Staatsoper Unter
den Linden ausgeliehen. Dr. Walther Kirchhoff war nicht mehr
ganz jung. Er gehörte noch zur Preußischen Hofoper im Kaiserreich, war dadurch aber geschult worden durch Richard
Strauss, den Chef der Preußischen Hofkapelle.
Den Marke sang der aus Rußland emigrierte hochgewachsene,
wirklich »schwarze« Bassist Alexander Kipnis. Vom Sänger des
Kurwenal soll hier nicht gesprochen werden. Der war an sich
ausgezeichnet, sollte dann aber später, in einem Erwachten
Deutschland, sein Können in arger Weise mißbrauchen.

Für mich und meine noch um zwei Jahre jüngere Cousine Lotte
war dieser Abend eine doppelte Entdeckung. Wir haben uns
später, bei ihr im englischen Exil, noch oft daran erinnert.
Erlebnis der Größe Richard Wagners. Erlebnis eines wunderbaren Dirigenten, der Schüler und vertrauter Freund Gustav
Mahlers gewesen war.

Bruno Walter Schlesinger stammte aus Berlin und war Jahrgang
1876. Also um ein Jahr jünger als sein treuer und getreuer
Freund Thomas Mann. Der vorangegangene Jahrgang 1874

präsentiert sich, ein Jahrhundert später, als ebenso merkwürdige wie spannungsreiche Konstellation. Hugo von Hofmannsthal, dessen Gegenspieler Arnold Schönberg. Dazu Karl Kraus als zweiter Gegenspieler Hugo von Hofmannsthals. Dafür als geistiger Zuordnungspunkt für Arnold Schönberg und die Seinen. Auch Alban Berg bekannte sich dankbar zum Herausgeber der *Fackel.* – Otto Klemperer war Jahrgang 1885, damit gleichaltrig mit seinem Freund Ernst Bloch. Beide hielten es also weit mehr mit Karl Kraus und Schönberg als mit Hugo von Hofmannsthal, oder gar mit Thomas Mann. Klemperer hat den Bruno Walter offensichtlich nicht sehr gemocht. Ernst Bloch berichtete, und er mußte es wissen, daß Klemperer das aufsteigende G-Dur-Thema gleich zu Beginn von Mahlers *Vierter Sinfonie,* also nach dem Schellengeklingel, mit folgendem Text zu singen liebte: »Nun kommt der Schle – sing – er …«

Der Musiker Bruno Walter war jedoch im Grunde gar nicht der entschiedenste Gegensatz zur Interpretationsweise des Dirigenten und Komponisten Otto Klemperer. Der war offenbar kaum an der Darstellung eigener Auffassungen und Empfindungen als Interpret wichtiger Partituren interessiert. Er stand allen musikalischen Texten, den vergangenen wie den gegenwärtigen, als ein genauer Leser und Analytiker gegenüber, der die Gabe besitzt, alles gleichzeitig auch zu hören. Im Gegensatz zu Gustav Mahler, bei dem jedoch auch der junge Klemperer gelernt hatte, hielt dieser Interpret vom Jahrgang 1885, alle Versuche, den Partiturtext eigenwillig auszulegen oder gar abzuändern, für ein ästhetisches Verbrechen. Klemperer verbot das Vibrato und das Rubato, wenn es nicht ausdrücklich vorgeschrieben war. Das Werk sollte genau so aufgeführt werden, wie es die Partitur verlangt hatte. Ob das überhaupt möglich sei, scheint diesen Dirigenten nicht bekümmert zu haben. Durch seinen Verzicht auf alle Versuche, eigene Emotionen gleichsam einzubringen, hat Klemperer in jenen zwanziger Jahren viele große Werke der Musikliteratur, von Bachs *h-Moll-Messe* bis zur *Missa Solemnis* von Beethoven überhaupt erst verstehbar und hörbar gemacht. Befreit von aller Orchestertradition, die auch Klemperer, wie sein Vorbild Gustav Mahler, einfach gleichsetzte mit Schlamperei.

Der eigentliche große Gegenspieler zu Klemperer war vermutlich Wilhelm Furtwängler, weil der sehr häufig die für ihn wichtigsten Werke gerade der romantischen Musik gleichsam wie eine eigene Komposition aufzuführen pflegte. Ganz ohne Veränderung oder gar Verfälschung natürlich. Furtwängler war ein moderner Musiker: von großer Gefühlskraft, doch keineswegs sentimental. Ein Werk wie die *Achte* von Bruckner unter Leitung von Klemperer oder Furtwängler präsentierte sich jedesmal durchaus legitim, doch jeweils in veränderter Weise. Klemperer hat den eigentlichen deutschen Expressionismus nicht ausstehen können. Da hielt er sich früh schon an den Gegenspieler Igor Strawinski.

War Bruno Walter ein Expressionist als Dirigent? Sicherlich nicht. Es gibt eine sehr schöne Charakterisierung des Musikers Bruno Walter durch seinen Freund Thomas Mann. Enthalten in einem späten Geburtstagsgruß aus dem amerikanischen Exil. Thomas Mann vergleicht den eigenen Weg mit dem Bruno Walters. Er stellt sich vor, wie er sich selbst, wäre er wirklich ein Musiker geworden, ausgedrückt hätte. Dann hätte er, so meint Thomas Mann, »etwa« so ähnlich komponiert wie César Franck; er hätte »etwa« so ähnlich dirigiert wie Bruno Walter. Gemeint ist beim Autor des *Doktor Faustus* vermutlich der Versuch, alle vergangene Literatur gleichsam neu und erneut mitzuerleben.
Eben damit ist Bruno Walter für mich bei aller Tiefe des Erlebens in einem Konzert Klemperers oder Furtwänglers, doch zum liebsten der Musiker geworden. Wenn es irgend möglich war, so habe ich jeden seiner Opernabende oder Konzerte besucht. Es hat nie eine Enttäuschung gegeben. Seine musikalische Gefühlskraft und Darstellungskraft war unermeßlich. Immer wieder Mozart natürlich, auch bei jenen denkwürdigen Abenden, da Bruno Walter selbst ein Mozart-Konzert spielte und dirigierte. Immer wieder vor allem der *Don Giovanni.*

Auch noch in den frühen dreißiger Jahren in Paris im Palais Garnier. Das Orchester der Pariser Oper wurde durch Walter verwandelt. Er dirigierte aber auch den *Don Pasquale* und die *Lustigen Weiber von Windsor*, Webers *Euryanthe* und den *Palestrina*, den er mitten im Weltkrieg als bayerischer Generalmusikdirektor uraufgeführt hatte. Was ihm Richard Strauss niemals verzieh. Um so weniger, als der junge Strauss gehofft hatte, nach dem plötzlichen Tode des Dirigenten Felix Mottl selbst an die Spitze der Hofoper in seiner Vaterstadt München berufen zu werden. Man gab aber Bruno Walter den Vorzug. In einem späten Brief von Richard Strauss an Stefan Zweig, geschrieben und abgefangen im Dritten Reich, ist von dem »Lauselumpen« Bruno Walter die Rede. Nein, das ist Walter nicht gewesen. Ich habe ihn nie kennenlernen dürfen, den Bruno Walter Schlesinger aus Berlin. Doch große Musik, wie er sie zu vermitteln wußte, kann nicht lügen.

In meinem Erinnerungsbuch *Ein Deutscher auf Widerruf* habe ich jenen ersten *Tristan* unter Bruno Walters Leitung beschreiben wollen. Auch beim Wiederlesen jenes Textes ist die Erinnerung frisch geblieben. Eine dreifache Gegenwart: Damals mit fünfzehn Jahren; ziemlich genau sechzig Jahre später bei der Niederschrift jener Memoiren; immer noch und immerdar, auch nach weiteren fünfzehn Jahren.

Den Anfang kann ich genau datieren. Die Erinnerung verblaßte nie. Den Abend »weiß ich noch und werd ich immer wissen«. Zeit der Handlung: eine wirre und erste deutsche Nachkriegszeit. Ort der Handlung: ein Opernhaus in Berlin-Charlottenburg. Der Ausdruck Handlung mußte wörtlich genommen werden. *Tristan und Isolde. Eine Handlung in drei Aufzügen von Richard Wagner.* Dieser Abend hat alles entschieden. Ich wollte unbedingt dabei sein und quälte meine Verwandten. Den *Tristan* kannte ich nicht, wußte aber, worum es ging, hatte ein paar Musikstücke gehört. Vorspiel und Liebestod. Was ich darüber las, war stets enthusiastisch. Dirigieren würde Bruno Walter. Auch den hatte ich noch nicht erlebt. Nach Köln kam er ein paar Jahre später mit den Wiener Philharmonikern. In München hatte man den Berliner Juden Bruno Walter Schlesinger schließlich weggeekelt. Auch darüber hatte ich gelesen. Nun sollte er in der zweiten Berliner Oper, im Westen, also nicht an der Staatsoper Unter den Linden, den *Tristan* dirigieren. Da wollte ich hin.

Aufgeregtes Geraune der Familie. »Aber du kannst doch die Kinder nicht in den *Tristan* schicken!« Meine Kusine sollte mitgehen: die war noch zwei Jahre jünger. Ich wurde unleidlich und kam damit durch. Meinetwegen. Sehr gute Plätze, in einer der vorderen Reihen. So habe ich Bruno Walter genau beobachten können. Er war ungefähr fünfzig damals. Knochiges Gesicht und dunkle, brennende Augen, ich kann es nicht anders erinnern. Er sah uns nicht, sein Publikum, auch nicht am Schluß, beim begeisterten Beifall. Er war bei *Tristan und Isolde*.

Niederrheinisches Musikfest
Hans Pfitzner und Richard Strauss –
Bronislaw Huberman und Eugen d'Albert

Die Gründung der Niederrheinischen Musikfeste mit den ursprünglichen Stadtzentren Köln, Aachen und Düsseldorf gehört zur Kulturgeschichte der aufstrebenden bürgerlichen Gesellschaft zwischen 1830 und 1848. Zwischen zwei europäischen Revolutionen mithin. Eine kurze und weitgehend unblutige Pariser Revolte in den letzten Juli-Tagen 1830 wurde in ganz Frankreich befolgt. Sie griff über nach Norden und trennte die vom Wiener Kongreß in sehr unkluger Weise verordnete Integration der katholischen Belgier im Königreich der weitgehend protestantischen Niederlande.

Unmittelbare Auswirkungen auf Deutschland freilich blieben auch diesmal aus. Weder im Revolutionsjahr 1830, noch in den darauf folgenden Jahren. Das mußte der Revolutionär Georg Büchner mit seinem *Hessischen Landboten* mit bitterer Flucht und Emigration erfahren. Ein paar besonders unbelehrbare Monarchen in Kassel und Braunschweig hatten abzudanken und Platz zu machen für den fürstlichen Thronfolger. Das war alles.

Es war nicht alles. Zwischen 1830 und dem Beginn des Jahres 1848, das nun in der Tat ein europäisches Revolutionsjahr werden sollte, vollzog sich in Deutschland die längst fällige Selbstidentität des Bürgertums. Zugleich mit den politischen Bemühungen um demokratische Institutionen wie beim Hambacher Fest von 1832, wo die Heidelberger Studenten dem aus Paris angereisten Juden Ludwig Börne einen Fackelzug bereiteten, vollzogen sich allenthalben Gründungen kultureller Bürgervereine.

Ein Zentrum bildeten dabei die Rheinlande. Das linke Rheinufer hatte bis zum Sturz Napoleon Bonapartes zu Frankreich gehört. Nun wurde es, gleichsam als Siegesbeute, dem Königreich Preußen zugeschlagen. Auch hier, wie im Falle der gewaltsam im Jahre 1815 vereinigten Niederlande, ergab dies eine evangelische Obrigkeit in einem weitgehend katholischen Lande. Weshalb die Minister Friedrich Wilhelm III., einem Mitglied der Heiligen Allianz von Metternichs Gnaden, alles daran setzten, die im Rheinland vorhandenen Institutionen zu ignorieren und durch neue, gutpreußische zu ersetzen. Die uralte katholische Universität Köln, wo Thomas von Aquino und Albertus Magnus gelehrt, wo später jedoch auch die Dunkelmänner regiert hatten, wurde nicht erneuert.

Zwei preußische Universitäten wurden mit dem Namen einer Friedrich-Wilhelm-Universität in Bonn und Münster errichtet. Der Oberpräsident der Rheinprovinz residierte in Koblenz. Als in den dreißiger Jahren die bürgerlichen Forderungen nach technischer Erziehung und Bildung dringlich wurden, bekam auch die Rheinprovinz eine Technische Hochschule. Nicht in Köln natürlich, sondern in Aachen.

Nichts dergleichen blieb unbemerkt. Der geheime innere Separatismus der Rheinländer bewahrte alles auf. Die von preußischer Obrigkeit verwehrte politische Mitbestimmung mußte auch hier durch eine kulturelle Selbstbestimmung ersetzt werden. So kam es zur Gründung Niederrheinischer Musikfeste, die man als Gemeinschaftsarbeit der bürgerlichen Stadtverwaltungen verstand. Man befand sich gerade hier in den Anfängen einer deutschen Industrialisierung. Für das Nebeneinander der Krefelder Textilindustrie und den Anfängen einer Schwerindustrie an Rhein und Ruhr war damit eine Grundlage entstanden. Zum überlieferten Wohlstand eines katholischen Bürgertums, das von der Zugehörigkeit zum französischen Empire im Zeichen napoleonischer Siege profitiert hatte, traten die kühnen, meist aus der gesellschaftlichen Tiefe aufsteigenden Neuerer des Maschinenzeitalters.

Untrennbar verbunden waren diese Niederrheinischen Musikfeste, die ausdrücklich als Exposition zeitgenössischer Musik zu verstehen waren, mit der Person und dem Wirken eines großen zeitgenössischen Musikers. Felix Mendelssohn Bartholdy war als Musikdirektor nach Düsseldorf berufen worden und hatte dort bereits, wie bald darauf in Leipzig, ganz neue Formen des Musiklebens verwirklichen wollen. Es gab damals in Düsseldorf eine große, natürlich verspielte Möglichkeit, ein bürgerliches Musiktheater zu entwickeln. Karl Immermann war Schauspieldirektor in Düsseldorf am Niederrhein. Er selbst in seinem vom Freunde Heinrich Heine hochgelobten *Trauerspiel in Tirol* um Andreas Hofer ein erfolgreicher zeitgenössischer Dramatiker. Ein anderer, bedeutenderer Dramatiker war gleichfalls zur Stelle in Düsseldorf. Christian Dietrich Grabbe. Neben dem Musikdirektor Mendelssohn lebte, in enger Freundschaft mit Grabbe, auch der geniale, früh verstorbene Komponist Norbert Burgmüller hier am Niederrhein.

Alles wurde jedoch verspielt. Mendelssohn wollte dort auf die Dauer nicht bleiben. Eine künstlerische Gemeinschaft mit Immermann hat es nicht gegeben. Ebensowenig eine Tätigkeit Grabbes unter Immermanns Leitung, die vereinbar gewesen wäre mit Grabbes Können und seinen Möglichkeiten. Immermann degradierte den Detmolder, diesen »betrunkenen Shakespeare« (Heine), zum Lobredner in der Presse, zum Hilfsdramaturgen.

Mendelssohn verließ Düsseldorf und übernahm das Leipziger Gewandhaus. Dennoch blieb er der Liebling am Niederrhein. In seinen Briefen nach Hause beschreibt er, wie man ihm beim Musikfest zu Aachen alle Wünsche an den Augen ablesen möchte. Sogar seinen geliebten Milchreis solle er erhalten. Leider geht das schief, wie Mendelssohn analysiert. Die französischen Köche, so teilt er mit nach Berlin, seien nun einmal außerstande, ein Gericht einfach in seiner Substanz auf den Tisch zu bringen. Alles müsse immer verändert werden.

Das ganze neunzehnte Jahrhundert hindurch blieben die Niederrheinischen Musikfeste dann ein Bollwerk für Felix Mendelssohn und Robert Schumann, für Joseph Joachim und Johannes Brahms. Natürlich hatte man auch Franz Liszt zu Gast und Hans von Bülow. Dennoch blieb Mendelssohn unvergessen und nach wie vor hochgeehrt.

Sein Vorschlag war es auch, nach seinem Weggang als Nachfolger Robert Schumann aus Dresden nach Düsseldorf zu holen. Man erwartete, als Schumann mit der berühmten Clara Wieck-Schumann an den Niederrhein zog, ein Weiterwirken der Impulse eines Felix Mendelssohn. Die Enttäuschung war unvermeidlich. Mendelssohn war ein verbindlicher und ehrgeiziger Weltmann. Das war der große Schweiger Robert Schumann ebensowenig, wie er den Vergleich mit dem eleganten Orchestererzieher Mendelssohn aushalten konnte. Düsseldorf wurde für Robert Schumann zur Unglücksstadt, wie man weiß. Bemerkenswert aber ist auch noch, daß es erst die Atmosphäre des niederrheinischen Musiklebens gewesen ist, die den jungen Johannes Brahms nach Düsseldorf führen sollte.

Das geheime Ziel des Hamburgers lag nicht am Niederrhein, sondern in Thüringen. Seine erste Künstlerreise führte ihn zu Liszt nach Weimar. Dort ist er vermutlich vom großen Maëstro etwas herablassend behandelt worden. Andere aus dem Liszt-Kreis spürten rechtzeitig das junge Genie. Freundschaft mit Peter Cornelius und Karl Tausig.

Dann erst reiste Brahms ins Rheinland in die Gegend von Köln. Hier wurde er sogleich erkannt und anerkannt. Es gab keinen störenden Maëstro. Man gab Brahms den Rat, den Dr. Robert Schumann in Düsseldorf aufzusuchen. Das weitere ist bekannt.

Hans Pfitzner

Das letzte Niederrheinische Musikfest in Köln lief ab im Frühjahr des Jahres 1914. Wenige Wochen vor Ausbruch des Ersten Weltkrieges. Als Solisten hatte man den ebenso als Pianisten wie als Komponisten berühmten Eugen d'Albert eingeladen. D'Albert stand damals, zu Beginn unseres Jahrhunderts, im Weltruf, der größte Klavierspieler der Zeit und ein wirklicher Nachfolger seines Lehrers Franz Liszt zu sein.

Bronislaw Huberman, Jahrgang 1882, war ein geigerisches Wunderkind, das zuerst in Wien und dann in Berlin großen Erfolg hatte. In Berlin wurde Huberman von Joseph Joachim ausgebildet. Das Brahms-Konzert, das Joachim gewidmet war, wurde folglich, neben dem Beethoven-Konzert, und gerade auch neben dem Violinkonzert von Tschaikowski, jedesmal zum Ereignis, wenn Bronislaw Huberman es vortrug. Als Dreizehnjähriger hatte er es bereits in Wien gespielt: in Anwesenheit des begeisterten Johannes Brahms.

Nach dem verlorenen Weltkrieg und einer sehr schleichenden, dann galoppierenden Geldentwertung war in Deutschland an Musikfeste der gewohnten Art nicht zu denken. Natürlich plante man im Jahre 1922, in Erinnerung an den 25jährigen Todestag von Johannes Brahms, irgendeine Art der Gedenkveranstaltung. Allein, die Kosten für ein nun wieder fälliges Niederrheinisches Musikfest waren unerschwinglich. Erst die Stabilisierung der deutschen Währung durch eine seit dem 1. Januar 1924 gültige sogenannte Rentenmark ließ ein bürgerliches Kulturleben der tradierten Art denkbar werden. Das Kölner Musikfest im Opernhaus am Rudolfsplatz wurde zum Schauplatz einer nachgeholten Brahms-Feier. Abermals hatte man die Solisten von 1914 eingeladen. Bronislaw Huberman diesmal mit dem Beethoven-Konzert. Eugen d'Albert mit dem *Zweiten Klavierkonzert* von Brahms. Die meisten Konzertbesucher wußten damals noch, weil es gar nicht so weit zurücklag, daß d'Albert in dem letzten Konzert von Brahms die beiden Klavierkonzerte des Meisters unter dessen Leitung in der Berliner Philharmonie interpretiert hatte.

Damit waren die Schwerpunkte des ersten und des dritten Konzertes besetzt. Beethoven und Bruckner am ersten Tag. Das Gürzenich-Orchester wurde geleitet durch den noch jugendlichen Generalmusikdirektor Hermann Abendroth. Das dritte Konzert war jenes zeitlich verschobene Erinnerungskonzert an Johannes Brahms. Ein Riesenprogramm der damals üblichen Art. Fest- und Gedenksprüche mit dem Gürzenich-Chor. Dann das *Klavierkonzert in B-Dur* mit Eugen d'Albert und mit dem Cellosolo im dritten Satz, gespielt von dem genialen jungen Solocellisten des Orchesters, von Emanuel Feuermann. Dann das *Schicksalslied* für Chor und Orchester. Und dann noch (oder erst) die *Erste* Brahms-*Sinfonie*.

Der zweite Tag des jeweils dreitägigen Niederrheinischen Musikfestes jedoch war, gemäß der Überlieferung aus dem neunzehnten Jahrhundert, der jeweils zeitgenössischen Musik vorbehalten. Diesmal stand er ganz im Zeichen von Hans Pfitzner. Ein einziges abendfüllendes Werk. Eine Kantate für Soli, Chor und großes Orchester, nach Texten von Eichendorff, *Von deutscher Seele*. So hatte Pfitzner sein Werk benannt.

Er dirigierte selbst. Ziemlich lange vor dem Musikfest war er nach Köln gekommen und hatte gründlich gearbeitet mit dem großen Apparat. Hans Pfitzner war ein erfahrener Theaterkapellmeister. Im damaligen »Reichsland Elsaß-Lothringen« hat er die Straßburger Oper geleitet. Einer seiner Assistenten in der Straßburger Zeit war Otto Klemperer gewesen. Der hat später gerne, mit dem gewohnten Sarkasmus, doch mit großem Respekt, von der Zusammenarbeit mit dem Meister vom Jahrgang 1869 gesprochen.

Die musikalischen Erfolge Hans Pfitzners sind undenkbar gewesen ohne die liebevolle Zusammenarbeit sogenannt »nichtarischer« Künstler mit dem Werk dieses Meisters. Gustav Mahler hatte sich für die ersten Opern eingesetzt und Pfitzners *Rose vom Liebesgarten* an der Wiener Hofoper aufgeführt. Die Münchner Aufführung des *Palestrina*, mitten im Weltkriege, war durch Bruno Walter möglich geworden, den Mahler-Schüler und bayrischen Generalmusikdirektor, den Freund Thomas Manns.

In Thomas Manns im letzten Kriegsjahr 1918 erschienenen Buch *Betrachtungen eines Unpolitischen* spielen Pfitzner und sein *Palestrina* eine gleichsam leitmotivische Rolle. Ein in vielem törichtes, verhetztes, deutschnationales Buch, wie man weiß. Da sind alle Vorurteile kulturellen deutschen Hochmutes aufbewahrt. Wir Deutsche haben Kultur; bei den Anderen gibt es bloß Zivilisation. Wir Deutsche haben Dichtung; bei den Anderen gibt es bloß Literatur. Da sich Thomas Mann in den *Betrachtungen* vor allem mit der Franzosensympathie des älteren Bruders Heinrich auseinandersetzen will, wird besagter Heinrich Mann, dessen Name nicht genannt wird, zum »Zivilisationsliteraten« ernannt. Schlimmer geht es nicht.

Was aber als Inbegriff von deutscher Dichtung und Kultur den Zeitgenossen im Weltkrieg verstehbar gemacht werden soll, das ist bei Thomas Mann gerade die musikalische Legende *Palestrina* von Hans Pfitzner. Die ebenso musikalisch wie literarisch vorzügliche Interpretation dieser musikalischen Legende bildet gleichsam das Zentrum dieser sonderbaren *Betrachtungen eines Unpolitischen.*

Es gibt aber noch ein zweites Zentrum der Affirmation in diesem Text des damals 43jährigen Thomas Mann. Das ist Joseph von Eichendorff. Es ist – natürlich – der *Taugenichts.*

Zur inneren Besinnung gezwungen durch die Nöte der deutschen Niederlage, vollzog Thomas Mann eine politische Wandlung und Wendung. In seinem Bekenntnis zur deutschen Wirklichkeit der Republik sagt er sich los von jenem »Unpolitischen« der Kriegsjahre. Damit freilich hat er sich auch vom Freund Hans Pfitzner losgesagt. Wenn es hier jemals eine Freundschaft gegeben hatte. Pfitzner wird nun ein erbitterter Gegner. Er hat mitgeholfen, Thomas Mann ins Exil zu treiben, wodurch Raub, Demütigung und Ausbürgerung möglich wurden. Einer der Anreger jenes törichten Manifestes der »Wagnerstadt München« vom Februar 1933, das sich gegen Thomas Manns Rede zum Wagner-Jubiläum empörte, war Hans Pfitzner, wie man heute weiß. Er unterschrieb das Manifest: zusammen mit seinem Gegenspieler Richard Strauss.

Bei der Kölner Premiere seiner *Kantate von deutscher Seele* befand sich Hans Pfitzner in der Mitte seines Weges der Abkehr von allen Traditionen der deutschen Bürgerkultur. Zwei der ausgezeichneten Solisten an jenem Abend waren von jüdischer Abkunft, wie Pfitzner wußte. Die Altistin Maria Olszewska stammte aus Polen. Von seinen späteren antisemitischen Glaubenssätzen war er noch weit entfernt.

An jenem Konzertabend im Kölner Opernhaus, als ich ihm zuhörte und zusah, dem Komponisten dieser Eichendorff-Kantate, hatte ich gerade das Abitur bestanden. Der Eindruck war sehr groß. Dennoch muß ich schon damals gespürt haben, wie Pfitzners sehr gestenreiche, fast hektische Tätigkeit als Kapellmeister im Widerspruch stand zur weitgehend statischen, fast bewegungslosen Musik. Sie sollte als Musik der deutschen Seele, als Musik aus dem Geiste von Eichendorff, verstanden werden. Was aber ist deutsch, was aber ist Seele? Wie ist diese statische affirmativ in sich ruhende Musik mit dem Wortlaut der Eichendorff-Gedichte zu vereinbaren? Ein Vergleich dieser Pfitzner-Musik mit dem *Liederkreis* Robert Schumanns nach Texten von Eichendorff würde es deutlich machen. Pfitzner hat sich immer wieder gerade zu Robert Schumann bekannt. Allein, Eichendorffs deutsche Lyrik ist unruhig, traurig, hat das Gewesene deutlich anerkannt. Der deutschen Seele ist in Eichendorffs Gedichten nicht sehr zu trauen. Hast du einen Freund hienieden, trau ihm nicht in dieser Stunde.

Dies alles ist bei Pfitzner nicht mehr vorhanden. Eine Aufführung der Kantate *Von deutscher Seele* in neuerer Zeit hat es bestätigt. Es ist nach wie vor eine inspirierte, durchaus nicht epigonale, gut gearbeitete Musik. Allein, es ist eine leblose Musik, was auch heißen mag: eine insgeheim seelenlose Musik.

Immer wieder hat Pfitzner als Tonsetzer gleichsam trotzig gegen sich selbst und seine nach wie vor unbestreitbare Zugehörigkeit zur zeitgenössischen Kunst gewütet. In dem durchaus zeitgenössischen und potenten Violinkonzert, das Pfitzner für die australische Geigerin Alma Moodie schrieb, wird der Sinn eines Violinkonzerts auf den Kopf gestellt. In einem sehr schön angelegten langsamen Satz hat bei Pfitzner die Sologeige zu pausieren.

Gelebte Musik. Von alldem wußte ich nichts an jenem Abend im Kölner Opernhaus, als ich ihn am Werke sah bei seinem Eifer, die Vergangenheit deutscher Kultur und Gefühlskraft, die es in solcher Form niemals gegeben hatte, schon gar nicht bei Eichendorff, als Heilskraft zu verstehen.

Die Folgen sind bekannt. Hans Pfitzner hat sie erleben und erleiden müssen.

Auch in ihrer Dirigierweise waren sie voneinander grundverschieden: Hans Pfitzner und Richard Strauss. Antagonisten der
reinsten Form. Wer Hans Pfitzner beim Dirigieren zusah,
stellte verwundert fest, wie Momente einer hektischen, fast fah-
rigen Zeichengebung bisweilen abgelöst wurden durch Gebär-
den der regungslosen Starre. Dem entsprach, wenn man darüber nachsann, in erstaunlicher Weise, der formale Aufbau des
Palestrina. Der erste und dritte Akt sind traurig durch von
Schopenhauer inspirierten Weltekel und Daseinsekel des Pierluigi Palestrina. Der zweite Akt hingegen ist übervoll an »sound
and fury« (Shakespeare), also von Schall und Wahn. Er spielt
sich ab auf dem Konzil zu Trient, welches die Grundlage zu liefern hatte für alle Katholiken gegen die Reformation und
Inquisition. In Wirklichkeit spielt er natürlich nicht in der Zeit
des Konzils zu Trient, sondern in einem Ersten Weltkrieg des
20. Jahrhunderts. Dieser Mittelakt ist sinnlose und bösartige
Machtpolitik. Hier wird eine Hierarchie aufgeboten von der
schlichten religiösen Einfalt bis zur fein gearbeiteten Infamie
geistlicher Würdenträger. Beides muß in ihm selbst gesteckt
haben, in dem deutschen Tonsetzer Hans Pfitzner.
Auch als Dirigent war er besessen von den Antagonismen der
eigenen Musik.
Wer dem Dirigenten Richard Strauss zusah, wäre nie zu einer
solchen Wahrnehmung gelangt. Der Dirigent Richard Strauss
verhielt sich, was auch immer wieder von anderen Zeitgenossen
bestätigt wurde, zur eigenen Musik, die er aufgeführt hatte,
nicht wesentlich anders als zu aller anderen, also fremden
Musik.
In jenem zweiten Kölner Niederrheinischen Musikfest, in der
zweiten Hälfte der zwanziger Jahre, war die Dreiteilung beibe-
halten worden. Der erste Abend wiederum mit Bruckner. Dazu
mit der herrlichen Altistin Sigrid Onegin, die Gustav Mahler
sang. Mahler war eine Seltenheit in den Programmen des Gürzenich-Orchesters. Abermals war Bronislaw Huberman eingeladen. Er spielte das Brahms-Konzert. Der zweite Konzert-

abend gehörte Richard Strauss und seiner Musik. In der Zwischenzeit waren die großen Gebäude der Kölner Messe auf dem rechten Rheinufer errichtet worden. Zu ihnen gehörte ein schöner, heller, moderner Konzertsaal, der natürlich auch für Kongresse genutzt werden konnte.

Hier trat Richard Strauss ans Pult. In jenen Tagen war er der Mittelpunkt und Gesprächsstoff in ganz Köln. Er hatte geruht, an einem Gartenfest teilzunehmen, das ein bekannter Bankier zu seinen Ehren gab. Strauss machte, sehr elegant gekleidet wie immer, gute Figur. Seine tiefliegenden kleinen hellblauen Augen schienen niemand zu beachten. Er war da, doch er war nicht bei der Sache.

War er bei der Sache, wenn er seine frühe Sinfonische Dichtung *Also sprach Zarathustra* dirigierte, oder die *Sinfonia Domestica*? Die nach dem Krieg zurückgekehrte Sopranistin Claire Dux sang Strauss-Lieder. Im Zusammenwirken mit ihr war so etwas wie ein Gefühlsstrom spürbar. Übrigens leitete Strauss seine Partituren als ein hervorragender Kapellmeister, der seine Partitur genau kennt und möglichst gut interpretieren möchte. Wobei kein Unterschied spürbar war zwischen einer Aufführung der *Domestica* oder etwa des *Tristan*-Vorspiels oder der *Jupitersinfonie*.

Das hatte nichts mit irgendeiner Indifferenz zu tun, wohl aber mit der inneren Trennung zwischen dem Tonsetzer und dem Kapellmeister Richard Strauss.

Er war ein hervorragender Kapellmeister. Dirigiert wurde nur mit dem rechten Arm. Der linke hing meist einfach herab. Der Arm wurde benutzt zum Taktschlagen, bei schwierigen Einsätzen auch als Zeichengebung. Dirigiert im eigentlichen Sinne wurde mit den Augen, das war unverkennbar.

In den witzigen und sehr klugen schriftlich fixierten Bemerkungen über das Dirigieren hat Strauss einen kleinen Einblick gegeben in seine Rezepte. Er warnt davor, die Blechbläser durch Blicke zu ermuntern. »Wenn man das Blech anschaut, ist es schon zu laut.«

Nun mußte man seine *Sinfonia Domestica* als abermaligen Versuch verstehen, ein bürgerliches Gegenstück zu Beethovens

Pastoral-Sinfonie zu entwerfen. Sein *Heldenleben* in Es-Dur hatte Strauss in der Tonart der *Eroica* komponiert. Die *Domestica* beginnt mit einem lebhaft aufstrebenden Thema in F-Dur, der Tonart also der *Pastorale*.

Allein, in der Wiedergabe seiner Häuslichen Sinfonie war nichts zu spüren von irgendeinem autobiographischen Bekenntnis. Diese Sinfonie war auskomponiert und damit innerlich abgetan. Ein Musikstück wie andere auch.

Natürlich war das ein glanzvoller Konzertabend. Mit zeitgenössischer Musik, wie sie einstmals in den Niederrheinischen Musikfesten aufgeführt werden sollte, hatte es wenig zu tun. Die Kühnheit des Zusammenpralls zwischen C-Dur und h-Moll im *Zarathustra* war in der Zwischenzeit alltäglich geworden. Im Gegensatz etwa zu gültigen Kühnheiten der *Elektra*.

Am Opernpult konnte man einen anderen Richard Strauss erleben. In meiner Berliner Studentenzeit, es muß im Frühjahr 1927 gewesen sein, erlebte ich Richard Strauss als Dirigenten seiner *Ariadne auf Naxos* mit dem Ensemble der Staatsoper Unter den Linden. Das Hauptgebäude wurde wieder einmal repariert. Man spielte in der Krolloper und im Schauspielhaus am Gendarmenmarkt, wo Webers *Freischütz* zum ersten Male gespielt worden war. Auch die *Ariadne* wurde am Gendarmenmarkt aufgeführt. Von meinem Platz aus konnte ich Strauss gut beobachten. Abermals wurde mit dem rechten Arm dirigiert. Strauss war jedoch weit mehr bei der Sache am Opernpult als auf dem Konzertpodium. Das Theatergeschehen inspirierte ihn, das war offensichtlich. Außerdem gab es vermutlich die innere Neugier des Komponisten, wie sich die inzwischen entstandene zweite Fassung der Oper bewähren würde. Richard Strauss schien Freude zu haben an den Spielern und Zerbinetta. Frida Leider war Ariadne. Ganz befriedigt ist er wohl niemals gewesen über die zweite Fassung, die Hofmannsthal nach dem Stuttgarter Mißerfolg der ersten *Ariadne* verlangt hatte. Strauss war innerlich immer noch davon überzeugt, daß die ursprüngliche Version mit dem *Bürger als Edelmann* im ersten Teil, und der *Ariadne* nach der Pause gültiger sei als die zweite Fassung mit dem Vorspiel des Komponisten, die sich inzwischen durchgesetzt hat.

Ernst Legal, der gleich nach Kriegsende im unzerstörten Admiralspalast an der Friedrichstraße die Staatsoper spielen ließ, erzählte mir von Briefen, die Richard Strauss ihm geschrieben habe, und worin er vorschlug, es noch einmal mit der Urfassung zu versuchen. Diesen Wunsch hat ihm Legal erfüllt, doch Strauss war 1949 gestorben. Ich habe die Aufführung im Admiralspalast gesehen, mit Rita Streich als Zerbinetta. Eine vorzügliche Aufführung. Ernst Legal selbst spielte den Herrn Jourdain, den Bürger als Edelmann. Die Zwischenspiele der Strauss-Musik zum *Bürger als Edelmann,* die meist sehr schwierig sind, wurden hervorragend aufgeführt. Das Ganze war unerträglich. Genau so muß es bei der Uraufführung in Stuttgart im Jahre 1912 gewesen sein. Ein endloser Theaterabend mit einem langen, durch viel Musik verlängerten Schauspielerstück. Dann die Pause. Anschließend die Oper *Ariadne auf Naxos.* Hugo von Hofmannsthal hat Recht behalten.

Allein, es ist noch von einem dritten Musikabend mit Richard Strauss zu berichten. Diesmal im Kölner Gürzenich. Richard Strauss kam aus dem Künstlerzimmer und stieg das Treppchen empor zum Podium. Hinter ihm der bayrische Kammersänger aus München, der lyrische Bariton Heinrich Rehkemper. Ein Liederabend mit Strauss-Liedern und mit dem Komponisten am Flügel. Dies war ein völlig anderer Richard Strauss. Hier muß er sich handwerklich und innerlich einlassen mit der eigenen Musik, mit ihrer Vielfalt und vor allem mit den technischen Schwierigkeiten im Klavierpart.

Man spürte, daß Strauss sehr gründlich mit seinem glänzend phrasierenden, deutlich artikulierénden und musikalischen Interpreten gearbeitet hatte. Da war nichts zu befürchten. Allein, diesmal, das war genau zu spüren, wurde wirklich musiziert. Seine Lieder aus sehr verschiedenen Lebensphasen wurden für den Mann am Klavier erneut zum Erlebnis.

Richard Strauss war ein ausgezeichneter Klavierspieler, doch er war kein virtuoser Pianist, vergleichbar etwa mit seinen Kollegen Claude Debussy, Béla Bartók oder Dmitri Schostakowitsch. Strauss war ein solider Korrepetitor, dem es nicht auf pianistische Eigenverantwortung ankam. Bei den heiklen Stellen, zum Beispiel im *Ständchen,* wurde mit der linken Hand etwas pauschal musiziert. Das freute mich, denn solche Schwierigkeiten waren unsereinem gut bekannt.

Bronislaw Huberman

Von all den großen Geigern des Jahrhunderts, in der zeitlichen Spannweite zwischen Mischa Elman und Gidon Kremer, ist mir keiner so stark und dauerhaft im Gedächtnis geblieben, wie dieser Bronislaw Huberman vom Jahrgang 1882. Er war ein Vierziger, als ich ihn zuerst erleben durfte beim Konzert jenes Niederrheinischen Musikfestes im Kölner Opernhaus. Der Name Bronislaw Huberman war mir wohlvertraut. Alle sachverständigen Freunde der Eltern oder Verwandte haben sich gefreut über die Ankündigung, daß er nach Köln kommen und das Beethovenkonzert spielen werde. Bei seinem Auftritt wurde er stürmisch begrüßt. Er schien sich über die Herzlichkeit des Beifalls zu freuen. Huberman war mittelgroß, sehr schlank, leuchtende, jedes Gefühl widerspiegelnde Augen.
Das stellte ich später fest, als ich ihn aus der Nähe beobachten konnte. Die Unterlippe ragte deutlich hervor. Beim Höhepunkt seines Spiels schob er sie noch weiter nach vorne. Dann war es nahezu eine Habsburger Unterlippe.
An jenem Konzertabend hörte ich das *Violinkonzert* von Beethoven zum ersten Mal. Man befand sich in den Anfängen der Schallplattenkunst. Dieser Beethoven war in der Klavierstunde nicht vorgekommen. Also erwartete ich nach der Orchesterexposition, die ausführlich war, den Einsatz der Solovioline mit dem Hauptthema in D-Dur. Nichts dergleichen geschah. Huberman setzte die Geige an, doch die begann eine merkwürdige Solokadenz mit aufsteigenden Oktaven, wild einherlaufenden Passagen, mit raschem Tempowechsel. Die rasenden Passagen strebten nach oben, einem Ziel entgegen. Dem Thema natürlich. Jetzt erst begann das Zusammenspiel des Solisten mit

dem Dirigenten. Ich war noch ein Schüler des Schillergymnasiums. Das Kadenzieren der Sologeige hatte mich nahezu verstört. Natürlich war alles virtuos vorgetragen worden, doch warum diese Kadenz vor dem Beginn des Konzertierens? Dann freilich spielte Huberman das Thema. Fortan war nichts mehr da, als eben dieser Geigenton. Den habe ich nie wieder vergessen. Ich habe ihm oft zugehört, magisch angezogen von jeder Ankündigung eines Konzertes. Er war mit keinem anderen Geigenton irgendeines anderen großen Violinisten zu vergleichen. Erzeugt durch beispiellose Gefühlskraft, und durch die tiefe körperliche Verbundenheit des Spielers mit seinem herrlichen Instrument. Ich habe später noch einmal Huberman als Interpreten des Beethovenkonzertes erlebt. Er spielte manches ganz anders als damals in Köln. Dennoch war alles wieder da, wie beim ersten Mal. Nun verstand ich das Spiel mit der Eingangskadenz. Es war wirklich ein Spiel mit einer wohlbekannten und festgelegten Improvisation. Das hatte ich schon damals in Köln begriffen, denn die Kadenz gehört bei Beethoven zur Struktur. Sie kehrt folglich wieder im musikalischen Ablauf; war also mehr als ein mutwilliger Einfall des Solisten.

Im Schlußsatz gab es gleichfalls eine Stelle, die mich beim ersten Mal verstörte und faszinierte. Bei der späteren Wiederholung wartete ich fast gierig auf diesen Augenblick der Irritation. Nach einem längeren Orchesterzwischenspiel schaltete sich die Geige fast unwillig wieder ein in den musikalischen Zusammenhang. Ein ganz kurzes störrisches Pizzikato, dann sogleich der sieghafte Bogenstrich. Natürlich ist alles bei Beethoven vorgezeichnet. Erlebt habe ich es jedoch nicht, auch nicht bei dem makellos spielenden Fritz Kreisler, mit einer ähnlichen Gefühlsintensität wie bei Bronislaw Huberman, der 1947 sterben sollte.

Noch ein anderes bedeutendes Werk, diesmal der Kammermusik, habe ich zum ersten Male von Huberman gehört. Er gab ein Meisterkonzert im Kölner Gürzenich, hatte sich einen jungen sehr begabten Begleiter mitgebracht, der später in Amerika zu Erfolg kam. Sie spielten die Violinsonate in A-Dur von César

Franck. Es war das erste Mal, daß ich diesem Musikernamen begegnete. Ich wußte nichts von César Franck. Später in Paris mußte ich immer wieder an jenen ersten Konzertabend denken, wenn ich auf dem linken Ufer der Seine in Richtung Montparnasse ging und die Tafel am Sterbehaus des Komponisten, gleichsam mit einem kleinen Kopfnicken, begrüßte.

Die Sonate ist, wie jede Partitur von Franck, ungemein sorgfältig gearbeitet. Die absurdischen Elemente sind sorgfältig kalkuliert. Die scheinbar formlosen Abschnitte verbinden sich mühelos mit jenen anderen Sätzen der Sonate, die vorgeben, traditionell zu sein, was ebenso zum Spiel gehört wie die scheinbare Rhapsodik. Erst wenn man dieses Spiel des großen belgischen Tonsetzers durchschaut, hat man verstanden, was Thomas Mann sagen wollte in seinem Geburtstagsgruß für den Freund Bruno Walter: Wäre er selber ein Musiker geworden, so hätte er vermutlich komponiert wie César Franck und musiziert wie Bruno Walter.

Eugen d'Albert

Bei der letzten Premiere Otto Klemperers in Köln, also bei der Uraufführung der Oper *Irrelohe* von Franz Schreker, stand er plötzlich im Foyer der Oper und in der Pause rechts neben mir. Aber das ist doch Eugen d'Albert. Nun konnte ich ihn diskret anschauen. Er war klein, aber offensichtlich stark gebaut, nahezu bullig. Schütteres Haar, sehr starke Augenbrauen, seltsame, fast bedrohliche Augen. Man nennt das gemeinhin wohl »stechende Augen«. Mit dem da in Streit zu geraten, würde unangenehm sein.

In der Tat war ein Element der Gewaltsamkeit unverkennbar, wenn man dem großen Klavierspieler zuhörte. Auch in d'Alberts überaus erfolgreicher Oper *Tiefland* steht Gewalt gegen Gewalt. Es gab damals in den zwanziger Jahren kaum ein deutsches Opernhaus, das sich diesen sicheren Bühnenerfolg entgehen ließ. Wir im Kölner Schiller-Gymnasium waren eine Klasse von Opernliebhabern. Spöttisch begrüßten wir uns am

Morgen, vor Beginn des Unterrichts, mit dem Satz: »Draußen vor der Kirchentüre wartet schon die Brau--au--t.« Das war ein Zitat aus *Tiefland* von Eugen d'Albert.

Damals bei der Konfrontation in der Opernpause hatte ich nur eine ungute Erinnerung an den Pianisten d'Albert, von dem alle älteren Sachkenner behaupteten, er sei, zusammen mit Ferruccio Busoni, der größte seines Fachs. Beim sonderbaren Orchesterkonzert in Köln, es muß im Jahre 1923 gewesen sein, also auf dem Höhepunkt der Geldentwertung, hatte für mich nichts für eine solche Bewertung gesprochen.

Alles war sonderbar, nahezu hochstaplerisch, an jenem Orchesterkonzert im Gürzenich. Natürlich war die deutsche Inflation ein materieller Segen für alle jene kühnen Spekulanten, auch Schwindler, denen es gelungen war, an unbezahlbare Devisen heranzukommen, an Dollars vor allem. Die Geldentwertung hatte alle Lebensgrundlagen des deutschen Bürgertums zunichte gemacht. Für wenige Dollars konnte man Reichtümer erwerben. Damals kamen sie zuerst in den Zeitungen und im Gespräch auf: Namen wie Stinnes oder Thyssen. Auch der ehemalige Krupp-Direktor Dr. Alfred Hugenberg wurde in solchem Zusammenhang genannt. Er kaufte sich ein Zeitungsimperium zusammen, das streng deutschnational ausgerichtet war: als geistiges Bollwerk der Stammtische und der zornig entwurzelten heimgekehrten jungen Offiziere. Am 30. Januar 1933 fungierte der Dr. Alfred Hugenberg als Vizekanzler neben dem ersehnten Führer und neuen Reichskanzler.

Die Zeit der Geldentwertung war gleichzeitig eine Gründerzeit für junge Künstler, die Theatertruppen ohne Geld zusammenstellten, um expressionistische Stücke aufzuführen. Musikagenten waren als Manager tätig, um neue Orchester zusammenzustellen und durch das Land zu schicken. Bezahlt wurde im längst entwerteten Geld. Das galt für die Konzertbesucher wie für die Konzertveranstalter. Die Veranstalter selbst hatten wahrscheinlich Devisen zur Verfügung. Die brauchte man jedoch für anderweitige Geschäfte. In Thomas Manns Erzählung

Unordnung und frühes Leid sind die fröhlichen Nutznießer jener Gründerzeit sehr genau konfrontiert mit dem ärmlichen Dahinleben des ehemals wohlhabenden Bürgertums.

Auch der so erfolgreiche und ehemals reiche Komponist und Pianist Eugen d'Albert mußte sich damals vermutlich auf Abenteuer einlassen mit Neulingen einer Konzertagentur. Im Rheinland hatte man auf solche Weise aus arbeitslosen Musikern der vielen städtischen Orchester an Rhein und Ruhr ein neues Tourneeorchester gegründet. Es hat die Geldaufwertung nicht mehr überlebt. Einen ständigen Dirigenten gedachte man sich nicht zu leisten. Man setzte auf bekannte Namen und ständigen Wechsel am Dirigentenpult. Vor allem setzte man auch auf die Namen berühmter Solisten. Allen voran Eugen d'Albert. Bei der ersten Ankündigung jenes Konzertes von d'Albert mit dem neuen Tourneeorchester wurde der bereits klangvolle Name Wilhelm Furtwängler genannt. Nach dem plötzlichen Tod von Arthur Nikisch 1922 war die Leitung des Berliner Philharmonischen Orchesters nur kurze Zeit vakant: Furtwängler hatte zuvor als musikalischer Leiter des Mannheimer Nationaltheaters gewirkt.

Er mußte wohl gewarnt worden sein vor diesem Orchester und seinen Managern. Jedenfalls sagte Furtwängler ab. Statt seiner holte man einen früheren Liebling der Kölner Opernfreunde, den am Leipziger Opernhaus amtierenden Otto Lohse. Ein guter Dirigent natürlich, doch an jenem unglückseligen Konzertabend von Zahnschmerzen geplagt, das sah man, man hörte es auch. Trotzdem ging die offizielle Ouvertüre ganz gut vonstatten. Dann spielte Eugen d'Albert, herzlich begrüßt, das *Fünfte Klavierkonzert* von Beethoven. Aber bereits die ersten Takte mit den stürmischen Anläufen des Klaviers machten es klar: d'Albert hat nicht wirklich geübt. Natürlich spielte er wie ein großer Meister, der seinen Beethoven genau kennt und die eigene Interpretation seit langem festgelegt hat. Es war auch keine Rede davon, daß er falsch gespielt hätte. Die Klaviertechnik dieses in Glasgow geborenen Schotten vom Jahrgang 1864 war weltbekannt. Allein, gerade an jenem Konzertabend empfand ich diese Interpretation vor allem als gewaltsam. D'Albert war nicht bei der Sache. Ihn quälte vermutlich auch die Pfuscherei im Orchester. Ich war sehr enttäuscht. Nach der Pause spielte d'Albert dann noch die *Wanderer-Fantasie* in Franz Liszts Fassung als Klavierkonzert. Eugen d'Albert war ein Lieblingsschüler von Liszt gewesen, das wußte man. Er spielte meisterhaft, doch mit einem nach wie vor pfuschenden Orchester.

Das war alles gewesen? Ich wußte, daß besagter Eugen d'Albert, mit dem Brahms sehr eindringlich das gesamte eigene Klavierwerk durchgearbeitet hatte, noch in den neunziger Jahren in Berlin unter Leitung des Komponisten die beiden *Klavierkonzerte* in d-Moll und B-Dur mit höchster Meisterschaft aufgeführt hatte. Kaum jemand hatte das seitdem als Wagnis wiederholen mögen.

Ich wußte auch, als Allesleser, daß Hans von Bülow bei der Uraufführung der *Burleske* d-Moll für Klavier und Orchester von Richard Strauss zugegen war. Der junge Richard Strauss, auch er vom Jahrgang 1864, war Bülows Meisterschüler. D'Albert habe, so schreibt Bülow nach Hause, großartig gespielt. Bülow selbst hatte die Burleske für unspielbar gehalten.

Dies alles war mir bekannt. Aber alles sprach an jenem Konzertabend gegen die Vergangenheit.

Dann freilich hörte ich ihn wieder im Kölner Opernhaus bei dem Gedenkkonzert für Johannes Brahms im Rahmen des Niederrheinischen Musikfestes. Eugen d'Albert spielte das *Zweite Klavierkonzert* in B-Dur. Das Cellosolo im dritten Satz übernahm der Solocellist des Gürzenich-Orchesters. Er hieß Emanuel Feuermann.

Das war unvergeßbar. D'Albert war an jenem Abend auf der Höhe seiner Meisterschaft. Er war ein Sechziger, doch kann er damals unter Leitung von Johannes Brahms nicht schöner gespielt haben als an diesem Abend des Gedenkens an den großen Musiker: die (neben Liszt) prägende Gestalt seiner Jugendzeit.

Ein Jahr später habe ich d'Albert noch ein drittes Mal hören können. Er spielte im Rahmen eines Meisterkonzertes im Gürzenich. Abermals Beethoven, doch zeigte die Wahl der Sonate, daß d'Albert nicht gewillt war, als Spieler der *Appassionata* oder von opus 111 abgestempelt zu werden. Er spielte die dritte Sonate aus opus 31 Es-Dur. Sie wird heute, wohl mit Recht, eher leicht, fast heiter und spielerisch interpretiert. Den abrupten, zuckenden Einsatz wie eine kleine Bosheit, einen raschen Einwurf. D'Albert spielte den Anfang in hohem Ernst, wie einen drohenden Zornesausbruch. Das leuchtete mir sofort ein. Er dämonisierte die Sonate. Aber das habe ich erst viel später bei der Rückerinnerung feststellen mögen.

Am Schluß die letzten *Impromptus* von Franz Schubert. Das letzte Stück in f-Moll machte mir großen Eindruck. Auch an diesem Abend war das Spiel des Technikers d'Albert überragend. Abermals jedoch die Dämonisierung und die Gewaltsamkeit. Der rasende Absturz am Schluß hatte nichts mehr zu tun mit der Anmut und Spielfreude von Schubert. Es war insgeheim abermals eine Gewalttat, die zuende kam.

Emanuel Feuermann

Wir alle nannten ihn Munio. Emanuel Feuermann war 1902 im galizischen Kolomea geboren. Er war viereinhalb Jahre älter als ich. Ich lernte ihn früh schon kennen in Köln, den Cello spielenden Wunderknaben, den fünfzehnjährigen Solo-Cellisten des Gürzenich-Orchesters. Wir haben stets Du zueinander gesagt.

Er stammte aus einer Musikantenfamilie. Der Vater war Musiker. Seine drei Kinder wurden hochbegabte Virtuosen. Den ältesten Sohn, den Geiger Sigmund Feuermann, habe ich auch schon in einem Meisterkonzert im Gürzenich gehört. Sehr elegant, sehr virtuos, ein bißchen salonhaft wirkend. Man bestaunte sein Können, aber seine Zugaben waren weitaus überzeugender als die Hauptwerke seines klassischen Repertoires.

Nachdem Munio in Köln zu Amt und hohen Ehren gekommen war, ließ er die jüngere Schwester Sophie nachkommen. Sie war – selbstverständlich – eine Pianistin geworden. In Köln studierte sie an der Musikhochschule bei Michail Wittels, einem Meisterschüler Edwin Fischers. Fischer selbst kam häufig nach Köln und arbeitete dann weiter mit den Schülern von Wittels. Ich war in jenen zwanziger Jahren gut befreundet mit Sophie Feuermann. Wir haben viel bei uns zuhause musiziert. Die anderen Musikantenfreunde waren gleichfalls bei uns zu Gast.

Sophie Feuermann (auch das gehört, wie sich zeigen läßt, zur Musikgeschichte unseres Jahrhunderts) wohnte als Studentin zur Miete bei der Witwe Steinberg am Friesenplatz. Dort hatte auch Emanuel Feuermann eine zeitlang gewohnt, als er nach Köln berufen wurde. Der Sohn des Hauses war Student gewesen an der Musikhochschule, die damals noch Rheinische Musikschule zu sein hatte. Auch er war ein hochbegabter Musiker. Als Pianist hatte er das Examen mit dem Vortrag des *Ersten Klavierkonzertes* von Brahms erfolgreich bestanden. Otto Klemperer holte ihn sogleich als Korrepetitor, später als Kapellmeister an die Oper. Es wurde der Anfang einer Weltkarriere.

Hans Wilhelm Steinberg amtierte zusammen mit einem anderen hochbegabten Musiker eine Weile in Köln. Der andere Korrepetitor hieß Paul Dessau. Dann übernahm Hans Wilhelm Steinberg die Leitung des deutschen Opernhauses in Prag und wurde von dort als Opernchef nach Frankfurt an den Main geholt. Hinauswurf 1933. Mitgründer – auf Einladung von Bronislaw Huberman und Arturo Toscanini – des Sinfonie-Orchesters in Palästina, also der späteren Israelischen Sinfoniker. Das weitere ist bekannt: William Steinberg in Boston und in Pittsburgh. Ich habe ihn zu Beginn der fünfziger Jahre noch einmal in Berlin gehört. Eine ausgezeichnete Aufführung der *Fünften* von Beethoven.

In der Tat, dies alles ist Musikgeschichte in unserem Jahrhundert. Großartige Möglichkeiten, die jäh und in schmachvoller Weise unterbrochen wurden mit dem 30. Januar 1933. Es ist und bleibt der Schicksalstag dieses Jahrhunderts.

Ein Schicksalstag auch für Emanuel Feuermann. Als Wunderkind hatte ihn der Vater zuerst nach Wien geschickt. Dann zu dem Meistercellisten des Leipziger Gewandhauses, zu Julius Klengel. In ganz jungen Jahren wird er 1917 als Solocellist des Gürzenich-Orchesters nach Köln berufen. Unter uns erzählte man sich damals die Anekdote, daß der blutjunge Feuermann, der sogleich auch als Cellolehrer ans Konservatorium berufen worden war, also an die spätere Musikhochschule, nach seiner Ernennung im Sprechzimmer des Direktors erschien, um an einer Sitzung des Lehrkörpers teilzunehmen. Die Sekretärin des Gewaltigen belehrte ihn barsch, Studenten hätten draußen zu warten.

Ich habe ihn dann noch häufig am Cellopult des Gürzenich-Quartetts erlebt. Die erste Geige spielte der sehr noble und bedeutende Bram Eldering, ein holländischer Jude, den Brahms noch gehört und in Meiningen seinem Freunde und Schüler, dem Dirigenten Fritz Steinbach, empfohlen hatte. Als Steinbach als Nachfolger von Franz Wüllner nach Köln berufen wurde, nahm er seinen Meininger Konzertmeister Eldering mit an den Rhein. Der alte Bram Eldering blieb in Köln, hatte den gelben Stern zu tragen. In einer Bombennacht ist er vermutlich umgekommen.

Die zufällige Bekanntschaft mit Munio Feuermann wurde eng durch meine Bekanntschaft mit seiner Schwester. Sie hatte den Bruder oft in seinen Konzerten zu begleiten. Wenn sie am Friesenplatz miteinander probierten, durfte ich umblättern. Ich denke auch gern noch daran zurück, wie Munio mich tröstete, als ich das juristische Staatsexamen im Jahre 1928 beim ersten Anlauf verfehlte.

Als er 1929 an die Berliner Hochschule berufen wurde, habe ich ihn dort ein paarmal besucht. Dort war Franz Schreker der Direktor. Ich habe auch einige Konzerte des Streichertrios gehört, das sich damals zusammenfand: Simon Goldberg, Konzertmeister der Berliner Philharmoniker, Paul Hindemith an der Bratsche, Emanuel Feuermann. Hindemith und Feuermann waren Kollegen als Professoren der Musikhochschule.

Viele Jahre später, nach dem plötzlichen und frühen Tod Emanuel Feuermanns in New York, er hat seinen 40. Geburtstag nicht mehr erlebt, erklärte die ungarische Geigerin Erica Morini bei einer Umfrage nach der Rangliste der zeitgenössischen Cellisten, man könne Feuermann überhaupt nicht auf einer Rangliste einordnen. Er sei stets etwas Besonderes gewesen.

Genau so habe ich ihn in der Erinnerung. Wir haben natürlich, wenn man nach einem Konzert mit ihm zusammen war, über den Ablauf des Abends gesprochen. Aber es hat nie auch nur den Ansatz eines ernsthaften Gesprächs über Musik oder insgesamt über kulturelle Zusammenhänge mit ihm gegeben. Alles was er wußte und konnte, hatte er in sich. Das gehörte zu ihm. Darum war er offenbar auch kein guter akademischer Lehrer. Er konnte höchstens auf seinem Stradivari-Cello zeigen, wie er es machte. Doch wer hätte es ihm nachmachen können? Seine Neider pflegten abschätzig zu behaupten, der Feuermann spiele eigentlich Geige auf dem Cello. Und wenn? Übrigens stimmte es nicht. Sein Celloton war unvergeßlich. Völlig anders als bei dem von ihm bewunderten Pablo Casals. Doch ebenbürtig.

Ich habe ihn dann noch einmal wiedergesehen, als wir beide im Exil waren. Er hatte seine ersten Erfolge in den Vereinigten Staaten hinter sich, hatte in Zürich eine Freundin aus Kölner Jahren, auch eine Emigrantin, geheiratet. War glücklich und voller Zukunftspläne.

Das war wohl um das Jahr 1934 in Genf, es kann auch etwas später gewesen sein in diesen dreißiger Jahren. Emanuel Feuermann wurde angekündigt als Solist eines Konzertes des Orchestre de la Suisse Romande unter Leitung von Ernest Ansermet. Munio spielte das Dvořák-Konzert. Anschließend waren wir zusammen und konnten ein bißchen miteinander sprechen. Der lustige Charme des einstigen Munio war kaum mehr zu spüren. Er war ernst geworden, tief durchdrungen von der eigenen Meisterschaft. Er freute sich auf die Übersiedlung nach Amerika, zumal man ihm in Zürich im Zeichen der von Goebbels bezahlten und organisierten Hetze der sogenannt Frontischen den Aufenthalt in der Schweiz verleidet hatte. Dies war unsere letzte Begegnung, damals in Genf.

In den USA war er bald als Nummer eins anerkannt. Die Schallplatte hat es aufbewahrt. Dreimal Nummer eins: Arthur Rubinstein, Jascha Heifetz, Emanuel Feuermann. Wenn ich jene Schallplatte wiederhöre, die als Interpretation des letzten sinfonischen Werkes von Johannes Brahms für uns zurückgeblieben ist, so ist für mich alles wieder da. Das *Doppelkonzert für Violine, Violincello und Orchester* opus 102 in a-Moll von Johannes Brahms. Uraufgeführt unter Leitung des Komponisten im Kölner Gürzenich mit Joseph Joachim und seinem Cellisten Robert Hausmann. Auf der Platte spielt das Sinfonie-Orchester von Philadelphia unter Leitung von Eugene Ormandy. Mit den Solisten Jascha Heifetz und Emanuel Feuermann. Diese Interpretation hat nicht ihresgleichen.

Die Russen
Fjodor Schaljapin und Sergei Rachmaninow – Wladimir Horowitz und Nathan Milstein

Am Ausgang des Jahres 1920 war es ersichtlich geworden, daß man die Oktoberrevolution von 1917 nicht mit Hilfe weißgardistischer Interventionen rückgängig machen konnte. Andererseits hatte man sich im Kreml, wie man heute weiß, klargemacht, daß man eine unmittelbare Ausdehnung der Revolution nicht mehr erhoffen durfte. Der Krieg gegen Polen wurde verloren. Was man dem Genossen L. D. Trotzki, dem Oberbefehlshaber der Roten Armee, im inneren Zirkel niemals verziehen hat. Auch Béla Kun war in Ungarn gescheitert. Die kommunistischen Anführer der Münchener Räterepublik wurden »an die Wand gestellt«.
Der Zweite und Dritte Weltkongreß der Kommunistischen Internationale in den frühen zwanziger Jahren, an welchen Lenin noch als Hauptredner teilnahm, machen deutlich, daß man sehr früh schon, ganz sicher am Ende des Jahres 1923, festzustellen hatte, dieser erste »Turnus der Kriege und Revolutionen« sei zu Ende. Einen zweiten hat es nicht mehr gegeben.

Um das Jahr 1920 begann auch die große Auswanderung aus dem sowjetisch gewordenen Zarenreich. Im neuen Staat der Arbeiter und Bauern war kein Platz mehr für den hohen und niederen Adel, auch nicht mehr für die Mitglieder einer begüterten Bourgeoisie. Allenthalben begann der Zug nach Westeuropa. Die Zwischenetappe war immer Deutschland.
W. I. Lenin hat, ganz sicher nicht ohne Traurigkeit, vielen großen Künstlern, Musikern, Sängern und Tänzern die legale Ausreise gewährt. Von Marc Chagall bis zu den großen Ballerinen: der Pawlowa und der Karsawina.
Nun konnte man sie in deutschen Theatern und Konzertsälen erleben: die russischen Legenden ebenso wie die unbekannten

Jungen, die bald weltberühmt werden sollten. Auch bei diesem massenhaften Exodus empfand man in den Einwanderungsländern nicht immer nur Hochachtung und Mitleid, sondern oft Spott über mitreisende Schwindler und Angeber.

Ähnlich muß es zugegangen sein im neunzehnten Jahrhundert nach 1830, als der Zarismus den polnischen Aufstand niedergeschlagen hatte. Nicht jeder Pole, der sich damals in Deutschland oder Frankreich vorstellte, war ein Frédéric Chopin. Heinrich Heines Spottgedicht auf die »beiden edlen Polen Kratulinski und Waschlawski« hat bis heute überdauert. Wir kennen auch den als noblen Adelsmann gefeierten Schneidergesellen Wenzel Strapinski aus Gottfried Kellers Erzählung *Kleider machen Leute.*

In den damals in Berlin zahlreich aufgemachten russischen Restaurants fungierten, wie man sich zuraunte, lauter echte Großfürsten als Oberkellner.

Zwei der großen russischen Legenden habe ich in den zwanziger Jahren noch »leibhaftig« erleben dürfen. Es war der Mühe wert. Große Namen von damals, die es bis heute geblieben sind.

Fjodor Schaljapin ist unvergeßbar geblieben. Auch wenn die nahezu grotesken Begleitumstände seines Auftretens im Kölner Gürzenich immer wieder zum Lachen reizten.

Es gibt einen merkwürdigen Ausspruch von Johannes Brahms über Franz Liszt. Der junge Hamburger Pianist war zuerst nach Weimar zu Liszt gereist, bevor er an den Rhein fuhr, um bei Robert und Clara Schumann in Düsseldorf zu landen. Der Weltmann Liszt muß den jungen Hanseaten etwas gönnerhaft behandelt haben. Brahms war von nun an verloren für Berlioz, Liszt und Richard Wagner. Allein, im Rückblick hat er doch erklärt: Wer Liszt nicht am Klavier erlebt habe, könne sich überhaupt keine Vorstellung davon machen.

So erging es mir mit dem riesenhaften Schaljapin oben auf dem Podium. Im Frack natürlich. Das Gesicht kannte man aus vielen Abbildungen. Die tigerhafte Kraft des jungen Singschauspielers war nicht mehr da. Dennoch konnte man ahnen, wie er einstmals, wofür es viele berühmte Schilderungen gab, im Prolog zum *Mefistofele* von Arrigo Boito aufgetreten, wie er als Boris Godunow gestorben war.

Der Große Saal des Gürzenich war voll besetzt. Es gab keinen Programmzettel mit der Vortragsfolge. Hingegen konnte man für gutes Geld ein Büchlein erwerben, worin alle Lieder und Arien des Schaljapin-Repertoires sorgfältig numeriert aufgeführt waren. Als dann der große Sänger mit seinem Begleiter, der auf alle Extravaganzen gefaßt sein mußte, die Treppe zum Podium erstiegen, folgte ihnen ein dritter Mann. Das war der Ausrufer.

Offenbar ein Russe, denn Schaljapin rief ihm vor Beginn eines neuen Gesangstückes den Titel dessen zu, was er soeben innerlich beschlossen hatte, dem Publikum vorzusingen. Dann ruft der Ausrufer in den Saal: »Nummer 43«. Es war wie auf dem Jahrmarkt des Petruschka. Strawinski wäre entzückt gewesen. Er hatte den Fjodor Schaljapin bewundert.

Nach den Vorstellungen deutscher Konzertrituale aus dem neunzehnten Jahrhundert war dies alles natürlich unseriös. Allein Schaljapin machte alles vergessen. Die Stimme war immer noch gewaltig. Seine Gesangstechnik durfte sehr bewundert werden. Mit den gehäuften Schwierigkeiten der Leporello-Arie aus dem *Don Giovanni* wurde er mühelos fertig. Untadeliges Italienisch; genaueste rasche Artikulation. Ich habe das herrliche Stück auch später auf der Opernbühne kaum je mit solchem Glanz und auch mit solcher bösen Gemeinheit gehört. Mit der Anrede an die Madamina war alles festgelegt. Wenn er am Schluß in ordinärer Sprachform das »Voi sapete« intoniert, ist es die wahre Obszönität. Ihr kennt das doch!

Etwas in ihm selbst muß das gewesen sein, was diese Fülle kontrastierender Empfindungen möglich machte. Schaljapin sang ein umfangreiches Programm, auch viele französische Lieder. Unvergeßbar neben dem Leporello war dann das *Lied vom Floh* aus Goethes *Faust,* in der Vertonung von Modest Mussorgski. Das ist in Schaljapins Interpretation auf der Platte überliefert worden. Alle späteren Sänger, das ist offenbar, wenn man das Original gehört hat, haben sich an dieser Platte orientiert. Was nicht imitiert werden konnte, war jedoch die stets wechselnde russische Sprachform. Schaljapin sang schließlich in seiner Muttersprache.

Am Schluß natürlich das Lied der Wolgaschlepper. Auch das hat Schaljapin für die Platte gesungen. Es wurde ganz ohne Wehleidigkeit und Zähneknirschen gesungen. Eine perfekte Studie im Crescendo und Decrescendo.

Schaljapin wurde allenthalben, wie man aus der deutschen Presse erfuhr, stürmisch gefeiert. Er trat auch als Don Quixote in der Oper von Saint-Saëns auf. Leider nicht mehr als Boris Godunow. Doch die große Arie des Fürsten Igor von Borodin hat er uns auch in Köln vorgesungen. Wie gern hätte ich von ihm noch die *Lieder und Tänze des Todes* von Mussorgski gehört.

Die Gegensätze im Erscheinungsbild von Fjodor Schaljapin und Sergei Rachmaninow waren gar nicht auszuloten. Schaljapin war »ganz da«, wie man zu sagen pflegt. Rachmaninow hingegen schien, um es einmal sehr kraß zu sagen, seine geheime Identität im Künstlerzimmer gelassen zu haben, als er das Treppchen zum Podium des Gürzenich hinaufstieg. Was nicht heißen soll, daß er gefühllos, gar seelenlos musiziert hätte. Es war der sehr gute Klavierabend eines großen Pianisten. Die gewaltige Technik funktionierte so sehr, daß man sie kaum noch bemerkte. Ein Allerweltsprogramm mit einer bekannten Beethoven-Sonate am Beginn, dann Chopin. Rachmaninow spielte die *Erste Ballade* in g-Moll. Die ist sehr schwer zu gliedern. Alle Steigerungen werden immer wieder zurückgenommen, um die große Schlußsteigerung möglich zu machen. Rachmaninow ließ das großartige Jugendwerk Chopins vollkommen geschlossen erscheinen. Ein großer Tonsetzer saß am Klavier.

Nach der Pause nur Préludes von Rachmaninow. Natürlich nicht, auch nicht bei den zahlreichen Zugaben, »das« Prélude, das sich viele im Saal gewünscht hätten.

Merkwürdig aber, Rachmaninow saß ausdruckslos am Klavier. Auch wenn er aufstand, um sich zu bedanken, bewegte sich nichts im Gesicht. Er war uns allen sehr fern. Heute weiß man, daß er viel Leid erfahren hatte in seiner Jugend: Der treue und dankbare Schüler Peter Tschaikowskis. Der hatte seinen genialen Zögling, den glänzenden Pianisten, zunächst als Hauslehrer der Mäzenin Nadeshda von Meck empfohlen. Als Rachmaninow selbst erfolgreich wurde, gab er die Stelle auf. Tschaikowski mußte einen neuen hochbegabten Klavierlehrer herbeischaffen. Das tat er auch. Er fand den Nachfolger für Rachmaninow in Paris. So wurde Claude Debussy nach Moskau geholt. Dort ging einiges für ihn schief. Aber das ist eine andere Geschichte. Auch für den jungen Rachmaninow ging einiges schief. Das *Erste Klavierkonzert* hatte Erfolg. Die *Erste Sinfonie* wurde bösartig verrissen. Von der tiefen Depression jener Epoche hat sich Rachmaninow wohl nie wieder erholt. Nun wurden die wirklichen Gefühle, die aufgespart blieben für ein großes kompositorisches Werk, beim Auftritt des Pianisten gleichsam im Künstlerzimmer gelassen. In dieser Haltung sehe ich ihn immer noch vor mir. Hört man jedoch den Meister am Klavier, der alle die großen Werke selbst noch in guten Aufnahmen hinterlassen konnte, so ist es beim Zuhören schwer vorstellbar, daß da einer am Klavier sitzt, der sich nichts anmerken läßt.

Es mag sonderbar erscheinen, fast arrangiert, wenn nunmehr im Bericht über die jungen nachrückenden russischen Künstler von neuem mit fast grenzenlosen Gegenpositionen gearbeitet wird. Doch ein größerer Gegensatz in der Art des Auftretens von Pianisten auf dem Konzertpodium ist kaum denkbar, als zwischen dem großen und gealterten Sergei Rachmaninow und dem damals noch sehr jungen Wladimir Horowitz vom Jahrgang 1904.
Es gibt eine berühmte Episode, wohl um die Mitte unseres Jahrhunderts, in der berühmten »Bowl«, der Konzerthalle von Los Angeles. Wladimir Horowitz spielt, im Vollbesitz seiner Meisterschaft, das *Dritte Klavierkonzert* in d-Moll von Sergei Rachmaninow. Der Komponist bezeichnete es einmal als ein Elefantenkonzert: wegen der gewaltigen Schwierigkeiten an Kraft, Schnelligkeit und Treffsicherheit. Horowitz hatte alles

parat. Stürmischer Beifall. Dann kam langsam ein Einzelner durch den Mittelgang, um aufs Podium zu steigen. Sergei Rachmaninow umarmte den Wladimir Horowitz. Der Film hat diesen großen Augenblick festgehalten.

Auch bei der Rückschau auf das Spiel des jungen Wladimir Horowitz darf an die Äußerung von Brahms über das Klavierspiel von Liszt gedacht werden. Horowitz war damals, als ich ihn zum ersten Male hörte, das muß 1926 gewesen sein, und zwar in der Berliner Philharmonie in der Bernburger Straße, noch ganz jung. Die Zeitungen hatten, in sensationeller Aufmachung, von seinem überwältigenden Erfolg in der Hamburger Musikhalle berichtet. Dort hatte ein bewährter Solist für das vorgesehene Klavierkonzert in b-Moll von Tschaikowski absagen müssen. Ein unbekannter junger Russe, über den in Fachkreisen viel geraunt wurde, sprang ein. Es war wie bei dem Bericht von Brahms über Liszt: Von einem solchen Klavierspiel hatte wohl keiner im Saal hier einen Begriff gehabt. Das Publikum raste. Die Presse raste nach.
Ich studierte damals in Berlin, suchte jedoch von allem mitzunehmen, was es an künstlerischen und geistigen Leistungen als Angebot gab. Das Angebot war ungeheuer. Ich sehe sie noch vor mir, die Seiten des *Berliner Tageblatts* in der Wochenendausgabe. Fast volle zwei Seiten mit Ankündigungen von Konzerten in der nächsten Woche. Und welcher Konzerte. Wer damals als junger Komponist an der Berliner Hochschule oder Akademie der Künste studieren wollte, hatte die Auswahl zwischen den Kompositionslehrern Paul Hindemith, Arnold Schönberg und Franz Schreker.
Als eifriger Zeitungsleser hatte ich festgestellt, daß das nächste Philharmonische Konzert den Solisten Wladimir Horowitz präsentieren würde. Das Vorkonzert, wie gewohnt, am Sonntagmorgen; das Hauptkonzert am Montagabend. Ich saß am Sonntagmorgen in der Philharmonie.
Natürlich konnte ich nicht ahnen, daß ich Zeuge sein würde des einzigen Zusammenwirkens zwischen Wilhelm Furtwängler und Wladimir Horowitz. Das hat es dann nie wieder gege-

ben. Dabei war es im Ablauf weder ein sensationeller Triumph für Horowitz, noch gar eine Dissonanz zwischen dem Dirigenten und seinem Solisten. Horowitz spielte ausgezeichnet das *Zweite Klavierkonzert* in A-Dur von Liszt; Furtwängler war ein vorzüglicher Begleiter. Es war auch keine Rede davon, daß Furtwängler den Liszt »verachtet« hätte. Er führte bald darauf in sehr schöner Intensität die *Faust-Sinfonie* auf mit dem großen Tenorsolo.

Vielleicht lag es an der Sonderbarkeit des Konzertprogramms an jenem Sonntagmorgen. Davon muß gesprochen werden, denn sonst würden heutige Konzertbesucher den Kopf schütteln über eine solche Programmgestaltung: Horowitz spielte nach der Pause. Dann brachten die Philharmoniker mit Furtwängler Tschaikowskis *Romeo und Julia* nach Shakespeare.

Blieb der erste Programmteil. Da beginnt man herkömmlicherweise mit einiger Sinfonik zum Einspielen. Wilhelm Furtwängler spielte sich ein mit den drei Sätzen der unvollendeten *Neunten Sinfonie* von Anton Bruckner.

Es war meine erste Begegnung mit dieser *Neunten* von Bruckner. Sie ist prägend geblieben für mich bis ins hohe Alter hinein. Doch wie sollte man nach der Pause aufnahmefähig sein für Liszt und Tschaikowski. Außerdem war das natürlich ein sehr langes Konzert. Ich kam viel zu spät zum Mittagessen bei den Verwandten in Schöneberg, und ich wurde ausgeschimpft.

Natürlich wurde Horowitz sehr rasch eine Weltsensation. Die Ankündigung seines Namens bedeutete einen ausverkauften Saal. Ich habe ihn noch dreimal in den zwanziger Jahren im Gürzenich mit Klavierabenden erleben dürfen. In der Tat: Ein größerer Gegensatz zwischen seinem Auftreten und der Haltung Rachmaninows auf eben diesem Podium war kaum vorstellbar. Der junge Horowitz war damals offenbar noch weit entfernt von den späteren Angstzuständen des Weltberühmten, die ihn zwingen sollten, schon am frühen Nachmittag mit dem Konzert zu beginnen, weil seine Nerven es einfach nicht mehr aushielten, auf den Abend zu warten.

Der elegante Horowitz freute sich über seine Erfolge. Er kokettierte mit dem Publikum, er lieferte auch ein bißchen Mienen-spiel, damit man etwas zu beobachten hatte. Allein, er war, das spürte man, hingerissen vom ersten Ton an von der jeweiligen Musik, die er intoniert hatte. Durch ihn entdeckte ich plötzlich Domenico Scarlatti. Den hatte ich selbst am Klavier stets als langweilige technische Pflichtaufgabe betrachtet. Nun war das plötzlich große und filigranhafte Musik.

Das größte Erlebnis damals in Köln war für mich die *Klavier-sonate* in h-Moll von Liszt. Sie galt als unspielbar. Die deutsche Musikkritik lehnte das Werk ab als ein mißglücktes Zwitterding zwischen einer Sonate und einer angeblichen sinfonischen Dichtung für Klavier. Aus ähnlichen Verbotsgründen wurde damals auch die *fis-Moll-Sonate* von Robert Schumann kaum im Konzertsaal gespielt. Es ist merkwürdig, aber die Durchset-zung einiger sehr großer Klavierwerke, die man in der kriti-schen Meinung für unspielbar oder mißglückt gehalten hatte, ist häufig mit dem Namen eines großen Pianisten verbunden, der diese Werke trotzdem spielte, um ihnen zur Kenntlichkeit zu verhelfen. Horowitz mit der Liszt-Sonate. Wilhelm Backhaus später mit der *Hammerklavier-Sonate* op. 106 von Beethoven. Arturo Benedetti Michelangeli mit den *Paganini-Variationen* von Brahms. Glenn Gould mit den *Goldberg-Variationen* von Bach.

Wie Horowitz die große Liszt-Sonate mit ihrem gleich zu Beginn exponierten Themenmaterial aufgliederte, jede Episode mit äußerster Intensität vortrug, um schließlich mit den rasen-den herumfliegenden Oktaven zu triumphieren: das war ganz unvergeßbar.

Am Schluß seiner Klavierabende pflegte sich das Publikum unten vor dem Podium zu scharen. Ich scharte mich jeweils mit. Als letzte Zugabe pflegte dann Wladimir Horowitz, der inzwi-schen ein Liebesverhältnis eingegangen war mit seinen Zuhö-rern, den *Minutenwalzer* von Chopin zu spielen. Ich sehe sie noch, seine Hand, die rasend schnell von oben nach unten, dem Schlußakkord zueilt.

Niemals hätte ich ahnen können, daß dieser glanzvolle Alles-könner in späteren Jahren imstande sein würde, die *Kreisleriana* von Schumann in einer Weise zu spielen, die gleichfalls für mich prägend werden sollte. Leider nur mit Hilfe der Schallplatte.

Große russische Namen von Klavierspielern, die man damals bewundern konnte und die inzwischen vergessen wurden. Lubka Kolessa aus der Ukraine. Sehr liebenswerte, sehr poetische glanzvolle Chopin-Spielerin. Alexander Borowski machte mir großen Eindruck. Ein vorzüglicher Bach-Spieler. Aber es war nach damaliger Gewohnheit fast immer ein Bach/Busoni. Neben Horowitz war damals für mich unter den russischen Pianisten Alexander Brailowski der bedeutendste. Vom Jahrgang 1896. Er war aber kein Emigrant aus den frühen zwanziger Jahren. Brailowski hatte früh bereits in Wien studiert, war befreundet mit Ferruccio Busoni, ging später nach Amerika, wo er sehr erfolgreich und alt wurde. Ich habe ihn in der Mitte der dreißiger Jahre in Genf zweimal hintereinander gehört mit dem Orchester unter Leitung von Ernest Ansermet. Nicht ohne eine gewisse Enttäuschung. Im Vorkonzert wirkte er fahrig und technisch unsicher. Im Hauptkonzert spielte er als Alexander Brailowski. Für mich ist er wichtig geblieben durch sein Chopin-Spiel. Stärker noch als im Spiel von Horowitz war bei Brailowski ein harter, kompositorisch sehr genau arbeitender, ganz unsentimentaler Chopin hörbar geworden. Die beiden großen Chopin-Sonaten hat Brailowski, in meiner Erinnerung, besonders glanzvoll und genau gespielt.

Bleibt noch die Erinnerung an Nathan Milstein und den Gregor Piatigorsky. Die kamen nun wirklich als Emigranten, waren unbekannte Debutanten in einem fremden, nicht immer besonders freundlichen Land, wurden dann weltberühmt: natürlich in den USA, wo sie dann blieben und ihr Leben zuende führten.
Als Nathan Milstein in der Mitte der zwanziger Jahre in Deutschland seine Konzerte gab, die ihn sofort berühmt machten, gab es bereits den widerwärtigen Bodensatz der Judenfeindschaft in deutschen Hinterköpfen. Man konnte doch nicht ins Konzert eines Künstlers gehen, der den Vornamen Nathan

trug. Folglich wurde Milstein »in jenen Jahren« stets ohne Vornamen angekündigt. Einfach Milstein. Dann war er zugelassen, und er durfte bejubelt werden. Seine Triumphe gipfelten häufig in einer makellosen Interpretation des *Violinkonzerts* von Brahms. Die Interpreten dieses Werkes, das in seinen gehäuften Akkorden an den Klavierspieler Brahms gemahnt, pflegten die Akkorde stets gebrochen als ein Arpeggio zu spielen. Bei Milstein hörte man wirklich ungebrochene Akkorde. Er wurde damit, wie man heute weiß, beispielgebend für alle späteren Geiger. Das straffe akkordische Spielen auf der Geige muß ihm selbst, dem Musiker Milstein, große Freude gemacht haben. In späteren Jahren hörte ich ihn noch einmal bei einem Violinabend in Hannover. Er kam ganz allein, ohne Klavierbegleiter. Spielte nur Bach für Violine solo. Rein und schön und tief durchdacht, ganz wie in seinen Anfängen. Damals in den Zwanziger Jahren.

Gregor Piatigorsky, ein riesiger Kerl und wunderbarer Cellospieler, war eine Entdeckung von Furtwängler. Der holte ihn sich als Solocellisten an das Philharmonische Orchester Berlin. Dort habe ich ihn immer wieder am ersten Pult sehen können. Ich möchte meinen, daß die seitdem im Laufe des Jahrhunderts sehr berühmt gewordenen Berliner Cellisten, auch wenn sie es jetzt nicht mehr wissen können, geprägt wurden durch diesen jungen Meister aus Südrußland und vom Jahrgang 1903.
Als Solisten hörte ich ihn damals in Berlin. Da muß er 24 Jahre alt gewesen sein, im *Doppelkonzert* von Brahms zusammen mit dem so früh verstorbenen Geiger Joseph Wolfsthal, dem damaligen Konzertmeister der Preußischen Staatskapelle.
Nach dem frühen Tode von Emanuel Feuermann wurde Piatigorsky in den USA die Nummer eins der Cellisten. Im Triospiel mit Artur Rubinstein und Jascha Heifetz in den vielen schönen Musikaufnahmen, die Jascha Heifetz als Kammermusikspieler produzieren sollte. Begonnen aber hatte alles jeweils in Berlin.

Der erste *Rosenkavalier,*
und Lotte Lehmann

Schon als Siebenjähriger habe ich das Wort »Rosenkavalier« gekannt. Das war noch vor dem Kriegsausbruch vom 1. August
1914. Ich habe also, streng geschichtlich gesehen, noch sieben
Jahre in einem verlängerten »Neunzehnten Jahrhundert« gelebt. Das »eigentliche« Zwanzigste Jahrhundert begann, mit
einiger Verspätung, an jenem 1. August 1914.

Wie es bei der Dresdener Uraufführung jener »Komödie für
Musik« von Hugo von Hofmannsthal und Richard Strauss
zugegangen war, ist weithin bekannt. Die musikalische und sängerische Besetzung war überragend, auch wenn Carl Perron,
der erste Jochanaan und Orest, als Darsteller nicht recht in die
Gestalt des Barons Ochs auf Lerchenau hineinpaßte. Der
Königlich-Sächsische Oberspielleiter wurde jedoch mit der
ungewohnten Aufgabe nicht fertig. Worauf Hofmannsthal seinen österreichischen Freund Max Reinhardt vom Deutschen
Theater in Berlin zu den Proben nach Dresden holte. Reinhardt
saß irgendwo im Zuschauerraum und hörte zu. Offiziell gab es
ihn nicht. In den Probenpausen aber hatte er dann leise und
intensive Gespräche mit den Hauptdarstellern. Das Ergebnis
war eine wirkliche Komödie auch im Spiel der nunmehrigen
Sängerschauspieler. Ein ungeheurer Premierenerfolg. Ohne
Max Reinhardt hätte es vermutlich einen Premierenskandal
gegeben. Bei diesem Libretto! Wenn sich heute der Vorhang
hebt, so liegen zwei Sopranistinnen nebeneinander im Alkoven.
Eine hat einen Mann vorzustellen.

Vermutlich waren die Ohren damaliger Opernbesucher nicht
geübt genug, um wirklich zu ahnen, was vorgeht im musikalischen Vorspiel, wenn der siebzehnjährige Octavian mit einem
kühnen Hechtsprung in E-Dur im Bett der älteren und verhei-
rateten Fürstin Werdenberg landet.

Allein, es wurde nun einmal ein Welterfolg. Die Dresdener
mußten umherreisen mit ihrer Premierenbesetzung. Sie kamen

auch nach Köln ins Opernhaus am Rudolfplatz. Meine Eltern haben dort diesen *Rosenkavalier* gehört, und sie waren begeistert. Davon wurde beim Abendbrot berichtet. Die Eltern waren schon ins Neue Ehrenfeld gezogen, in die damals noch elegante Kruppstraße, den späteren Ehrenfeldgürtel. In der parallel zur Kruppstraße laufenden Siemensstraße hatte die Großmutter mit ihrem Schwager, dem Onkel Ludwig, ein hübsches Haus bezogen.

Aus dem Wortschatz des Siebenjährigen blieb mir, neben dem Wort Rosenkavalier, noch ein Frauenname, nämlich Minnie Nast. Die hatte meiner Mutter ganz besonders gefallen. Es war die Sophie von Faninal. Das blutjunge, ganz ahnungslose Ding, das an den Baron Ochs, den Frauenjäger und Schuldenmacher, verkauft werden soll.

Die drei Frauen aus Dresden müssen großartig gewesen sein. Eva von der Osten als Octavian, verheiratet mit dem Bariton Friedrich Plaschke, dem ersten Faninal. Ganz außerordentlich muß aber vor allem die Marschallin der Margarethe Siems gewesen sein. In allen Berichten wurde sie vor allen hervorgehoben. Richard Strauss war so begeistert, daß er sie auch zur nächsten gemeinsamen Premiere einer Arbeit mit Hofmannsthal, zur Uraufführung der *Ariadne auf Naxos,* im Jahre 1912 nach Stuttgart holte. Zusammen mit dem damals in Berlin bewunderten Tenor Hermann Jadlowker, und natürlich mit der von Strauss verehrten Maria Jeritza aus Wien. Allein, die Jeritza war vorgesehen als Ariadne. Margarethe Siems hingegen als Zerbinetta. Man hält das heute für eine unmögliche Besetzung. Die Marschallin Margarethe Siems, deren Partie in der Höhe, im Gegensatz zur Rolle der Sophie, nicht besonders hoch angelegt ist, verwandelt sich in eine Zerbinetta, die ein hohes fis zu singen hat.

Sehr viele Familienerinnerungen in Sachen *Rosenkavalier* besaß ich nicht, als ich in der Zeitung lesen konnte, daß die Wiener Staatsoper, in der Mitte der zwanziger Jahre, in der Kölner Oper gastieren werde. Der ungarische Dirigent Eugen Szenkar war als Klemperer-Nachfolger und als Generalmusikdirektor der Oper berufen worden. Er hat großartig gearbeitet, erweiterte das Repertoire zur zeitgenössischen Kenntlichkeit. Seine erste Uraufführung galt der *Liebe zu den drei Orangen* von Prokofjew. Mit der Uraufführung des Balletts vom *Wunderbaren Mandarin* mit der Musik von Béla Bartók (der anwesend war) leistete sich Szenkar (und uns) den größten Theaterskandal, den ich erleben durfte. Die Bayreuther Erstaufführung der *Götterdämmerung* unter Boulez und Chéreau war nichts dagegen. Die Kölner haben sich beleidigt und geprügelt. Der Mandarin verschwand sogleich. Eine unsittliche Geschichte. Der Kölner Oberbürgermeister Konrad Adenauer ließ sie ebensowenig durchgehen, wie er im Schauspiel unter Gustav Hartung ein englisches Inzeststück aus dem frühen siebzehnten Jahrhundert geduldet hatte.

Jenes Inzeststück der Geschwister Giovanni und Arabella von John Ford feierte in unserem Jahrhundert und zu Paris eine sensationelle Auferstehung. Mit Romy Schneider und Alain Delon. Auch der *Wunderbare Mandarin* ist wieder da, und sehr lebendig. Besonders seit der Stuttgarter Wiederauferstehung des Balletts durch John Cranko.

Dies alles, und vieles mehr, wie etwa eine großartige Aufführung der *Gurrelieder* von Arnold Schönberg, war jenem Eugen Szenkar zu danken, der es sich leisten durfte, die Wiener Staatsoper nach Köln einzuladen, und gleichzeitig ein Gegengastspiel der Kölner in Wien anzubieten. Man ging darauf ein im Wiener Haus am Ring, und tat gut daran. Die Wiener gastierten am Rhein mit dem *Fidelio*, dem *Rosenkavalier* und der *Fledermaus*. Die Kölner gastierten an der Donau mit *Così fan tutte* und mit *Pelleas und Melisande* von Claude Debussy. Die Kölner mit – ausgerechnet – einem Mozart? Allein Österreich wurde damals von einem eifervollen Prälaten regiert und geistig dominiert. Da war die liebevoll ausgebreitete Unmoral da Pontes und leider auch Mozarts im Falle von *Così fan tutte* im Wiener Spielplan undenkbar. Die Kölner machten es möglich, hatten auch großen Erfolg. Die beiden törichten jungen Offiziere Ferrando und Guglielmo hießen Helge Roswaenge und Gerhard Hüsch. Die Fiordiligi wurde in Köln durch die wunderbare Sängerin Rose Pauly interpretiert. Richard Strauss holte sie sich einige Jahre später für eine Neuaufführung der *Salome* nach Berlin. Sie starb als Emigrantin in Israel.

Es war nicht nur mein erster *Rosenkavalier,* den ich damals beim Gastspiel der Wiener Staatsoper erlebte (durchaus im Wortsinne!), sondern schlechthin die erste Oper von Richard Strauss. Die Sinfonischen Dichtungen zu den Themen *Don Juan, Tod und Verklärung* und *Till Eulenspiegel* waren wohlbekannt aus den Programmen des Gürzenich-Orchesters und aus vielen anderen sinfonischen Gastkonzerten. Auch die unvermeidlichen Lieder von Richard Strauss im Zeichen einer Jugendstilerotik waren mir bekannt. Die *Heimliche Aufforderung* und natürlich auch die hinausgeschmetterte *Cäcilie* ließ sich kein Kammersänger entgehen.

Auch Hugo von Hofmannsthal war mir gut bekannt: erfreulicherweise bereits aus dem Deutschlesebuch für die Oberstufe. Darin gab es in diesen frühen zwanziger Jahren einen Rilke, der übrigens schlecht ausgewählt war; dann jedoch die beiden Hofmannsthal-Gedichte, die ich sogleich auswendig lernte und immer noch hersagen kann. *Manches freilich* und die *Ballade des äußeren Lebens.* Als gieriger Zeitungleser, nämlich Allesleser auch hier, wußte ich, nicht allein dank der Erzählungen am Abendbrottisch, was es auf sich hatte mit diesem *Rosenkavalier.* Die Handlung hatte man mir stichwortartig mitgeteilt. Das Entscheidende jedoch aus dem Handlungsverlauf war dabei entweder vergessen, oder nicht verstanden, oder taktvoll verschwiegen worden.

Auch heute noch entdecke ich bei jeder neuen Aufführung der berühmten Komödie für Musik immer neue musikalische Überraschungen und sprachliche Nuancen des Textdichters. Das beginnt bereits mit den ersten Sätzen des Librettos. Octavian und Marie Theres. Quinquin und Bichette. Der Junge sagt Du zur Geliebten. Die etwas ältere Frau, sie könnte nach Meinung von Strauss und Hofmannsthal etwa zweiunddreißig sein, antwortet standesgemäß mit der Anrede Er. Auch im Verlauf der Handlung zeigt das Spiel der Anreden jeweils den Stand der

Beziehungen an. Die Marschallin wechselt virtuos zwischen den Anreden Quinquin und Octavian. Wenn sie dann sagt Er und Rofrano, ist es sehr ernst geworden.

Ich war vollkommen überwältigt an jenem Abend. Es war der schönste *Rosenkavalier*, den ich jemals hören durfte. Nicht allein, weil er der erste war. Ganz unvorbereitet traf mich das Terzett im dritten Akt. Dergleichen hatte ich überhaupt noch nie im Operhaus erlebt, auch wenn solche Terzette, Quartette, im Falle der *Meistersinger* auch als Quintett, mir wohlvertraut waren.

An jenem Abend hörte ich das Terzett mit den Stimmen der Lotte Lehmann (Marschallin), der Vera Schwarz (Octavian) und der Elisabeth Schumann (Sophie). Es kam hinzu, daß damals – wie es sich gehörte – äußerst textverständlich gesungen wurde. Was die Marschallin und der Lerchenauer einander zu sagen hatten, war höchst verständlich.

Auch Richard Mayr ist in meinem Erinnern niemals übertroffen worden. Er war noch in jungen Jahren von Gustav Mahler an die Wiener Hofoper geholt worden; war also, als Jahrgang 1877, knapp dreißig Jahre alt, als Mahler die Direktion in Wien niederlegte. Damals in Köln war er noch im Vollbesitz seines großen Könnens. Eine gewaltige Baßstimme. Ich hörte ihn als Sarastro, als Rocco im *Fidelio,* als Baron Ochs. In einem Liederabend in Köln sang er Schubert und Hugo Wolf. Wie er damals das Goethe-Gedicht vom glücklichen Dichter Anakreon, dem die Götter das Leben im Winter ersparten, in Hugo Wolfs Vertonung vortrug, das zeugte von tiefem Verständnis der Dichtung wie der Musik.

Als Ochs auf Lerchenau war der Österreicher Richard Mayr natürlich ganz bei sich zuhause. Er verfügte auch, aus dem eigenen Leben, über alle Schwingungen der Sprache eines Landedelmannes irgendwo zwischen Kärnten und Slowenien, wenn er der Marschallin, im Ausdruck eines großen Herrn, vom Ahnherrn Lerchenau berichtet, »der ein großer Klostergründer war«. Allein, auch der pöbelhafte Ausdruck von Wut und Verachtung war unmittelbar spürbar bei dieser Kunstfigur, die ursprünglich, in der Planung Hofmannsthals, sogar den Titelhelden abgeben sollte. »Der Ochs«. Dann wurde der Titel ersetzt durch den Bengel Rofrano.

Die höchste Überwältigung jenes Abends war der Sängerin Lotte Lehmann zu danken. Schaue ich heute zurück, gegen Ende des Jahrhunderts, auf die vielen großartigen Sopranistinnen, so will mir doch scheinen, daß Lotte Lehmann, ähnlich wie es vom Cellisten Emanuel Feuermann gesagt wurde, etwas ganz Anderes war. Ich habe jede Möglichkeit wahrgenommen, diese Lotte Lehmann zu hören, wo immer es anging. So kam ein großer Erinnerungsschatz zustande. Sieglinde und Eva in den *Meistersingern*. Ariadne und Marschallin. Leider habe ich sie nicht in der Rolle der Färbersfrau erlebt, in der *Frau ohne Schatten*. Die hat sie in der Wiener Uraufführung verkörpert, neben der Maria Jeritza als der schattenlosen Kaiserin. In einem philharmonischen Konzert unter Furtwängler sang sie die große Arie der Rezia aus dem *Oberon*. In einem Liederabend sang sie die Chamisso-Gedichte *Frauenliebe und -leben* in Robert Schumanns Vertonung.

In der Vorhalle der neuen Metropolitan Opera zu New York hängt ihr wohlgelungenes Bild in der Rolle der Marschallin Fürstin Werdenberg. In dieser Rolle habe ich sie zwei Jahre nach dieser ersten Begegnung beim neuen Gastspiel der Wiener am Kölner Rudolfplatz noch einmal erlebt. Abermals überwältigend. Wenn ich die Erinnerungen ordne in all dieser Gelebten Musik, so sind beide unmittelbare Gegenwart in Bild und Klang: der Lerchenauer Richard Mayr und die Marie Theres der großen Sängerin Lotte Lehmann.

Karl Erb
und Maria Ivogün

Jedesmal, wenn ich diese beiden Namen großer Sänger zusammendenke, sehe ich sie auch zusammen wieder vor mir. Die zarte und sehr liebreizende Sopranistin Maria Ivogün, neben ihr den hochaufgeschossenen Tenoristen Karl Erb. So stehen sie nebeneinander auf dem Podium des Kölner Gürzenich. Angekündigt waren

> Karl Erb und
> Maria Ivogün.
> Lieder und Duette.

Der Große Saal war stets ausverkauft nach einer solchen Ankündigung. Sie waren damals noch ein Ehepaar. Bei ihrem Zwiegesang spürte man die innere Verbundenheit dieser beiden Menschen. Es waren häufig Liebesduette, die hier in besonderer Weise mit Leben erfüllt wurden. Dann ging die Ehe auseinander. Maria Ivogün heiratete den langjährigen Klavierbegleiter der beiden, den Pianisten Michael Raucheisen. Er war damals, in den zwanziger Jahren, der Erste seiner Zunft. Maria Ivogün trat sehr früh, viel zu früh, wie alle Bewunderer fanden, von der Bühne ab. Sie wurde dann eine sehr erfolgreiche Gesangsprofessorin, zog sich später mit Michael Raucheisen an den Thunersee zurück. Dort sind beide sehr alt geworden. Die Ivogün wurde 96. Als ich 1964 in die Westberliner Akademie der Künste gewählt wurde, stellte ich beglückt fest, daß ich nun ein Kollege der Maria Ivogün geworden war. Wie gern hätte ich sie bei einer Akademietagung kennengelernt. Sie ist aber ferngeblieben.

»Mit Würd' und Hoheit angetan«

Ein Grammophon mit Schallplatten hatten wir in jenen frühen zwanziger Jahren nicht im Hause. Der Vater mochte das nicht haben. Hingegen wurde sehr früh schon ein Radioapparat angeschafft. Ich sehe mich noch, das Ohr an den Lautsprecher gepreßt, weil eine Übertragung aus Frankfurt in der Zeitschrift angekündigt war. Emanuel Feuermann spielte dort das *Cellokonzert in a-Moll* von Robert Schumann. Erst durch diese Rundfunkzeitung erfuhr ich, daß es neben dem vertrauten Schumann-*Klavierkonzert in a-Moll* auch ein Cellokonzert von Schumann in derselben Tonart gab. Die Übertragung war schlecht, aber ich habe doch als Zuhörer dies geglückte Spätwerk Schumanns kennengelernt.

Für das Kennenlernen von Schallplatten des klassischen Repertoires sorgten die Eltern eines Freundes. Der Vater war Augenarzt, auch mein Freund Ludwig wurde Mediziner. In diesem Haus wurde viel Musik gemacht. Dort hörte ich zum ersten Male zwei Schallplatten, die ich niemals vergessen konnte. Sie sind wahrscheinlich unvollkommen, von heute aus gesehen. Für mich waren sie vollkommen. Wie man zu sagen pflegt:»Ich gäbe was drum, wenn ich die beiden Platten noch einmal hören könnte.«

Lotte Lehmann und Karl Erb. Die Lehmann sang die Arie der Ariadne auf Naxos. Vermutlich noch in der ersten Stuttgarter Fassung von 1912. »Es gibt ein Reich, wo alles rein ist ... Das Totenreich.« Wahrscheinlich war dies meine erste Begegnung mit dieser Sängerin. Auch die andere Platte war unvergeßlich. Karl Erb sang die Arie des Erzengels, der in Haydns *Schöpfung* die Erschaffung des Menschen besingt.

> Mit Würd' und Hoheit angetan,
> Mit Schönheit, Mut und Kraft begabt ...

Der königliche Mensch als Gottes Ebenbild. Karl Erb hatte eine sehr hohe und helle Tenorstimme, die meisterhaft geführt wurde. Noch die späten Schallplatten des Sechzigjährigen verraten die Meisterschaft. Dies war kein jugendlicher Sänger, der eine berühmte Arie aus einem berühmten Oratorium für die Schallplatte produziert.

Karl Erb stammte aus Oberschwaben. Er wurde 1877 in Ravensburg geboren. Dorthin zog er sich später zurück und starb mit 81 Jahren an seinem Geburtstag in seinem Geburtsort. Ein Postbeamter, der sich selbst ausgebildet hatte, ganz ohne Konservatorium. Die Stuttgarter Hofoper entdeckte den Dreißigjährigen. Später holte ihn der unermüdliche Entdecker junger Talente, Bruno Walter natürlich, an die Hofoper nach München. Hier ist der Name von Karl Erb untrennbar verbunden mit der Uraufführung des *Palestrina* von Hans Pfitzner. In Thomas Manns großem Essay der *Betrachtungen eines Unpolitischen* wird mit hohem Respekt vom Darsteller des Palestrina, also von Karl Erb, gesprochen. In »ergreifender Weise« habe der Darsteller des Tonsetzers Pierluigi Palestrina auch in der Maske an den Tonsetzer Hans Pfitzner erinnert. Es gab keinen Darsteller und Sänger des Palestrina, der nicht in der Anlage seiner Rolle beeinflußt worden wäre durch das Vorbild und Urbild Karl Erb. Bei Julius Patzak war diese Tradition noch als Anschauung lebendig. Sie hat sich erhalten. Wie könnte es anders sein.

Der Evangelist

Im zweiten Band von Romain Rollands Trilogie über den deutschen Musiker Johann Christoph Krafft, der romanhaften Erzählung eines Beethoven der Wende vom neunzehnten zum zwangisten Jahrhundert, erlebt der am Rhein geborene Krafft in Basel eine Aufführung von Bachs *Matthäus-Passion*. Die musikalische und gestalterische Leistung des Evangelisten wird ihm zum Erlebnis. Rolland war Musikwissenschaftler; er schrieb ein vorzügliches Buch über Georg Friedrich Händel. In seinem Bericht, den man als autobiographisch betrachten darf, über die Basler Aufführung der *Matthäus-Passion* wird der Übergang eines Musikers (und eines Erzählers) von Händel zu

Bach vollzogen. Vermittler des Übergangs ist der Evangelist, der hieß im realen Basel Karl Erb. Im Roman wird natürlich der Name nicht genannt. Allein, alle deutschen Leser, in jenen zwanziger Jahren, die den *Johann Christoph* zum Hausbuch gemacht hatten, wußten es genau. Dieser Evangelist des Romans konnte nur Karl Erb gewesen sein.

Romain Rolland hatte in Frankreich das Parallelschicksal mit Hermann Hesse in seinem deutschen Vaterland geteilt. Beide hatten sich gegen den Krieg und alle nationalistische Hetze gewandt. Beide waren von ihrer Umwelt geächtet worden. Die Schwedische Akademie verlieh im Jahre 1915 dem Autor des *Johann Christoph* den Nobelpreis. In Frankreich fand diese Entscheidung keine Zustimmung.

Auch mich selbst hat Karl Erb in der Rolle der Evangelisten weit gründlicher und bewegender zu Johann Sebastian Bach geführt, als alle von den Klavierlehrern verlangten Präludien und Fugen des *Wohltemperierten Klaviers.*

Es traf sich günstig, daß die Kölner Gürzenich-Konzerte offenbar noch seit der Kriegszeit eine vertragliche Bindung vollzogen hatten mit dem berühmten Kammersänger aus München. An jedem Gründonnerstag und Karfreitag meiner Jugendjahre sang Karl Erb im Gürzenich den Evangelisten. Heute weiß ich: das war eine, historisch und handwerklich gesehen, mittelmäßige Aufführung. Hermann Abendroth hatte eine alte und sehr schlampige Tradition weiterzuführen. Es gab viele Striche und Kürzungen. Karl Erb hatte neben der Partie des Evangelisten nur eine einzige Tenorarie zu singen. Die anderen waren weggefallen. Erst später stellte ich bei einer heutigen, ungekürzten Aufführung fest, daß man zwei Tenoristen beschäftigte: den Evangelisten und den Sänger der Tenorpartien.

Bei dieser ersten Aufführung in den zwanziger Jahren war die Leistung des Evangelisten in der Tat unerreichbar. Alle Kenner im Kölner Publikum warteten auf den Augenblick, da Erb vom Verrat des Jüngers Petrus berichten würde. Petrus »ging hinaus und weinte bitterlich«. Karl Erb gab beides, offenbar in tiefer innerer Beteiligung: den emotionalen Schrei bei dem Wort »hinaus« und die makellose sängerische Leistung.

In den späten zwanziger Jahren verkam die Aufführung immer mehr. Sie war zur Routine geworden. Karl Erb hatte einen schweren Unfall erlebt, er war unbeweglich geworden, wirkte aufgeschwemmt. Er wußte, daß er die einstigen Leistungen nicht mehr erbringen konnte. Wer ihn jedoch, unter den jungen Zuhörern, noch niemals erlebt hatte, war sicherlich nach wie vor ebenso tief angerührt, wie ich selbst bei der ersten Begegnung mit diesem Berichterstatter der Passion.

Belmonte und Constanze

In einem nützlichen Lexikon über musikalische Interpreten unseres Jahrhunderts wird mitgeteilt, Karl Erb und Maria Ivogün seien besonders erfolgreich gewesen als gemeinsame Darsteller von Mozart-Opern. Beim Nachdenken über diese Aussage muß man stutzig werden. Der *Idomeneo* muß von einem Heldentenor gesungen werden. Das war keine Rolle für Karl Erb. Maria Ivogün hat sicher nicht die Ilia gesungen.
Die wunderbare Susanne der Ivogün in *Figaros Hochzeit* will einen Baßbariton, keinen Tenor.
Im *Don Giovanni* wäre die Zerlina wohl ein bißchen anfällig für den Charme des Don Giovanni, doch ganz gewiß nicht für die Reize eines Don Ottavio, der sie ohnehin nicht beachtet hätte.
Erb und Ivogün als Tamino und Pamina: das gab es natürlich. Andererseits war die Ivogün ebenso unerreichbar wie unverzichtbar als Königin der Nacht. Die sternenflammende Königin beglückt zwar den Prinzen Tamino mit einer ebenso lügenhaften wie zornigen Arie, erwartet aber keine Antwort. Sie verschwindet mit Donner und Blitz.
Bleiben Belmonte und Constanze. Die freilich habe ich in der Interpretation dieser beiden Mozartsänger noch selbst gesehen. In einer unvollkommenen Aufführung der *Entführung aus dem Serail* in der Charlottenburger Oper zu Berlin, doch unter Bruno Walters Leitung. Eine routinehafte Inszenierung im Jahre 1927. Pedrillo und leider auch Osmin als routinierte

Interpreten. Dennoch war die Aufführung ein Ereignis durch drei wunderbare Sänger, und durch ihren Freund und Entdecker am Pult. Erb und Ivogün als Belmonte und Constanze. Dazu die Sopranistin Lotte Schöne als Blondchen. Diese Sängerin Lotte Schöne, ein lyrischer Sopran, war damals ein Liebling der Berliner. Bei der deutschen Erstaufführung von Puccinis *Turandot*, die kurz nach Toscaninis Mailänder Uraufführung stattfand in der Charlottenburger Oper unter Leitung von Bruno Walter, war Lotte Schöne eine ergreifende und sehr bewunderte Liu. Die eisige Turandot konnte durch Lotte Lehmann mit bösen Spitzentönen aufwarten. Der Kalaf wurde aus Polen importiert. Jan Kiepura war jung, bildschön, und »er war, wie ein Tenorist sein soll«.

Lotte Schöne ging dann gleichfalls, nach 1933, aus Deutschland weg. Der Zusammenklang der beiden Stimmen von Constanze und Blondchen war unvergleichlich an diesem Abend in Berlin. Die Aufführung steigerte sich musikalisch wie sängerisch immer mehr und in dem Maße, wie die Handlung aus der Spielerei in die mögliche Lebensgefahr abzugleiten drohte. Bereits der Viergesang der beiden Soprane und Tenöre, der vom Glück des Wiederfindens abgleitet in die Eifersucht, um dann die neue Zuversicht zu begründen, war in allen Phasen klanglich und musikalisch beglückend. Unvergeßbar dann der Zwiegesang von Belmonte und Constanze, im Angesicht des drohenden gemeinsamen Todes. »Mit dem Geliebten sterben …« Das habe ich nie wieder in dieser Beseelung gehört wie damals von der Ivogün. Der jeweils lang ausgehaltene Ton eines der beiden Partner, während der andere Partner weitersingt, klingt immer noch in mir nach.

Die Martern-Arie hatte Maria Ivogün nicht als Diva gesungen, die (mit Mozart zu sprechen) ihre »geläufige Gurgel« arbeiten läßt. In ihrer Interpretation verwandelte sich das sängerische Glanzstück in einen Ausbruch sehr gegensätzlicher Emotionen. Stolz und Zorn, Härte und Zuversicht.

Bruno Walter hatte bereits in seiner Münchener Zeit all jene Werke auf den Spielplan genommen, die er musikalisch liebte, während man sie im Publikum und der Fachwelt für unergiebig hielt. So hat er den *Corregidor* von Hugo Wolf zur Erfolgsoper gemacht, mit Karl Erb in der undankbaren Rolle des betrogenen Titelhelden. In München wurden sogar auch Spielopern von deutscher und italienischer Provenienz mit aller Liebe und Sorgfalt vom Generalmusikdirektor einstudiert und geleitet. *Don Pasquale* zum Beispiel oder die *Lustigen Weiber von Windsor.* Beide natürlich mit der Ivogün in den Rollen der Norina und der Frau Fluth. Walter hatte es auch gewagt, die wegen des Librettos verspottete *Euryanthe* von Carl Maria von Weber aufzuführen.

Als der Jude Bruno Walter aus München weggeekelt wurde, um in Berlin zu musizieren, als Direktor einer eigenen Abonnementsreihe der Philharmonischen Konzerte und als Operndirigent in Charlottenburg, nahm er alle Münchener Erfahrungen für sich von neuem mit nach Berlin. So habe ich dies alles noch einmal unter seiner Leitung erleben dürfen. Maria Ivogün als Norina von Donizetti und als Frau Fluth mit der wunderschönen Arie, die Otto Nicolai für diese Rolle geschrieben hatte. Auch *Euryanthe* wurde damals aufgeführt. Das einzige Mal, daß ich diese Oper auf der Bühne sah. Bruno Walter hatte wieder einmal eine Entdeckung gemacht. Einen jungen und vielversprechenden Sopran. Mit einem, wie bei Lotte Lehmann, alltäglichen Namen. Sie hieß Maria Müller.

Bleibt noch die Erinnerung an meine erste Begegnung mit der Sängerin Maria Ivogün. Sie kam nach Köln, um in einem großen Sinfoniekonzert die Arie der Zerbinetta zu singen. Beinahe zweimal zu singen, wird man sagen dürfen. Es gab einen so überwältigenden Beifall, daß die Ivogün aufs Podium zurückkehrte, der Dirigent griff zum Taktstock, dann wurde der Schluß dieser großen Arie wiederholt. »Kommt der neue Gott gegangen«. Gelebte und unvergessene Musik.

Die Dreigroschenoper

Der 31. August 1928 sollte den plötzlichen und schließlich dauerhaft gebliebenen Weltruhm Bertolt Brechts begründen. Im Berliner Theater am Schiffbauerdamm, unweit vom Bahnhof Friedrichstraße, spielte man *Die Dreigroschenoper.* Nach John Gays *The Beggar's Opera.* Musik von Kurt Weill. Während der Proben muß es viel Unbehagen und Zweifel gegeben haben. Auch die Besetzung war nicht so, wie sie Brecht sich gewünscht hatte. Die ausgezeichnete Schauspielerin Carola Neher stand nicht zur Verfügung. Die blonde Roma Bahn übernahm die Rolle der Polly und siegte damals mit dem berühmten *Barbara-Song.* Auch seinen Mackie Messer hatte Brecht sich anders gedacht: bösartiger, gar nicht besonders verführerisch. Der erste Mackie Messer jedoch, der Schauspieler Harald Paulsen, der stürmisch gefeiert wurde, legte für lange Zeit das Besetzungsschema fest für alle Aufführungen der *Dreigroschenoper,* in welchem Land und welcher Sprache auch immer. Diesem Mackie Messer glaubte man ohne weiteres den bedenkenlosen Hochstapler und erfolgreichen Liebhaber. Das Messer glaubte man ihm nicht. Gleichberechtigt im Rang und der Wirkung waren die Gegenspieler, also das Ehepaar Peachum, Erich Ponto aus Dresden und die Berlinerin Rosa Valetti. Vor allem Erich Ponto war musterhaft in der Zeichnung des Bettlerkönigs. Er illustrierte jene in den zwanziger Jahren sehr viel gerühmte und erörterte Studie des Soziologen Max Weber über den engen Zusammenhang zwischen puritanischer Askese und kapitalistischer Bewährung durch den materiellen Erfolg. Wer Erfolg hat, beweist dadurch, auch als ein »verlotterter Christ«, daß er in der Gnade ist.

Im *Berliner Tageblatt* war man ungehalten über einen Erfolg dieses angeblich so erfolglosen Dramatikers. Man suchte alles herunterzuspielen. Brecht selbst habe wenig Anteil an diesem Erfolg. Da sei die großartige Musik von Kurt Weill, und da sei alles schon vorgebildet im englischen Original aus dem 18. Jahrhundert bei John Gay. Auch die in Berlin so erfolgreiche »Oper gegen die Oper« sei vorgebildet gewesen im 18. Jahrhundert durch den aus Deutschland stammenden Musiker Johann Christoph Pepusch, der den Engländern eine herrliche Händel-Parodie geliefert hat. Später entdeckten die Leute, die Alfred Kerr zuarbeiten wollten, daß Brecht bei all diesen Songs hier bewußt nach dem Vorbild des französischen Gangsterdichters François Villon geschrieben hatte, im Text übereinstimmte mit K. L. Ammers Nachdichtung der Villon-Texte. Hier glaubte man Brecht als Plagiator entlarven zu können. Er gab sich arglos und berief sich auf seine »Laxheit in Fragen geistigen Eigentums«.

Natürlich hatte er recht. Viele Jahrhunderte und viele große Künstler hatten die gleiche Laxheit bewiesen: von Johann Sebastian Bach bis zu Georg Büchner. Übrigens hatte Brecht nur ein paar Zeilen von Ammer übernommen, weil er sie nicht glaubte verbessern zu können.

All diese Versuche, den Erfolg der *Dreigroschenoper* von Brecht gleichsam wegzunehmen, mußten scheitern. Was bei John Gay eine englische Zeitsatire des korrupten frühen Liberalismus gewesen war unter den Königen aus dem Hause Hannover, wurde bei Brecht in doppelter Weise aktualisiert und verschärft. Gerade nicht dadurch, daß man in Kostüm und Tonfall die zwanziger Jahre unseres Jahrhunderts auf die Bühne brachte, sondern durch eine sprachliche »Verfremdung«. Außerdem durch zwei scheinbar widerspruchsvolle Demonstrationen. Einmal verstanden als enger Zusammenhang von Staatlichkeit und Verbrechertum. Zum anderen durch die Demonstration einer typischen Bürgerlichkeit inmitten der Verbrecherwelt. Gangster sind Bürger.

Die leidenschaftliche Absage an die Normen und Rituale der Bourgeoisie wurde nicht demonstriert mit Hilfe einer Gegenwelt von tapferen und redlichen Proletariern. Von wenigen Ausnahmen abgesehen spielen die Arbeiter auf dem Brecht-Theater nur selten eine vorbildhafte Rolle. Weshalb der Stalinismus dem Stückeschreiber Brecht stets vorwarf, keine »positiven Helden« zu liefern.

In der *Dreigroschenoper* wird die Absage an die Bourgeoisie als Bejahung des Bürgertums vollzogen. Nur wer im Wohlstand lebt, lebt angenehm! Planwirtschaft ist sinnlos, weil alle Pläne mißlingen. Ob der Verbrecher als Verbrecher behandelt wird, das hängt von vielerlei Umständen ab. Gute Eigenschaften sind schädlich. »Beneidenswert, wer frei davon.« Wir haben dies alles damals leidenschaftlich zitiert und gesungen. Immer wieder mußte ich am Klavier die Finale begleiten, wenn die Freunde und Freundinnen jene Texte zitierten, die wir alle auswendig kannten. Denn ausschlaggebend für den Erfolg war der enge Zusammenhang zwischen dieser Lyrik und dieser Musik. Kurt Weill, immerhin noch ein Kompositionsschüler von Engelbert Humperdinck, fand erst hier, in der Zusammenarbeit mit Brecht, zu seiner eigenen künstlerischen Kenntlichkeit.

Ich hatte in Berlin noch die Aufführung am Schiffbauerdamm gesehen in der Originalbesetzung. Bei uns in Köln wollte eine prüde Stadtverwaltung dergleichen nicht aufgeführt sehen. Wir reisten nach Düsseldorf zu Louise Dumont, wo übrigens ein sehr guter Schauspieler, gar nicht besonders verführerisch und schon ältlich, den Mackie Messer gab. Die Polly aus Düsseldorf, Louise Rainer, eine Jüdin, war später, nach 1933, in Filmen aus Hollywood zu sehen.

Schließlich konnte auch im Kölner Schauspielhaus in der Glockengasse das anstößige Stück gezeigt werden. Man hatte den Text etwas retuschiert. Polly hatte sich zu der Maxime bekannt, im Liebesfalle müsse man sich »doch einfach hinlegen«. In Köln hatte sie zu erklären, man müsse sich »doch einfach hingeben«. Was viel obszöner klang.

Im Jahre 1934, bereits im Exil, sah ich in Paris eine Aufführung der *Dreigroschenoper,* die unter dem Titel *L'opéra de quat' sous* präsentiert wurde. Vier Sous, das waren zwanzig Centimes. Die Übersetzung war in vielen Fällen überaus witzig. Der Satz »Erst kommt das Fressen, dann kommt die Moral« wurde so übertragen: »Beefsteak d'abord, et la morale ensuite.«

Die Pariser Aufführung in einem großen, viel zu großen Theater unweit der Champs-Elysées, war sehr prominent besetzt, doch nicht wirklich angemessen. Die große Yvette Guilbert war eine herrliche Mrs. Peachum. Auch der Mackie Messer des damaligen Filmidols Raymond Rouleau folgte dem Berliner Vorbild des verführerischen und zynischen Harald Paulsen. Auch diesem Pariser Mackie Messer glaubte man das Messer nicht.

Brecht hatte später ein nahezu feindseliges Verhältnis zu seinem berühmten Theaterstück. Während er in Berlin, nach seiner Rückkehr, in jedem einzelnen Falle genau überlegte, ob die von irgendeiner Bühne beantragte Aufführung eines seiner Stücke zu genehmigen sei, verhielt er sich bei Anfragen nach der *Dreigroschenoper* völlig indifferent. Die durfte gespielt werden von wem auch immer. So durfte Hans Albers in die Rolle des Verbrecherkönigs schlüpfen. Da war kein Erich Ponto als Bettlerkönig auf der Bühne, der ihn an die Wand gespielt hätte.
Brechts eigene Besetzungspläne mit der *Dreigroschenoper* im Berliner Ensemble konnten erst nach seinem Tode erprobt werden. Ein ältlicher, feister Bourgeois, der sein Verbrecherhandwerk nach den bewährten Regeln eines freien Marktes organisiert.

Woyzeck und *Wozzeck*

Eine lange Lebenserfahrung hat mich mißtrauisch gemacht gegen die verbreitete Behauptung, daß das menschliche Leben im wesentlichen auf Zufällen gegründet sei. Fast wäre ich geneigt, im Gegenteil zu vermuten, daß es sich in allen wesentlichen Konstellationen unseres Lebens durchaus nicht zufällig verhält. Auch Goethe hat, wie man erkennen darf, nicht wirklich an Zufälle geglaubt. Er vertraute auf die »geprägte Form, die lebend sich entwickelt«. Für diesen Zustand berief er sich auf den Begriff der Entelechie. Es handelt sich um den Telos. Gemeint ist eine – offenbar objektive – Zielstrebigkeit.

Auch bei der Bedeutung, die Georg Büchner mit allem, was mit ihm zu tun hat, in meinem Leben gespielt hat, ging es nicht besonders zufällig zu. Oder nur scheinbar. Im Jahre 1922 hatte der Insel-Verlag zu Leipzig, geleitet von Anton Kippenberg, eine Dünndruckausgabe von 831 Seiten herausgegeben: *Georg Büchners sämtliche Werke und Briefe.* Kippenberg hatte den weitverstreuten handschriftlichen Nachlaß, der sich bei den noch lebenden Mitgliedern der Familie Büchner befand, teilweise auch im Nachlaß von Büchners Braut Wilhelmine Jaeglé, aufgekauft. Die Ausgabe des Insel-Verlags vermerkt: »Aufgrund des handschriftlichen Nachlasses Georg Büchners herausgegeben von Fritz Bergemann.«
Irgendein Verwandter schenkte mir diese Ausgabe im März 1925 zum Geburtstag und zum bestandenen Abitur. Ich hatte längst alle einheitlich gebundenen Klassiker-Ausgaben aus dem elterlichen Bücherschrank ausgelesen. Das ist durchaus wörtlich zu nehmen, und mit fünfzehn Jahren hatte man da keine Hemmungen. Nun nahm ich den Büchner zur Hand und begann zu lesen.
Durch diese achthundert Seiten habe ich mich, immer aufgeregter, förmlich hindurchgefressen. So hatte ich noch nie gelesen. Dies hier war mit keiner früheren Lektüre zu vergleichen. Vie-

les habe ich überhaupt nicht verstanden. Büchners raffinierte Zoten in *Dantons Tod* blieben bei dem Abiturienten ohne Wirkung. Damals habe ich für mein ganzes späteres Leben gelesen. Als ich aus Deutschland fliehen mußte, sorgte ich dafür, daß der dunkelblaue Dünndruckband mir nachfolgte ins Exil.

Als ich zwei Jahre später, im Frühjahr 1927, noch einmal ein Semester lang an der Berliner Universität Unter den Linden weiterstudieren durfte, kannte ich meinen Büchner, und vor allem meinen *Woyzeck.*

Ich hatte auch längst in den Berliner und Kölner Zeitungen vom Ereignis der Uraufführung des *Wozzeck* von Alban Berg gelesen, die am 14. Dezember 1925 an der Berliner Staatsoper Unter den Linden unter Erich Kleibers Leitung stattgefunden hatte. Es war offenbar ein großer und nachhaltiger Erfolg. Die deutschnationale Presse freilich tobte, ganz zu schweigen von den Braunen. In der *Deutschen Zeitung* zu Berlin, die als gemäßigt deutschnational galt, schrieb der Kritiker, es handele sich bei diesem *Wozzeck* von Alban Berg nicht um einen Kunstvorgang, sondern »um ein Kapitalverbrechen«. Also nicht um ein belangloses »Vergehen«, sondern um einen Vorgang, welcher vor das Schwurgericht gehört.

In jenem Sommersemester 1927 hatte mich die (allzu) treusorgende Familie in einer gutbürgerlichen Wohnung im Bayerischen Viertel von Schöneberg untergebracht. Irgendwo in der Nähe der Nürnberger Straße, wenn ich mich recht erinnere. Die große Wohnung gehörte einer klugen und kunsterfahrenen Frau mittleren Alters, die einige Räume der ererbten Wohnung für Untermieter bereithielt. Es wurde sorgfältig ausgesucht. Man akzeptierte mich. Ich habe in der interessanten Bücherei meiner Vermieterin damals den ganzen Hofmannsthal gelesen. Hier erfolgte auch meine erste Begegnung mit dem Werk von Karl Kraus. Man war in dieser Wohnung offenbar sehr beeindruckt von der Wiener *Fackel* und ihrem Herausgeber. Dazu beigetragen hatte offenbar der andere Untermieter. Ein junger Musiker, ein paar Jahre älter als ich, der Korrepetitor war bei Erich Kleiber. Bei ihm ging ich gierig in die Lehre. Er nahm

mich bisweilen mit zu Proben in die Staatsoper. Natürlich war
er begeistert von Alban Berg, und er wußte auch, daß besagter
Alban Berg im Jahre 1924 zum 50. Geburtstag von Karl Kraus
einen Huldigungsartikel geschrieben hatte.

Der *Wozzeck* stand nach wie vor auf dem Spielplan der Staatsoper. Nun sollte ich neben Büchners *Woyzeck* auch den so
»umstrittenen« *Wozzeck* von Alban Berg kennenlernen. Auch
diese Aufführung hat mir einen Weg gewiesen für mein weiteres geistiges Dasein.

Wenn ich später von der möblierten Wohnung berichtete, nannte ich auch den Namen jenes jungen Kapellmeisters und Woh-
nungsgenossen. Der Name war in meinem Gedächtnis gespei-
chert. Der Mann hieß Berthold Goldschmidt. Wenn ich ihn
erwähnte vor Sachkennern, kam stets die erstaunte Gegenfrage:
»Wie? Der Komponist aus England?« Er war es. Allein, das
hatte ich sehr spät erst begriffen.

Woyzeck

Was wissen wir von jenen Menschen, die man Dichter zu
nennen pflegt. Goethe etwa hat ein riesiges Werk hinterlassen
zwischen Realität und Imagination, Wissenschaft und Poesie.
Er hat viele Menschen gesehen, die später von ihm berichtet
haben. Man kennt seine Briefe, seine Gesprächsführung, seine
Tagebücher. Was kennt man wirklich? Er hat bewußt und
planmäßig vieles verschlüsselt und verschwiegen. Warum
schrieb er einen Ur-Tasso, und warum hat er ihn vernichtet?
Warum Faust und nicht Don Juan, warum hat er sich vor Ham-
let gefürchtet?

Oder etwa Georg Büchner. Der ist nur dreiundzwanzig Jahre
alt geworden: er starb als Emigrant in Zürich, und am Typhus.
Wenige haben ihn gekannt, so daß sie von ihm berichten konnten. Da er überaus gereizt, wie bezeugt ist und wie er auch
geschrieben hat, auf gespreizte Gelehrsamkeit und Literaten-
tum zu reagieren pflegte, zu schweigen von staatlicher Autorität, hielt er vor allem Umgang mit den »einfachen Leuten«, die

keineswegs einfach oder gar einfältig waren. Die es jedoch nicht gelernt hatten, das Erlebte weiter zu vermitteln.

Wenn Georg Büchner ein Tagebuch führte, wofür es Hinweise gibt, so hat es die Braut (und Pastorentochter) Minna Jaeglé vermutlich vernichtet. Auch von Büchners wichtigsten Briefen an Minna oder an die Familie Büchner in Darmstadt gibt es immer wieder bloß nachträgliche und gekürzte Abschriften. Es fehlen Anreden und Briefschlüsse, die kennzeichnend sein können.

Was wissen wir von Georg Büchner? So wunderlich die Antwort auch klingen mag, die hier gegeben wird, sie läßt sich begründen. Wir wissen über ihn genau so viel und so wenig wie über Goethes Genie und die Art seines Dichtertums. Vom Genie aber und vom Dichtertum Büchners kann man einiges sagen: auch wenn es die Handschriften der Erzählung *Lenz* nicht mehr gibt, und vom Lustspiel *Leonce und Lena* bloß die handschriftlichen Bruchstücke einer Reinschrift. Dafür die vielen Ansätze und Abänderungen bei der Arbeit am Fragment gebliebenen *Woyzeck*.

Büchners Dichtertum widerspricht nahezu sämtlichen Lebensläufen, Impulsen und Entstehungsweisen anderer deutscher Autoren: von Gryphius bis (etwa) zu Rilke. Ein junger Mensch, der zwar in der stattlichen Bibliothek seines Vaters, des angesehenen Arztes Dr. Ernst Büchner in Darmstadt, nahezu alles gelesen hat, von den durch Ludwig Tieck herausgegebenen Werken des armen Poeten Lenz über medizinische Abhandlungen bis zu den vielen französisch geschriebenen Büchern, die aus der Zeit stammten, da Vater Büchner ein Feldarzt Napoleons gewesen war (und vielleicht auch ein geheimer Jakobiner?), ehe er unter der Restauration seit 1815 zu Gnaden kam beim Großherzog von Hessen und bei Rhein. Was – wie sich zeigen sollte – einen starren Monarchisten aus ihm machte. Der älteste Sohn aber, Georg Büchner, hat alles als Schüler und Student in sich aufgenommen: die Dichter, politischen Traktate, die Philosophen aus dem Zeitalter der Vernunft, die Naturwissenschaften.

Georg Büchner kam zur Welt am 17. Oktober 1813 in dem hessischen Dorf Goddelau bei Darmstadt. Damals tobte die Völkerschlacht bei Leipzig, und nichts war entschieden. Der Vater praktizierte als Landarzt. Jahrgang 1813: das waren auch die politischen Republikaner Verdi und Richard Wagner. Übrigens war es auch der skeptische Friedrich Hebbel, Kind ganz armer Leute aus Dithmarschen, der fasziniert blieb vom Untergang jeglicher Form eines Ancien Régime.

Im Gegensatz aber zu seinen berühmten Jahrgangsgenossen, die sich früh bereits als Künstler erkannten oder als Schriftsteller, im Gegensatz auch zu den vielen Autoren im zersplitterten »Deutschland«, das keiner so recht definieren mochte, scheint es der junge Georg Büchner entschieden abgelehnt zu haben, seine innere und äußere Existenz als ein Doppelleben zu führen. Bürgerlicher Beruf als Grundlage, daneben die Musen. Philosophie und Wissenschaft, das sollte es sein. Naturwissenschaft und Medizin. Noch der Emigrant in Straßburg, dem sich die seit der Julirevolution von 1830 gegründete Universität Zürich wohlgeneigt erweist, schwankt eine Weile, ob er sich für Philosophie habilitieren soll oder für vergleichende Anatomie. Die Medizin setzt sich durch.

Dennoch die Literatur, und was für eine. Die vier bis heute rätselhaft gebliebenen Texte, die Büchner hinterließ – *Dantons Tod, Leonce und Lena, Lenz, Woyzeck* –, haben jegliche Analogie oder Affinität abgewiesen zu allem, was damals, in den so fruchtbaren dreißiger Jahren des 19. Jahrhunderts, einer Zeit zwischen zwei Revolutionen, entstand im Bereich der sogenannt Schönen Literatur.

Zeitgenössische Dramatik? Bei Karl Immermann ist es der Tiroler Aufstand des Andreas Hofer von 1809, also nachgeliefertes Pathos der Freiheitskriege. Bei Grabbe ist es ein skeptischer Rückblick auf Napoleon und die nachfolgende jämmerliche Restauration. In *Dantons Tod* kommen die Jakobiner auf die deutsche Bühne, die sich ihnen erst im 20. Jahrhundert öffnen wird.

Am 21. Juni 1821, um halbzehn Uhr abends, ersticht der einundvierzigjährige Friseur Johann Christian Woyzeck seine Geliebte, die sechsundvierzigjährige Witwe des Chirurgen

Woost, die Woostin, im Hauseingang ihrer Wohnung in der Leipziger Sandgasse. Mord aus Eifersucht.

Der Fall war rasch und allgemein bekannt geworden. Nun melden sich Leute in Nürnberg, die den rastlos umherwandernden Barbier, Krankenpfleger und Armierungssoldaten erlebt haben. Der sei sonderbar gewesen. Man habe ihn für verrückt gehalten. Das wird in den Zeitungen mitgeteilt. Als der Mörder und arme Sünder Johann Christian Woyzeck am 27. August 1824 öffentlich auf dem Leipziger Marktplatz enthauptet wurde, vor einer riesigen Menschenmenge, wie ein zeitgenössischer Stich beweist, war Büchner fast elf Jahre alt. Der Fall wurde allenthalben unter den Deutschen erörtert. Hatte man tatsächlich einen Unzurechnungsfähigen, also Kranken, amtlich umgebracht? Erschienen waren die Gutachten des Herrn Hofrats Clarus, der auf Zurechnungsfähigkeit erkannt hatte. Sie wurden eifrig gelesen, es kamen Gegenschriften. Der Dr. Ernst Büchner dürfte alles verfolgt haben, der Sohn konnte es nachlesen, und er hat es getan.

In einem Szenen-Entwurf arbeitet Büchner noch genauer. Da überschaut Woyzeck, noch vor dem Mord, seine Habe, gibt manches an den Kameraden Andres, holt das Soldbuch heraus und liest: »Friedrich Johann Franz Woyzeck, geschworner Füsilier im 2. Regiment, 2. Bataillon 4. Compagnie.« Dann setzt Woyzeck für den Andres hinzu: »Ich bin heut Mariae Verkündigung den 20. Juli alt 30 Jahr, 7 Monat und 12 Tage.« Der hingerichtete Woyzeck von Leipzig war ganz anders. Ein banaler Kriminalfall aus den »Vermischten Nachrichten«.

Bekannt ist, daß Büchner sich mit dem Woyzeck sein Leben lang beschäftigte. Bleibt zu fragen, wann er den Fall Woyzeck studiert oder für sich wieder aufgenommen hat. Vieles spricht dafür, daß es kurz nach dem Scheitern des *Hessischen Landboten* und kurz vor der Flucht nach Frankreich geschah. Er hatte Gießen verlassen müssen. Der Vater, der etwas ahnen mochte, holte ihn nach Hause. Dort sollte er für das Medizinexamen büffeln.

Lebenserfahrung und Literaturerfahrung auch diesmal. Büchners *Woyzeck* spielt in Hessen: unter den Zuständen des *Hessi-*

schen Landboten. Von Sachsen nach Hessen. Man spricht die hessische Mundart, der Tambourmajor steht in großherzoglichen Diensten. Der schreckliche Doktor, der den Woyzeck nur Erbsen essen läßt und genußvoll zusieht, wie der Mann dahinsiecht, hat Vorlesung gehalten in Gießen vor dem Studiosus Büchner, Georg. Ein offenbar halbnärrischer Anatom und Physiologe. Allein, Franz Woyzeck bei Büchner ist kein ältlicher und gestrandeter Vagant, wie der Mörder in Leipzig. Er ist noch jung, und er möchte so gern nach oben. Darum der Dienst bei dem schwachsinnigen Hauptmann, deshalb die Entwürdigung durch den bösen Doktor, der in einem Entwurf ausdrücklich als ein Professor bezeichnet wird, welcher den Fall Woyzeck den Kommilitonen vorführt.

Marie ist kein ältliches Luder wie die Woostin, sie liebt den Franz und sie liebt das Kind, das sie von ihm hat. Gelegentlich aber gefallen ihr auch andere, die weniger gehetzt sind, weil sie nicht so arm sind wie Franz Woyzeck, der so gern auch moralisch sein möchte, aber es sich nicht leisten kann. Hier beginnt offenbar das Interesse des Dramatikers am Fall Woyzeck. Büchner hat, untersucht man die Entwürfe und Szenennotate bis hin zu einer ersten Reinschrift, den Louis oder Franz Woyzeck seit Gießen nicht mehr losgelassen. In der letzten Lebenszeit in Zürich, wo er nun politisch und materiell in Sicherheit arbeiten kann, hat er vermutlich nur noch Umgang gehabt mit den armen hessischen Landsleuten der Woyzeck-Welt.

Wahrscheinlich hat Franz Woyzeck als letzter seinen Dichter begleitet. Er hat ihn überlebt. Seither kennen ihn unzählige Menschen, und sie wissen, was er dem armseligen und gelangweilten Herrn Hauptmann zu antworten wagte, als der moralisierte, weil Woyzeck ein Kind gezeugt hatte »ohne den Segen der Kirche«. »Sehn Sie, wir gemeinen Leut, das hat keine Tugend, es kommt einem nur so die Natur, aber wenn ich ein Herr wär und hätt einen Hut und eine Uhr und eine anglaise und könnt vornehm reden, ich wollt schon tugendhaft sein. Es muß was Schöns sein um die Tugend, Herr Hauptmann. Aber ich bin ein armer Kerl.«

Genau mit dieser Szene, die auch bei Büchner den Anfang seiner Reinschrift gebildet hat, beginnt die Oper von Alban Berg. Der Gegensatz zwischen den Namen Wozzeck und Woyzeck kann leicht aufgeklärt werden. In der ersten Ausgabe nachgelassener Werke seines älteren Bruders Georg hatte der später als Philosoph berühmt gewordene Ludwig Büchner die Fragmente zum *Woyzeck* einfach weggelassen. Die Edition von 1850 erfolgt in einer Restaurationsepoche nach dem Scheitern der großen Revolution von 1848/49. Ludwig Büchner wagte es zwar, den *Hessischen Landboten* in das Buch aufzunehmen. Die Überschrift lautete jedoch: *Der ... sche Landbote.*

In den siebziger Jahren, als diese Ausgabe von 1850 immer eifriger gelesen und beachtet wird, als sich beispielsweise der junge Gerhart Hauptmann durch Büchners *Lenz* zur eigenen »novellistischen Studie« *Bahnwärter Thiel* inspirieren läßt, beschäftigt sich der begabte Schriftsteller und Literaturforscher Karl Emil Franzos aus Czortków in Galizien von neuem mit den hinterlassenen Manuskripten Georg Büchners. Franzos erkennt sogleich, daß die Entwürfe zum *Woyzeck* in eine neue Ausgabe, die er dann publiziert, gehören müssen. Er kommt jedoch nicht zurecht mit Büchners Schriftzügen. Das Wort Woyzeck wird von Franzos als Wozzeck gelesen und entsprechend auch gedruckt. Die neuere Büchner-Forschung hat jedoch zweifelsfrei festgestellt, daß die Dramenfigur auch bei Büchner Woyzeck heißt, wie der arme Sünder zu Leipzig.

Die Büchner-Ausgabe von Franzos wird nunmehr maßgebend vor allem für die Rezeption des Dramatikers Büchner auf deutschen Bühnen. Hier wagt München noch in der Vorkriegszeit eines Ersten Weltkrieges die Aufführung des *Wozzeck.* Der Schauspieler Albert Steinrück, der noch in den zwanziger Jahren auf der Bühne stand, war ein großer, breitschultriger, etwas bulliger Typ. Ihn hat Alban Berg in Wien 1914 auf der Bühne gesehen. Den Text fand er dann in der Ausgabe von Franzos. In beiden Fällen mußte er von dem Namen Wozzeck ausgehen. Das ist gut so gewesen: so hat man sie nebeneinander: Woyzeck und Wozzeck.

Als ich den *Wozzeck* in Berlin auf der Bühne sah, im wesentlichen in der Besetzung der Uraufführung und mit Erich Kleiber am Pult, gab es für mich vom ersten Takt an eine tiefe Bewegung, die keinen Augenblick nachließ. Die Eingangsszene zwischen dem Hauptmann und Wozzeck wurde meisterhaft interpretiert. Leo Schützendorf als Wozzeck und Waldemar Henke als Hauptmann. Henke war nicht mehr jung, doch seine Stimme und sein technisches Können waren hervorragend geblieben. Er hatte alle hohen Töne dieser Partie mühelos zur Verfügung. Völlige Übereinstimmung von Entsetzen, Komik und musikalischem Zusammenspiel der hohen Stimme des Hauptmanns mit dem Baßbariton Leo Schützendorfs. In jener Berliner Spielzeit sang Waldemar Henke übrigens auch den Wenzel in der *Verkauften Braut*. Leo Blech dirigierte. Maria Müller, Richard Tauber, Michael Bohnen.

Leo Schützendorf war der Leporello in einer Neuinszenierung des *Don Juan* (wie er damals noch hieß) von Mozart, unter Erich Kleibers Leitung. Gleichfalls mit Bohnen und Tauber, und mit der Frida Leider als Donna Anna.

Bei der Wiederaufnahme des *Wozzeck*, die ich sehen durfte, war die Rolle der Marie umbesetzt worden. Sigrid Johannson stand nicht mehr zur Verfügung. Die Moje Forbach war großartig, hatte die Rolle genau studiert, wirkte aber heldischer, was jedoch den Wozzeck Leo Schützendorf nicht störte. Er veränderte ein bißchen, wie mir Berthold Goldschmidt erläuterte, seine Rollenauffassung. Nun wirkte er herrischer und gewalttätiger als bei der Uraufführung.

In der Erinnerung blieb zurück vor allem die schauerliche Szene der beiden Peiniger Wozzecks mit ihrem Opfer. Das läuft bei Alban Berg mit fugiertem Trab miteinander und gegeneinander. Die orchestralen Zwischenspiele wirkten überwältigend. Nach der ungeheuer aufsteigenden Mordinvention war für mich damals, das weiß ich noch, die Geschichte zuende. Erst bei späteren Aufführungen begriff ich die Schlußszene mit dem Hopp-Hopp des ahnungslosen Kindes, das mitläuft, um eine Leiche zu sehen. Die Leiche der eigenen Mutter.

II.
Musik im Exil

Musik des Exils. Musik im Exil

Musik des Exils und Musik im Exil, das ist zweierlei. Musik des Exils mußte verstanden werden als Tonschöpfung emigrierter Komponisten, die sich, als Tonsetzer, durch die Erfahrung der Fremde und der Emigration schöpferisch anregen ließen. Das hat es zwar gegeben nach dem großen Widerruf der Menschen- und Bürgerrechte im Jahre 1933, allein, man kann, von heute aus gesehen, nicht auf überzeugende Werke einer zeitgenössischen Musik hinweisen. Deutsche Literatur des Exils: da darf an das Spätwerk Thomas Manns erinnert werden und an den *Henri Quatre* des Bruders Heinrich Mann; an das *Siebte Kreuz* von Anna Seghers und an die große Dramatik Bertolt Brechts im dänischen Exil; an Else Lasker-Schüler, Nelly Sachs und Rose Ausländer.

Dem hat die Musik deutscher Emigranten nur wenig zur Seite zu stellen. Hanns Eisler etwa schrieb im kalifornischen Exil eine großangelegte *Deutsche Sinfonie*, die auch fertig und später in Ostberlin und anderswo aufgeführt wurde. Sie ist aber, wie es scheint, als Gesamtwerk nicht eigentlich strukturiert. Mehr Addition als Gesamtkomposition. Einzelteile sind bedeutende Musik, doch eine »Musik des Exils« ist nicht entstanden.

Auch die Partituren von Erwin Schulhof, die er noch im Lager Theresienstadt komponieren durfte, vor dem Abtransport in die Gaskammer, sind natürlich nicht die Musik eines »Exils«, sondern totgeweihte Tonkunst.

Jene Musik der tiefen Fremdheit und Ungeborgenheit, die der Flüchtling aus Deutschland, der begabte Komponist, als eigenes Fremdheitsempfinden hätte niederschreiben können, kam nicht zustande. Erich Wolfgang Korngold und Kurt Weill wurden als Komponisten sehr erfolgreich im amerikanischen Exil. Der hochbegabte Filmkomponist Korngold und der Liebling des Broadway als Komponist von Musicals.

Erich Korngold hat versucht, nach wie vor ein gleichsam musikalisches Doppelleben zu führen, indem er Aufträge zu Filmmusiken entgegennahm, deren emotionaler und kompositorischer Ablauf genau festgelegt war durch die jeweilige Funktion im jeweiligen Film. Daneben nach wie vor Kompositionen in der Nachfolge der Wiener Neuromantik vom Beginn des Jahrhunderts. So entstand beispielsweise ein gut gemachtes Violinkonzert von Korngold. Man spürt jedoch beim Anhören nach wie vor den Filmkomponisten.

Musik der Fremde und eines inneren Exils: die wurde in einigen (wenigen) Fällen in Deutschland selbst, also im Braunen Reich, geschrieben. Ein häufiges Phänomen war es nicht. Für den Schreiber stand zuviel auf dem Spiel, wenn das herauskam. Der Komponist verstieß dann vermutlich gegen ein formal ausgesprochenes Berufsverbot. »Da schreibt einer immer noch weiter seine entartete Musik!« Siehe die Angriffe des *Völkischen Beobachters* gegen Paul Hindemith, oder (als Parallelaktion) des *Schwarzen Korps* gegen Gottfried Benn.

Vielleicht war es unter den bemerkenswerten deutschen Tonsetzern des Jahrhunderts vor allem Karl Amadeus Hartmann, der in Deutschland blieb und dennoch so etwas schrieb wie »Musik des Exils«. Seine damals entstandene Oper nach dem *Simplicissimus* von Grimmelshausen gehört hierher, zusammen mit den frühen Sinfonien.

Paul Hindemith blieb sich selbst treu als Komponist auch während seines hochangesehenen Wirkens als Emigrant im amerikanischen Musikleben. Hat sich die geistige und gastliche Wandlung zwischen *Mathis der Maler* und der Johannes-Kepler-Oper *Harmonie der Welt* in unmittelbar spürbarer Weise in Hindemiths »Tonsatz« ausgewirkt? Das ist schwer zu sagen.

Ich selbst erlebte Hindemith als Bratschenspieler in der Mitte der dreißiger Jahre in Genf. Er musizierte mit dem Orchestre de la Suisse Romande unter Ernest Ansermet. Die schweizerische Erstaufführung seines Bratschenkonzertes mit dem Titel *Der Schwanendreher*. Dann spielte er noch den Solopart der Viola in der Sinfonie *Harold in Italien* von Hector Berlioz. Komponiert als gutbezahltes Auftragswerk für Paganini, der es jedoch niemals vortrug. Was vermutlich mit den besonderen Schwierigkeiten des Orchestersatzes von Berlioz zusammenhing. Dergleichen konnte der alternde Paganini seinem auf ihn selbst eingeschworenen Orchester nicht zumuten.

Ich wußte natürlich als Zuhörer dieses Genfer Konzertes, daß Paul Hindemith in den oberen Rängen eines Dritten Reichs in tiefer Ungnade stand. Es war unverkennbar, daß auch er ins Exil gehen würde.

An seinem Auftritt auf dem Podium hatte sich nichts verändert. Er wirkte undurchdringlich. Eine Musik des Exils hat er vermutlich niemals schreiben wollen.

Ausverkauf Neunzehnhundertdreiunddreißig

Die Bilanz sieht völlig anders aus, spricht man von einer Deutschen Musik im Exil. Seit dem Monat März nämlich des Jahres 1933 war der brutale »musikalische Hinauswurf« amtlich praktiziert worden. Der Jude Bruno Walter flog aus dem Gewandhaus. Der Jude Hans Wilhelm Steinberg flog aus dem Frankfurter Opernhaus. Für Arnold Schönberg und Franz Schreker war kein Platz mehr an der Musikhochschule zu Berlin. Die Berliner Philharmoniker verloren ihren Konzertmeister Simon Goldberg und ihren bewunderten Solocellisten Gregor Piatigorsky. Kein Platz mehr für Arthur Schnabel und Rudolf Serkin, für Carl Flesch und Bronislaw Huberman, für Emanuel Feuermann und Dirigenten wie Fritz Reiner oder Georg Szell.
Mit Fritz Busch hatte der Dr. Goebbels etwas größere Schwierigkeiten. Die drei Musikbrüder Fritz, Adolf, Hermann Busch aus Siegen waren nun einmal, wie es so schön hieß, »reine Arier«. Aber Adolf Busch hatte sich seit langem in Basel niedergelassen. Auch das Busch-Quartett mit dem Cellisten Hermann Busch hatten sich weitgehend auf ein exterritoriales Dasein eingerichtet.
Fritz Busch hingegen war der bewunderte Chef der Sächsischen Staatskapelle in Dresden. Hier mußte der sächsische Volkszorn nachhelfen. Das geschah als wohlinszeniertes Spektakel in der Semper Oper. Fritz Busch wurde ausgebrüllt, und er ging.

In den zwanziger Jahren war Berlin, nahezu unbestritten, Musikhauptstadt der europäischen Kultur, mit Einschluß der Vereinigten Staaten. Die Sonntagsausgaben der Berliner Tageszeitungen stellten jeweils zwei ganze Zeitungsseiten zur Verfügung für die Ankündigung musikalischer Ereignisse. Die Berliner Opern entschieden über den Ablauf und die Struktur eines Neuen Musiktheaters. Über die Mailänder Scala entschied man im faschistischen Rom. Toscanini war längst nach Amerika emigriert.

Die österreichische Kulturpolitik war seit den zwanziger Jahren durch den Prälaten Ignaz Seippel festgelegt worden. Da war kein Platz in der Oper für *Così fan tutte*. Alban Bergs *Wozzeck* wurde durch den aus Ungarn stammenden Erich Kleiber in Berlin uraufgeführt, nicht in Bergs heimatlichem Wien.

Das war nun alles zu Ende seit dem Jahre 1933. Die außerdeutschen Länder holten sich die wichtigsten Musiker. Die Orchester von Stockholm bis Tokio, von London bis Buenos Aires lernten die Spieltechniken der Neuen Musik.

Fritz Busch wirkte in Stockholm, gründete vor allem aber zusammen mit dem gleichfalls emigrierten Schauspieler und Spielleiter Carl Ebert die Festspiele im englischen Glyndebourne. Sie begannen, wie man weiß, als reine Mozart-Festspiele. Von hier aus nahmen, wie die wunderbaren Schallplatten von damals demonstrieren, die Siegeszüge der italienischen Originaltexte Lorenzo da Pontes ihren Beginn.

Die beiden musikalischen Leiter der Staatsoper Unter den Linden, Leo Blech und Erich Kleiber, bekamen noch eine Schonfrist. Der preußische Ministerpräsident Hermann Göring entschied eigenmächtig in Fragen der Arisierung. Er hatte sich auch den einstigen Kulturbolschewisten Gustaf Gründgens ans Preußische Schauspielhaus geholt. Schließlich jedoch setzte sich der Dr. Goebbels durch. Er mußte aufs Ganze gehen, denn er wußte vermutlich als einziger im Herrschaftsbereich des Erwachten Deutschlands, wie es ihm beim Scheitern ergehen würde. Er hatte alle heutigen und künftigen Leichen vermutlich einkalkuliert.

Leo Blech wurde nach Schweden geholt, Erich Kleiber ans Teatro Colón in Buenos Aires. Dorthin holte man auch den Oberspielleiter aus Dresden, Josef Gielen. Carlos Kleiber und Michael Gielen verlebten ihre Kindheit in Argentinien.

Wilhelm Furtwängler
in Paris, 1934

Wie es zuging, daß ich, ein armer deutscher Emigrant in Paris, im Frühsommer 1934 zwei Wagner-Aufführungen der Berliner Staatsoper unter Furtwänglers Leitung in der Pariser Oper, also im Palais Garnier, besuchen würde, das muß ausführlicher erläutert werden. Natürlich hing es mit jenem Schicksalstag des 30. Januar 1933 zusammen, als Deutschland erwachte, und bald darauf die Welt mit ihm. Seitdem war nichts mehr so in diesem Jahrhundert, wie es gewesen war. Das weiß man heute. Wenn man es weiß.

Ich hatte nach dem Abitur im Frühjahr 1925 auf Wunsch der Familie die Rechte studieren müssen, also Rechts- und Staatswissenschaften. Ganz ohne Lust, doch ich hielt durch. Das Referendarexamen wurde bestanden. Dann gab es drei Jahre praktischen Justizdienst: am Beginn die Staatsanwaltschaft, am Schluß einige Monate Referendarzeit beim Kölner Oberlandesgericht. Anschließend hatte sich der Referendar anzumelden in Berlin, um dort die Große Juristische Staatsprüfung abzulegen. Die Rheinprovinz gehörte zu Preußen. Preußische Referendare wurden geprüft im preußischen Justizministerium zu Berlin in der Wilhelmstraße. Bei den schriftlichen Klausuren hatte man sich ins Kammergericht zu begeben.

Bei mir traf es sich so, daß mein Antrag, die Staatsprüfung ablegen zu können, zu Beginn des Januar 1933 nach Berlin geschickt wurde. Ich wurde zur Prüfung zugelassen und bekam den Text für die erste Drei-Wochen-Arbeit. Ein schwieriger rechtstheoretischer Text. Die zweite Drei-Wochen-Arbeit bestand in einem juristisch völlig verkorksten Aktenstück aus irgendeinem Gericht irgendwo in Preußen. Das mußte man in Ordnung bringen und ein ordentliches Urteil begründen. Als ich dabei war, diese Urteilsfindung vorzubereiten an meinem Schreibtisch in Köln-Ehrenfeld, erdröhnte das Land bereits von den Heil-Rufen auf den offensichtlich von der Vorsehung aus Oberösterreich herbeigeholten Führer und nunmehrigen Reichskanzler. Als ich, fertig geworden erst in letzter Minute, den Umschlag mit dem Aktenstück auf dem Kölner Hauptbahnhof zur Post gab, damit der Briefstempel noch rechtzeitig aufgedrückt werden konnte, dauerte es Stunden, bis ich mit dem Wagen zum Bahnhof gelangte. Man feierte den »Tag von Potsdam«. Abermals Fackelzüge.

Die vier Klausuren am Kammergericht wurden im Mai 1933 geschrieben. Zwar flogen wir Juden bereits vorher aus allen Stellungen und Positionen, doch wurde mir mitgeteilt, daß ich das begonnene Staatsexamen noch würde ablegen können. Erst dann würde man mich hinauswerfen.

Allein, ich hatte längst, seit dem April, ganz andere Sorgen. Ich gehörte zu einer politischen Gruppe, die zwar sehr zielbewußt, doch ebenso sehr isoliert zwischen Sozialdemokraten und Kommunisten politisch zu vermitteln suchte. Die Arbeiterschaft müsse sich zusammenfinden, um gemeinsam der Hakenkreuzlerei ein Ende zu machen. Das war aussichtslos, wie man weiß. Ich war längst als Rädelsführer aufgefallen und eingeordnet worden. Ende April fuhr ich nach Berlin, um mich dort für die Klausuren und die mündliche Prüfung im Justizministerium vorzubereiten. Das war mein Glück, denn in meiner Abwesenheit stürmten SA-Leute die elterliche Wohnung und wollten mich herausholen. Man konnte aber glaubhaft versichern, daß man nicht wisse, wo ich mich in Berlin befinden könnte. Man demolierte meine Bibliothek. Die anstößigen sozialistischen Klassiker ließ man stehen. Wutentbrannt hingegen zerriß man ein Buch mit dem Titel *Juden auf der deutschen Bühne*. Auf dem Titelblatt erblickte man den Juden Fritz Kortner. Nordisch sah der wirklich nicht aus.

Fortan lebte ich illegal in Berlin. Die Leute, die es wußten, hielten dicht. In Berlin hielt man ganz allgemein, sogar im kleinbürgerlichen Bayrischen Viertel, nicht besonders viel von der SA und SS.

Ich bestand die Große Staatsprüfung in einem Saal des Justizministeriums in der Wilhelmstraße. Die prüfenden Richter und Professoren benahmen sich vorbildlich und höflich. Auch die mit mir geprüften Referendare waren kollegial. Die Barbarei mußte erst noch gelernt werden.

Nun hatte ich also die Befähigung zum Richteramt erlangt. Hätte auch von nun an als Rechtsanwalt amtieren können. Allein, wenige Tage später traf ein Brief aus dem Ministerium in Köln ein. Man hatte mich laut Gesetz über die »Reinigung des deutschen Beamtentums« aus dem Staatsdienst entlassen. Das Schreiben kam von Köln in meine Hände. Es hat sich bis heute erhalten. Der Staatssekretär des preußischen Justizministers hatte den Hinauswurf unterschrieben. Er hieß Roland Freisler.

Da mußte ich so schnell wie möglich fort. Man organisierte die Flucht nach Belgien, von der Eifel aus. Dort hatten wir noch Verwandte. Das war im August 1933. Mein Reisepaß war längst abgelaufen. An einen neuen Paß war nicht zu denken. Ich war nun in Belgien und wurde in Straßburg von politischen Freunden erwartet. Die würden mir weiterhelfen. Natürlich hielt man mich an der französischen Grenze in Thionville, dem deutschen Diedenhofen, auf. Ich hatte keinen gültigen Paß. Von einem Visum zu schweigen. Man wollte mich nach Belgien zurückschicken, wo man mich auch nicht hereinlassen würde. Die Franzosen aber hatten offenbar Mitleid mit mir. Sie ließen mich irgendwo warten auf den Zug nach Belgien, ließen mich aber allein. Ich hatte nichts zu verlieren, stieg einfach in den nächsten Zug, der in Thionville einlief. Der brachte mich nach Metz. Am nächsten Tag war ich in Straßburg und bei den Freunden.

In Straßburg blieb ich den Winter über. Illegal und trotzdem ungefährdet, denn der Oberbürgermeister Charles Hueber gehörte zu meinen politischen Freunden. Ich wurde ihm vorgestellt, und er schien mich zu mögen. Bald jedoch merkte ich, daß die in Straßburg regierenden (scheinbar) oppositionellen Kommunisten nicht unzugänglich waren für Liebesangebote des von Dr. Goebbels reorganisierten »Vereins für das Deutschtum im Ausland«. Führende Mitglieder dieser oppositionellen Kommunisten verwandelten sich in eine Fünfte Kolonne. Der Abgeordnete dieser Gruppe, den ich auch kennenlernte, er hieß

Mourer, wurde nach der Befreiung Frankreichs an die Wand gestellt. Im Februar 1934 war es so weit, daß ich Straßburg verließ, um in Paris weiterzusehen, wie es mit meiner Emigration laufen würde. Was heißen soll: wie lange noch in Deutschland für »Führer und Reich« gewirkt und gewütet werden könnte.

Das Elsass hatte zwischen 1871, also dem Frankfurter Frieden zwischen Frankreich und dem Deutschen Reich, zu besagtem Deutschen Reich gehört. Reichsland Elsass-Lothringen. Das dauerte bis zum Kriegsende im November 1918. Da zogen die Franzosen wieder ein. Die meisten Straßburger aber, mit denen ich in jenem Herbst und Winter 1933 zu tun hatte, waren vor dreizehn Jahren noch Deutsche gewesen. Sie konnten natürlich die französische Sprache, litten aber sehr darunter, daß die importierte französische Bürokratie die Elsässer, weil man naiverweise Intelligenz gleichsetzte mit gutem Französisch, als Menschen zweiten Ranges behandelte. Hier hatte Dr. Goebbels oft ein leichtes Spiel. In Wirklichkeit verlor er dieses Spiel auch hier, wie sich im Falle der Elsässer im Zweiten Weltkrieg zeigen sollte.

In Straßburg holte mich der Maire Hueber in seine Tageszeitung. Sie nannte sich *Neue Zeit*. Offenbar in Erinnerung an das Lied des deutschen Wandervogel mit der Zeile: »Mit uns zieht die neue Zeit...« Ich wurde außenpolitischer Redakteur, was mir Spaß machte. Ich muß es ganz gut gemacht haben, denn als ich zu verschwinden hatte, bekam ich einen Nachruf in der offiziellen französischen Zeitung Straßburgs. Ein Name wurde nicht genannt, um mich nicht zu gefährden, doch natürlich hatte man alles sehr genau beobachtet. Man sprach von mir als dem Mann, der aus einem Käseeinwickelpapier eine Zeitung gemacht hätte.

Wenn ich nicht in der Redaktion war, ging ich ins Theater oder ins Konzert. Ein bißchen Geld traf immer noch aus Köln ein. Die Straßburger Oper war sehr ansehnlich gewesen im Reichsland Elsaß-Lothringen. Hier hatte Hans Pfitzner als musikalischer Chef amtiert. Hier war es gewesen, was man sich noch

Jahre später erzählte, daß eine *Meistersinger*-Aufführung von Pfitzner angesetzt wurde, aber der Beckmesser fiel aus und war nicht zu ersetzen. Da sprang der kleine Pfitzner ein als Beckmesser und spielte, mit einem bißchen Gesang, den tückischen Stadtschreiber. Das war damals noch musikalisch möglich. Die Partie des Beckmesser wurde nicht wirklich oder gar notengetreu gesungen, sondern irgendwie manipuliert. Das hat sich im Grunde erst seit Wieland Wagner geändert. Da Pfitzner als Beckmesser nicht gleichzeitig am Pult stehen konnte, muß einer seiner Kapellmeister eingesprungen sein. Einer von ihnen war Jahrgang 1885; er hieß Otto Klemperer.

Im Jahre 1933 leitete abermals ein Deutscher die Straßburger Oper. Auch er war, wie ich, ein politischer Emigrant. Ich hatte ihn in Berlin nicht kennengelernt, hielt mich begreiflicherweise auch in Straßburg von ihm fern. Dabei war er ein ausgezeichneter Musiker der Neuen Musik. Hermann Scherchen leitete die Sinfoniekonzerte und organisierte einen sehr ehrgeizigen Opernspielplan. Ich habe damals den *Tristan* und den *Othello* unter seiner Leitung gehört. Gute Aufführungen natürlich. Die Besetzungen waren durchaus annehmbar. Trotzdem habe ich auch später niemals einen starken Eindruck gehabt, wenn Scherchen dirigierte. Er war eine eindrucksvolle Erscheinung, überaus intelligent und gebildet. Zu seinen Bewunderern gehörten Elias Canetti und Rolf Liebermann. Auch Anna Mahler war mit ihm befreundet. Als Leiter von Meisterkursen für junge Dirigenten muß er sehr eindrucksvoll gewesen sein. Auch sehr furchterregend. Einer dieser Schüler berichtete mir später, wie er bei Scherchen an die Reihe kam. Die Aufgabe bestand im ersten Satz der *Zweiten Sinfonie* in D-Dur von Brahms. Man hatte auswendig zu dirigieren, ganz ohne Musik. Einfach richtig schlagen. Als der Kandidat beginnen wollte mit dem so entscheidenden kleinen Auftakt und dem anschließenden Hauptthema, wurde er von Scherchen zurückgehalten: »Bitte dirigieren Sie den Part der zweiten Geigen!«

Ich habe Scherchen selbst nach Kriegsende und in Deutschland kennengelernt. Zuerst bei den Kranichsteiner Festwochen für Neue Musik im Jahre 1947, ein Jahr später in Berlin bei der berühmten Generalprobe zur Oper *Das Verhör des Lukullus* von Paul Dessau und Bertolt Brecht.

Seit Februar 1934 lebte ich in Paris. Ich hatte ein Stipendium erhalten nach einem Gespräch mit dem aus Frankfurt emigrierten Professor Max Horkheimer, dem Direktor des einstigen Instituts für Sozialforschung. Nun war ich zwar noch immer illegal und ohne Paß in der französischen Hauptstadt, doch ich hatte ein monatliches Stipendium bis zum Ende des Jahres, und ich hatte einen Arbeitsauftrag, der mir Spaß machte.

Abermals ging ich viel ins Konzert. Die Sinfoniekonzerte fanden dort meistens am Samstagnachmittag statt. Gute Dirigenten und gute Orchester. Paul Paray leitete sehr kompetent die Konzerte mit dem Namen Colonne im Châtelet. Auch hier waren die Programme immer noch sehr stark akzentuiert durch die deutsche Klassik und Romantik. Ich hörte Wilhelm Backhaus mit dem 5. *Klavierkonzert* von Beethoven. In der Pause sah ich, daß auch Edwin Fischer im Publikum saß. Wir kannten einander recht gut aus der Kölner Zeit. Sophie Feuermann war seine Schülerin gewesen. Auch er hat mich offenbar erkannt, aber wir wollten nichts voneinander wissen. Edwin Fischer war Schweizer. Ich habe nie begriffen, weshalb er daraus keine Folgerungen zog, damals.

Im Frühsommer las ich die Ankündigung, daß die Berliner Staatsoper Unter den Linden ein Gastspiel geben würde im Palais Garnier. Je zwei Aufführungen der *Meistersinger* und des *Tristan*, geleitet von Wilhelm Furtwängler. Als ich die Besetzungsliste lesen konnte, traute ich meinen Augen nicht. Wie denn? Furtwängler musiziert also mit einem Ensemble, das in allen wichtigen Partien besetzt ist mit Künstlern, die entweder als Juden in Deutschland nicht mehr zugelassen sind, oder die in Deutschland nicht mehr auftreten wollen. Friedrich Schorr, ein Jude also, als Kurwenal und als Sachs. Alexander Kipnis, gleichfalls ein Nichtarier, als Pogner und als König Marke. Lotte Lehmann als Eva, die sich für Bruno Walter entschieden hatte und gegen den Führer. Frida Leider, die Isolde, war falsch verheiratet nach den Gesetzen der Rassenlehre. Zweimal Brangäne, die »einwandfreie« Gertrud Rünger, und die unreine, vorzügliche Altistin Sabine Kalter, ehemals ein Glanz der Frankfurter Oper.

Natürlich waren die Aufführungen musikalisch und gesanglich bemerkenswert. Die Inszenierungen und Ausstattungen gehörten zum Pariser Repertoire. Das französische Orchester zeigte sich in bester Form unter Furtwänglers Leitung.

Trotzdem blieb mir der *Tristan* unter Bruno Walter, den ich zweimal erleben konnte, stärker in der Erinnerung. Der musikalische Fluß war leichter, selbstverständlicher. Bruno Walter hatte offenbar immer noch jene Interpretation im Kopf, die Gustav Mahler in Wien mit der Anna Bahr-Mildenburg vordemonstrierte. Bei Furtwängler bestand immer ein wenig die Gefahr, daß er auf dem Höhepunkt eigener Emotion den Überdruck vom Orchester verlangen würde. Dann bestand oft die Gefahr einer hysterischen Überwirklichkeit. Ich habe auch von ihm zweimal den *Tristan* erlebt. Im dritten Akt wetteiferte der Dirigent in der Ekstase mit seinem verwundeten Tristan.

Die *Meistersinger* unter Furtwängler hingegen waren ganz wunderbar musiziert. Hier gab es Leichtigkeit und musikalischen Humor. Wie das Orchester unter Furtwänglers Leitung im zweiten Akt den armen Merker mit seinem versungenen und vertanen Werbelied in die Katastrophe trieb, das war unvergeßbar. Lauritz Melchior als Tristan. Max Lorenz als Stolzing.

Dennoch blieb ein ungeklärter Rest. Wie kamen die Leute der Preußischen Staatsoper gemeinsam mit Wilhelm Furtwängler dazu, hier in Paris mit einer Besetzung aufzutreten, die in Deutschland selbst undenkbar gewesen wäre? Handelt es sich um eine trotzige Entscheidung des Dirigenten, der die Maximen der neuen Reichsführung nicht für sich anzuerkennen gedachte? Es ist sonderbar, daß dieses Ereignis in allen späteren Erörterungen über Furtwänglers Haltung im Dritten Reich niemals zu seinen Gunsten angeführt wurde. Die wunderbaren Sänger, die man nicht mehr auf deutschen Bühnen dulden wollte, wurden mit Begeisterung aufgenommen in New York an der Metropolitan. Hier sah ich viel später im Erinnerungssaal des Neubaus im Lincoln Center die denkwürdigen Erinnerungsporträts an Friedrich Schorr als Hans Sachs, an

Alexander Kipnis als Mephisto, an die Marschallin Lotte Lehmann.

Man wird diese sonderbare Pariser Episode Furtwänglers auch
anders deuten können. Man lebte noch im späten Frühjahr
1934. Das Tausendjährige Reich war außenpolitisch noch ganz
ungefestigt. Dr. Goebbels hatte ernstlich geglaubt, als flammen-
der Redner vor dem Genfer Völkerbund ein bißchen Verständnis zu erreichen für das durch seine Propaganda aufgeweckte
Deutschland. Achselzucken und Gelächter. Der wütende
Goebbels fährt geheim nach Berlin und setzte durch, daß das
Deutsche Reich austrat aus dem Völkerbund.

Am 30. Juni 1934 ließ der Führer seinen Duzfreund Ernst
Röhm über den Haufen schießen. In Berlin benutzte Göring
die Gelegenheit, um fast wahllos mitzumorden. Einen katholischen Politiker; den verhaßten Rivalen Gregor Strasser; den
Sekretär des Vizekanzlers Papen, usw.

Im Jahre 1932 hatte Winifred Wagner noch mit dem Doppel-
gespann Toscanini–Furtwängler arbeiten können. Für 1933
jedoch hatte Toscanini abgesagt. Der für ihn projektierte neue
Parsifal mußte dann, es ging um das höchste Prestige, durch
Richard Strauss geleitet werden. Ich meine, daß es sich bei
Winifred Wagner damals um ein profundes Mißverstehen der
neuen Wirklichkeit gehandelt hat. Sie hat wohl ernstlich geglaubt, daß es möglich sein könne, die eigene Freundschaft mit
dem verehrten Führer vereinen zu können mit den Bayreuther
Festspielen »wie gehabt«. Nicht wie gehabt, denn es fehlten
viele von den bisher glanzvollen Interpreten. Cosima Wagner
hatte sich gern durch Gustav Mahler beraten lassen; ihn nach
Bayreuth einzuladen, kam ihr nicht in den Sinn. Siegfried Wagner hatte nie daran gedacht, einen Bruno Walter, Erich Kleiber
oder Otto Klemperer zu sich an den Roten Main zu holen.
Fritz Busch war nur einmal erschienen, 1924 als Dirigent der
Meistersinger. Nach diesen Erfahrungen in Bayreuth hatte er
auf alle Wiederkehr verzichtet.

Wilhelm Furtwängler dirigierte in Bayreuth im Sommer 1934.
Ganz ohne jene Mitwirkenden seines Pariser Gastspiels. Vielleicht hatte er lavieren wollen. Gleichzeitig Bayreuth und Paris.

Vielleicht jedoch war sein Pariser Gastspiel sogar erwünscht gewesen in den oberen Rängen der braunen Wagnerianer. Wer will das entscheiden?

Die Entdeckung französischer Musik, und Ernest Ansermet

Nahezu zwei Jahre seit meiner Flucht aus Deutschland lebte ich, wie ich heute weiß, immer noch in den Lebens- und Denkformen eines deutschen Bürgers, der seine Jugenderlebnisse in einer scheinbar selbstverständlichen, in Wahrheit höchst fragwürdigen Verbindung von abgeschaffter Monarchie und unreifem Demokratismus gefunden hatte. Ich ging in Paris im Jahre 1934 in Konzerte mit deutscher Musik. Im Palais Garnier dirigiert Bruno Walter den *Don Giovanni*, zum erstenmal für mich in der Originalsprache. Ich wollte unbedingt auch in dieser Pariser Oper den *Lohengrin* hören und sehen. Eine ganz ordentliche Repertoire-Aufführung mit einem guten Tenor, den man bald darauf nach Amerika holte.

Im neuen Raum der Opéra Comique sah ich mir damals die *Carmen* an. Sie war bekanntlich bei der Premiere durchgefallen. Georges Bizet sollte den Triumph seines Werkes nicht mehr erleben.

Das Stipendium, das mir Max Horkheimer ausgesetzt hatte, lief ab am Ende des Jahres 1934. Ich hatte meinen Text abgeliefert, er gefiel auch und wurde angenommen. In dem ein Jahr später vom emigrierten Frankfurter Institut für Sozialforschung bei Felix Alcan in deutscher Sprache herausgegebenen umfangreichen Band *Studien über Autorität und Familie* kann man ihn nachlesen.

Die Leitung des Instituts aber wurde inzwischen von Genf nach New York verlegt. In Paris blieb nur eine kleine Zweigstelle zurück: an der Ecole Normale Superieure in der Rue d'Ulm. Von dort lief auch Walter Benjamins Verbindung mit dem Institut.

Man ließ mich von New York aus wissen, durch den Umzug sei es vorerst nicht möglich, mir einen neuen Forschungsauftrag zu geben. Auf dieser Grundlage konnte ich nicht weiter in Paris bleiben, wo ich übrigens nach wie vor illegal gelebt hatte.

Schweizerische Freunde luden mich ein, zu ihnen nach Genf zu kommen. Dort würde sich mein größter Lehrer aus Kölner Zeiten, der Österreicher Hans Kelsen, weiter für mich einsetzen.

Nun mußte ich also mit meinem bißchen Habe als Illegaler ohne gültige Papiere von Frankreich in die Schweiz übersiedeln. Das gelang mühelos.

Nun war ich also ein Bewohner von République et Canton de Genève. Ein amtlich unerwünschter Bewohner freilich. Nicht so ganz indessen. Meine Gastgeber hatten gute Beziehungen zur damaligen Regierung von Republik und Kanton. Die Linkssozialisten unter Leitung des sehr interessanten und tüchtigen Léon Nicole saßen im Rathaus. Man stellte mich dem Bürgermeister Nicole vor. Nun konnte ich bleiben, wenngleich ohne amtliche Anerkennung. Die besorgte mir dann erst, im Herbst des Jahres 1935, Hans Kelsen: als er durchsetzte, daß ich von nun an ein Forschungsstudium beginnen konnte am Hochschulinstitut für internationale Studien. Das war eine Rockefeller-Stiftung. Institut Universitaire. Dort begann ich im Herbst 1935 mein zweites Hochschulstudium. Zu dieser Zeit begann ich auch mit der Arbeit an meinem Buch über *Georg Büchner und seine Zeit.*

Im Jahre 1936 bekam ich vom Institut ein Stipendium in Schweizer Franken, mit dem ich gut leben konnte in dem damals noch nicht besonders teuren Genf. Im selben Jahr 1936 bewilligte mir außerdem New York gleichfalls ein Forschungsstipendium.

Von nun an lebte ich wirklich im französischen Kulturbereich. In Paris hatte ich sprachlich genügend dazugelernt, um von nun an immer besser Französisch zu sprechen, zu schreiben, schließlich auch zu denken. Deutsch sprachen wir nur unter uns: also mit den gleichfalls aus Deutschland emigrierten Mitstudenten. Die beiden Direktoren des Instituts, der Franzose Paul Mantoux, übrigens ein Jude, und der berühmte Schweizer Professor William E. Rappard, verabscheuten das Braune Deutschland. Sie haben uns Emigranten nach Kräften geholfen.

Die Straße, welche heute zum Völkerbundgebäude führt, heißt Rue William E. Rappard. Als Goebbels im Jahre 1934 seinen verunglückten Auftritt vor dem Völkerbund erleben mußte, hatte man ihn in einem schweizerischen Haus, auf Geheiß von Bern, zum Mittagessen eingeladen. Dort traf Goebbels mit Rappard zusammen. Der benutzte das Déjeuner, um dem Reichsminister unangenehme Fragen zu stellen. Goebbels ließ alles an sich abgleiten, meinte dann leutselig am Schluß des Mittagessens, er habe Freude gehabt an diesem offenen Gespräch. Rappard antwortete prompt, er sprach auch fließend Deutsch: »Das kann ich verstehen. Denn bei sich zuhause haben Sie ja wenig Gelegenheit dazu!«

In jenen Jahren zwischen 1935 und 1939 entdeckte ich für mich einige Grundprinzipien der französischen Kultur. Das hatte bereits 1934 in Paris begonnen, als ich nur noch französische Bücher las und dabei Marcel Proust entdeckte, der mich fortan durchs Leben begleiten sollte. In Genf begann nun die Entdeckung französischer Musik. Das war hier an der Rhône weit besser möglich als in Paris. Das Orchestre de la Suisse Romande war durch seinen Chef Ernest Ansermet zu einem der besten Klangkörper zeitgenössischer Musik erzogen worden. Zu Ansermet kamen gern die bedeutendsten Interpreten, um mit dem Orchester zu musizieren. Ansermet selbst hatte seine Jugenderlebnisse gefunden in der Zusammenarbeit mit Igor Strawinski. Während des Ersten Weltkriegs war in der Westschweiz die *Geschichte vom Soldaten* entstanden, als ungewöhnliches Spektakel aus französischer Rezitation, Bühnendialogen, Tanz der Prinzessin und plebejischer Musik eines raffinierten, ganz kleinen Orchesters. Dieses kleine plebejische Orchester war damals bereits, also bei der Uraufführung, von Ansermet geleitet worden. Verfasser dieser *Histoire du Soldat* waren der Waadtländer C. S. Ramuz und Igor Strawinski.

Ansermet war ein ausgezeichneter Dirigent auch der Wiener Klassik, also Haydns und Mozarts. Sein Beethoven wirkte unterkühlt, etwas klassizistisch, was ich damals als wohltuend empfand.

Zu großer Form aber liefen sie auf, Ansermet und sein Orchester, wenn es um Claude Debussy ging und um Maurice Ravel. Auch damals bereits um die wichtigsten Komponisten aus der legendären »Gruppe der Sechs«. Arthur Honegger also, ein Westschweizer; Darius Milhaud, Francis Poulenc.

Der maßgebende (und gefürchtete) Genfer Musikkritiker war damals ein schrulliger Mann namens Moser. Er hatte für sich die strenge Scheidung zwischen erfreulicher und unerträglicher Musik etabliert. Seine Zensurengebung wurde nach jedem Konzert immer noch einmal verkündet. Musik der Deutschen und Österreicher war in Ordnung, bis zu Robert Schumann einschließlich. Den Weltruhm des Johannes Brahms hielt Moser für ein Mißverständnis. Nach jeder Aufführung eines Brahms gab es ein journalistisches Kopfschütteln. Über Anton Bruckner durfte gelacht werden. Den ersten Bruckner, gespielt vom Ansermet-Orchester, hörte ich während der Kriegszeit im Jahre 1942. Damals hatte sich der einstige Bayreuther Dirigent Franz von Hoesslin in die Schweiz abgesetzt. Er dirigierte die große E-Dur-Sinfonie, also Bruckners *Siebente.* Der Kritiker Moser in der Zeitung *La Suisse* fand die Aufführung völlig unnötig.

Über Gustav Mahler mußte gar nicht erst geredet werden. Wenn es hingegen um die französische Musik ging seit Debussy und unter Einschluß Strawinskis, der in Paris zuhause war, durfte eifrig und durchaus verständnisvoll gelobt werden.

In der Tat spielte das Orchestre de la Suisse Romande planmäßig alle Hauptwerke der französischen Musik, von Rameau über Berlioz bis zu Ravel, von Poulenc zu Jacques Ibert. Die Aufführungen waren ausgezeichnet. Plötzlich verstand ich eine Musik, die mich in Deutschland stets ein bißchen gelangweilt hatte.

Der eigentliche Durchbruch aber kam in der Genfer Oper zustande, als nämlich Ernest Ansermet eine Aufführung von *Pelléas et Mélisande* von Claude Debussy dirigierte. Ich kannte die Oper, sowohl die Partitur wie die Bühnenaufführung. Um die Mitte der zwanziger Jahre hatte Eugen Szenkar einen deutschen *Pelléas* dirigiert. Es hatte mich sehr interessiert, doch viel verstanden hatte ich damals nicht. Ich hatte auch ein paar

Klavierstücke von Debussy studiert oder bloß zu spielen versucht. Alles gefiel mir zwar, doch wußte ich nicht, warum es mir trotzdem nicht gefiel. Es grassierten damals im deutschen Feuilleton die unsinnigen Assoziationen zum Impressionismus. Debussy war kein Impressionist. Die ganze Fragestellung war falsch. Es hat stets nur Mißverständnisse gegeben, wenn man Begriffe einer anderen Kunst für die Literatur oder die Musik zu übernehmen suchte. Der Barockstil hat nichts mit Bach und Händel zu tun. Debussy und Ravel sind keine Impressionisten. Rilke und Richard Strauss sind nicht Künstler des Jugendstils.

Die Oper *Pelléas et Mélisande* endlich, dieses Meisterwerk von Maurice Maeterlinck und Claude Debussy, wurde nun plötzlich hier in Genf und im Grand Théatre zu einem wirklichen Erlebnis. Mit einem Mal verstand ich diese meisterhafte Verbindung aus Sprache und Klang, Aussage und bewußter Nichtaussage.

Nicht nur die Kölner Aufführung hatte mich vom Verstehen abgehalten, mehr noch war ich lange bereit gewesen, ein Verdikt von Romain Rolland für mich zu übernehmen. In jenem dreibändigen Romanwerk über den deutschen Tonsetzer Johann-Christoph Krafft hatte der Romancier und Musikforscher Rolland eine Episode geschildert: Als er seinen Johann-Christoph nach Paris geführt hatte, besuchte dieser die Uraufführung von Debussys Oper und äußerte sich dahin, das sei alles ganz hübsch und ganz reizvoll. »Aber ich finde zu wenig Musik darin.« In der Tat, von Beethoven ist sie nicht, die Oper *Pelléas et Mélisande*. Wie wäre das auch möglich gewesen mit einer Dichtung von Maeterlinck?

Hier in Genf kam es mir zugute, daß ich während meiner ersten Exilzeit in Paris sehr häufig zu Gast war in den geheiligten Räumen der Comédie Française. Das Libretto des »Pelléas« steht, wenngleich in symbolistischer Form, nach wie vor in der Tradition des französischen Klassizismus, also der tragischen Dramaturgie von Corneille und Racine. Diese französische Überlieferung aber ist in Deutschland stets mißverstanden worden. Mit gutem Grund übrigens, denn eine junge deutsche Literatur

mußte ankämpfen, in der Mitte des 18. Jahrhunderts, gegen übermächtigen Einfluß dieser Tragödien von Racine und Corneille und vor allem auch ihres Theaterepigonen Voltaire. Gotthold Ephraim Lessing kämpfte gegen besagten Voltaire, berief sich jedoch nach wie vor, ganz wie die Franzosen, auf die Poetik des Aristoteles. Einheit von Raum und Zeit und Handlung.
Lessing aber behauptete in seiner *Hamburgischen Dramaturgie*, der bewunderte Shakespeare sei ein viel besserer Aristoteliker als alle Franzosen miteinander.
Natürlich stimmte das durchaus nicht. Es war jedoch eine notwendige deutsche Schutzbehauptung. Es gibt zu Lessing aus jener Zeit ein wunderbares Gegenstück, nämlich einen Vierzeiler von Matthias Claudius:

> Voltaire und Shakespeare: der eine
> Ist was der andre scheint.
> Meister Arouet sagt: »Ich weine«;
> Und Shakespeare weint.

Ein wunderbares Gedicht, aber die Aussage ist historisch unhaltbar. Die griechische Tragödie nämlich, die Aristoteles gemeint hat, war ein berichtendes und kommentierendes, ein episches Theater. Bei Sophokles denkt Ödipus gar nicht daran, sich die Augen auf offener Szene zu zerstören. Er tritt vor den Chor und in die Handlung zurück nach der vollendeten Blendung. Im *König Lear* von Shakespeare aber wird einer auf offener Szene geblendet.
Die französische Tradition des Theaters ist, ganz aristotelisch, auf Sprache begründet. Nicht auf Aktion. Sie steht in der Tradition jener Rhetorik, die von deutschen Kritikern so oft mißverstanden und als »hohle Rhetorik« verachtet wurde.
Maeterlincks Drama steht fest in dieser rhetorischen Überlieferung. Auch Debussy bekennt sich zu ihr. Die große Schönheit seiner Musik in dieser Oper beruht auf einer völligen Übereinstimmung des sprachlichen mit dem musikalischen Ausdruck. Das gilt auch umgekehrt. Wenn nämlich der musikalische Ausdruck niemals wörtlich genommen werden kann, weicht auch

die Sprache einer genauen Fixierung der Aussagen wie Empfindungen beharrlich aus. An jenem Opernabend zu Genf hatte ich viel gelernt.

In Genf ging ich viel ins Konzert. Wunderbare Abende in der Salle de la Réformation. Der große rumänische Geiger und Komponist George Enescu gibt einen Violinabend. Er bringt aus Rumänien eine zarte kleine Begleiterin mit, die weit mehr ist als bloße Assistentin am Klavier. Auf dem Höhepunkt seines Konzertes spielen die beiden die *Kreutzer-Sonate* von Beethoven. George Enescu und Clara Haskil.

Auch den Alfred Cortot habe ich damals in Genf hören dürfen. Er war vielleicht der beste Schumann-Spieler schlechthin. Damals war er noch auf der Höhe auch seines technischen Könnens, wenn er im zweiten Satz der großen *C-Dur-Fantasie* von Schumann die wilden Oktavensprünge durch die Luft wirbeln ließ. Cortot zu hören, war bereits in Köln ein Wunschtraum gewesen, seit ich auf jenem Grammophon am Hohenzollernring die berühmte Platte hören durfte mit einer Aufnahme des *B-Dur-Trios* von Franz Schubert. Alfred Cortot, Jacques Thibaud, Pablo Casals. Ich habe sie alle drei noch hören können, freilich nicht mehr als Trio-Spieler. Pablo Casals war nicht mehr dabei.

Doch einen Abend mit Alfred Cortot und Jacques Thibaud durfte ich noch erleben später in Paris, nach meiner Rückkehr aus Genf. Nun hörte ich von beiden, die wohl auch die Interpreten der Uraufführung gewesen waren, die *Erste Violinsonate* in A-Dur von Gabriel Fauré. Diesen Fauré hatte ich damals auch für mich entdeckt, um ihn nie wieder zu verlieren. Begonnen hatte das bei den Liederabenden so großer Sänger wie Martial Singher und Charles Panzéra, wenn sie Faurés Lieder nach Gedichten von Paul Verlaine vortrugen. Nach der Meinung deutscher Musikkritiker hatte man sich den Fauré als »eine Art französischen Schumann« vorstellen sollen. Das war abermals Unsinn. Auch bei Fauré sind alle Vergleiche mit der entsprechenden deutschen Musikentwicklung so unangebracht wie bei Debussy und Ravel. Es sind ganz andere Welten.

Übrigens war das Mißverstehen der Gegenwelt durchaus nicht auf die deutsche Seite beschränkt. Auch der französische Gegenspieler hielt eifrig mit beim Mißverstehen.

Das beginnt bei Claude Debussy himself. Bei Kriegsausbruch 1914 bezeichnet er sich demonstrativ als Musicien français. Als er in Bayreuth den *Ring* gehört und gesehen hatte, fand Debussy alles unerträglich. Andererseits hingegen gefiel ihm die späte Partitur des *Parsifal*. Natürlich war auch der *Pelléas* als Gegenschöpfung zu Richard Wagner angelegt. Bei Wagner muß alles Aussage sein und Überaussage. Wenn auf der Bühne gelogen wird, muß das Orchester gleichzeitig dazu die Wahrheit liefern. Bei Debussy wird beides immer wieder verschwiegen, die szenische wie die musikalische Wahrheit. Allein auch hier kommt Claude Debussy nicht los von Richard Wagner, den er nun einmal kannte und kennen mußte. Die Musik des Verschweigens gibt es bereits im *Tristan*, wenn der dem König Marke erwidern muß: »Oh König, das kann ich dir nicht sagen ...« Auch der reine Tor Parsifal kann auf Fragen immer nur antworten: »Das weiß ich nicht.«

Hier laufen die Wege deutscher und französischer Musik immer wieder aufeinander zu, um sich sogleich auch zu entfernen. Das habe ich damals in der französischen Welt lernen dürfen.

Arthur Rubinstein

Den Namen des Pianisten hatte ich wohl schon in den zwanziger Jahren gehört. Auch bei ihm, wie bei Alfred Cortot, war leider nicht daran zu denken, daß man ihn je im Kölner Gürzenich würde hören können. Alfred Cortot war natürlich der französische Erbfeind. Arthur Rubinstein aber, ein Jude, kam im polnischen Lodz zur Welt im Jahre 1887. Lodz gehörte bereits im Ersten Weltkrieg zum deutschen »Generalgouvernement Warschau«. Ein deutscher General Litzmann hatte es damals erobert. Im Zweiten Weltkrieg gab es abermals seit 1939 ein Generalgouvernement Warschau. Aus Lodz wurde damals Litzmannstadt. Es war die Zwischenstation für die Züge aus Deutschland, die nach Auschwitz weiterzufahren hatten.
Arthur Rubinstein hatte den Ersten Weltkrieg in England zugebracht. Er muß aber für sich und die Seinen Schlimmes erfahren haben von den Deutschen, denn er tat damals für sich den Schwur, niemals wieder im Deutschen Reich zu konzertieren. Seinem Schwur ist er treu geblieben. Als er später sehr berühmt wurde, organisierte man bisweilen Konzerte irgendwo unweit der deutschen Grenzen. Dann fuhren, daran erinnere ich mich noch, seine deutschen Verehrer ins nahe Ausland, um den legendären Arthur Rubinstein erleben zu können.

Auch Rubinstein war ein Wunderkind. Er bekam ganz früh schon einige Klavierstunden von dem gleichfalls legendären Ignaz Paderewski, der nach dem Ersten Weltkrieg als erster Staatspräsident des wiedererstandenen Polen amtieren konnte. Mit zehn Jahren konzertierte er in Berlin mit einem Orchester, das von Joseph Joachim geleitet wurde. Im Laufe seines bewegten Lebens in vielen voneinander grundverschiedenen Ländern hatte er sich eine außerordentliche Sprachbeherrschung angeeignet. Das sprachliche Gedächtnis war ebenso bewundernswert wie das musikalische. Immer wieder nahm er seinen Wohnsitz in Paris. Er starb in Genf im Jahre 1982, also mit 95 Jahren.

Wer die Notizen über Rubinstein in den verschiedenen Nach-
schlagewerken überliest, muß den Eindruck haben, dieses
Leben sei, von der Wunderkindzeit bis ins hohe Alter hinein, ein einziger Erfolgs- und Glückszustand gewesen. Auch
Rubinsteins umfangreiche Memoiren, die sehr gut geschrieben
sind, sehr witzig und farbig, suchen den Eindruck einer tiefen
Lebensharmonie zu erwecken. Etwas unvermittelt wird darin,
ein bißchen auf komische Wirkung bedacht, von einem Selbst-
mordversuch berichtet, der mißlang. Die Kordel riß, der Selbst-
mörder fiel zu Boden und eilt an den Flügel, um sich in der
Musik einer Katharsis der Leidenschaften zu unterziehen. – Als
Leser seiner Erinnerungen fühle ich Befremden ob solcher
Bagatellisierung eines schlimmen Augenblicks. Ich glaube ihm
nicht diese späte Stilisierung.

Es kommt hinzu, daß Rubinstein offenbar in den zwanziger
Jahren auch als Pianist eine tiefe Krise erlebte. In der Öffentlichkeit wurde bekannt, daß er für geraume Zeit auf alle Konzerte verzichtete, um sich eine neue technische Grundlage seines Spiels zu erarbeiten. Diese späte Nachholkur allerdings
glückte über alle Maßen. Von nun an war das Spiel Arthur
Rubinsteins auch technisch vollendet. Vielleicht hat er, unter
allen großen Virtuosen seines Instruments in unserem Jahrhundert, im Wortsinne am »schönsten« gespielt.

In Deutschland kannte man in den zwanziger Jahren vor allem
drei berühmte jüdische Musiker namens Rubinstein. Alle drei
waren Russen. Der große Anton Rubinstein natürlich, der
als einziger von allen Zeitgenossen mit Franz Liszt verglichen
werden konnte: sowohl als Pianist wie als Komponist. Niko-
lai Rubinstein, sein Bruder, war Lehrer Tschaikowskis am
Moskauer Konservatorium. Ihm widmete Tschaikowski sein
Klavier-Trio.

Es gab auch einen offenbar glänzenden Klaviervirtuosen und
Musiker im Umkreis von Franz Liszt in Weimar. Der Name
taucht auch immer wieder auf in der Bayreuther Geschichte
Richard Wagners. Josef Rubinstein war befreundet mit Karl
Tausig und Peter Cornelius. Er lernte auch den jungen Brahms
kennen bei dessen Besuch in Weimar. Mit Cosima hat er sich

offensichtlich nicht verstanden nach Wagners Tod. Als einziger von allen Bayreuther Getreuen wagte er die Behauptung, die Witwe Richard Wagners, Tochter von Franz Liszt, sei im Grunde unmusikalisch. – Er nahm sich später in Bayreuth das Leben.

Nun also Arthur Rubinstein als vierter Träger eines berühmten Musikernamens. (Natürlich gab es auch die Tänzerin Ida Rubinstein, die im Werk Igor Strawinskis eine wichtige Rolle spielen sollte.)

Es war schon während meines ersten Pariser Aufenthaltes im Jahre 1934, daß ich auf den Litfaßsäulen die Ankündigung eines Klavierabends von Arthur Rubinstein lesen konnte. Damals ging ich nicht hin. Ich wußte zu wenig von diesem Musiker, kannte gerade den Namen.

Es muß dann im Jahre 1936 gewesen sein, als ich in Genf bereits mit gültigen Papieren ausgestattet werden konnte, daß ich in den Ferien nach Paris zurückfuhr. Abermals die Ankündigung eines Klavierabends von Arthur Rubinstein. Diesmal ging ich hin.

Es war eine wunderbare Entdeckung. Der Meister war damals noch nicht fünfzig Jahre alt. Der Eindruck seines Spiels war durchaus nicht abgeklärt und selbstsicher, wie später, wenn ich ihn in Amerika wiederhören durfte. Übrigens auch als wunderbaren Kammermusiker. Im Mittelpunkt des damaligen Pariser Klavierabends standen die *Symphonischen Etüden* von Robert Schumann. Rubinstein war ganz außerordentlich. Er gab den gehäuften Schwierigkeiten einer jeden Variation auch einen Hinweis auf ihren Etüden-Charakter. Gleichzeitig verlieh er dem cis-Moll-Thema des Herrn von Fricken, einem virtuellen Schwiegervater, der es in Robert Schumanns Leben dann nicht werden sollte, höchstes Gewicht. In Rubinsteins Spiel war das Thema stets gegenwärtig. Die ritterliche Steigerung des Finales habe ich kaum je wieder so heroisch (und trotzdem heiter) gehört, wie an jenem Abend der ersten Begegnung mit Arthur Rubinstein.

Bald darauf gab es die Ankündigung, Rubinstein werde mit

dem berühmten Orchester des Conservatoire unter Leitung von Charles Münch das *Zweite Klavierkonzert* von Brahms spielen. Das wollte ich keinesfalls versäumen. Von dem Solisten wird hier, vier schwere Sätze hindurch, ein Höchstmaß an Kraft, technischer Genauigkeit und Gefühlsausdruck verlangt. Die wunderbaren Interpretationen eines Arthur Schnabel und Walter Gieseking waren schwer erkauft. Das spürte und sah der Hörer im Konzertsaal. Auch Arthur Rubinstein versuchte gar nicht, seine Aufgabe an diesem Abend herunterzuspielen. Es gab einen wunderbaren Zusammenklang mit dem Orchester. Im Gegensatz zu anderen Interpreten, die den Kontrast des Solisten zum Orchester betonen möchten, demonstrierten Rubinstein und Münch einen Vorgang des gemeinsamen sinfonischen Musizierens.

Natürlich spielte Rubinstein immer wieder auch Chopin. Er hat den ganzen Chopin eingespielt. Da gibt es kein sogenanntes Nebenwerk, das vom Spieler nicht zu höchstem Ausdruck geführt worden wäre. In der Tat, das kann man nicht schöner spielen.
Allein, es bleibt ein Rest. Vielleicht ist es unbillig, davon zu sprechen. Aber es gibt nun einmal den Ausspruch des Jim Mahoney in der Oper *Aufstieg und Fall der Stadt Mahagonny* von Brecht und Weill. Man rühmt vor ihm die Perfektion aller Genüsse in der kapitalistischen Netzestadt. Jim antwortet darauf: »Aber etwas fehlt!« Das war ein lebenslanges Zitat von Ernst Bloch. Wäre es unbillig bei der Erinnerung an den Meister Arthur Rubinstein, trotzdem den Jimmy Mahoney zu zitieren? Es gibt für mich in der Erinnerung einen Gegenschall zu der in aller Vollkommenheit doch ein bißchen unvollkommenen Kunst des Pianisten Arthur Rubinstein. Diesmal handelt es sich um das vollkommene Spiel eines Geigers namens David Oistrach. Auch ihn habe ich oft gehört: mit Orchesterbegleitung und Klavierbegleitung. Auch als Triospieler mit Oborin und Knuschewitzky. Man konnte nicht besser spielen auf der Geige als David Oistrach.
Wie geht es dann zu, daß man vom Spiel eines Alfred Cortot

oder Swjatoslaw Richter, die beide manchmal schlechte Tage hatten, doch tiefer angerührt wurde, als von der schönen Ausdruckskraft Rubinsteins, der offenbar entschlossen war, die dunklen Seiten seines Lebens nicht mitzuspielen?

Exkurs:
Bemerkungen zu einer kritischen Musiktheorie

Paris 1938

I.

Über Tonwerke anders als fachlich, das heißt technisch zu sprechen, ist immer eine mißliche Angelegenheit. Eine Diskussion über dieses Streichquartett oder jene Symphonie ist nur dann ernstzunehmen, wenn auf beiden Seiten Diskussionspartner ein Mindestmaß von Fach- und Sachkenntnis aufzuweisen haben. Andernfalls ist nur gemeinsames »Schwärmen« oder verzück-tes Stammeln möglich, und solche Haltung gleicht verzweifelt dem, was Bertolt Brecht als »kannibalisch« bezeichnete. Über Partituren sollte man also nur mit der Partitur in der Hand reden. Das einzelne Musikwerk als solches setzt einer außermusikalischen, beispielsweise soziologischen Betrachtungsweise ungemeinen Widerstand entgegen. Die Lage ändert sich erst, wenn man über das individuelle Werk hinausgeht und generelle Momente zu betrachten sucht: bestimmte Formen etwa (die Sonate, das Rondo, die Fuge), bestimmte Schreibweisen (die homophone oder die polyphone), bestimmte Stilarten (die klassische und die romantische Symphonie). Hier entsteht dank der Vielzahl der Versuchsobjekte und der Gemeinsamkeit gewisser Züge ein Material, das gesellschaftlicher Analyse und Deutung durchaus zugänglich ist, das sie sogar erheischt, denn auch vom rein ästhetischen und musiktheoretischen Standpunkt aus ist es sehr wichtig, zu verstehen, dank welcher gesellschaftlichen Gegebenheiten etwa die Polyphonie aussterben, das Klavierkonzert oder die symphonische Dichtung sich entwickeln mußten. In der soziologischen Behandlung solcher Fragen erfährt man nicht nur Entscheidendes über Erfolg und Mißerfolg gewisser Kunstformen zu bestimmten Zeitpunkten, sondern auch über ihre rein technische Struktur, ihre Harmonik oder Thematik, gerade jene Bereiche also, die sich, nimmt man nur das individuelle Tonwerk, der außertechnischen Behandlung zu entziehen scheinen. Musiksoziologie, richtig verstanden, schlägt daher in jedem Augenblick in Musiktheorie um, wird zu deren Bestandteil. Das Gleiche gilt auch in der Umkehrung.

Freilich handelt es sich dabei vor allem um die Untersuchung des musikalischen Produktionsprozesses, um die Aufdeckung der gesellschaftlichen Wurzeln von Musikproduktion in einem bestimmten geschichtlichen Augenblick. Doch gibt es auch hier die Sphäre der Konsumtion, und des Musik»genießers« – und auch sie fordert die soziologische Sondierung geradezu heraus. Hier geht es um die Wirkung der Tonwerke auf die Masse der Konsumenten, jene vor allem (oder ausschließlich), die wirklich in der Lage sind zu konsumieren – und die den Markt kontrollieren. Sie wirken auf die Produktion in entscheidender Weise zurück; zu dem gesellschaftlichen Zwang, sich vorhandener, daher sozial gewordener Musikformen zu bedienen, tritt für den Tonsetzer, will er konkurrenzfähig bleiben, das heißt: nicht Hungers sterben, noch die weitere Nötigung, den Gegebenheiten des Marktes und der gesellschaftlichen Struktur des Konsumenten Rechnung zu tragen. Beide Sphären befinden sich im Verhältnis der Wechselwirkung. Der »Markt« drängt den Produzenten – und der Produzent gestaltet den Markt. Ein »plébiscite de tous les jours« (Renan) hält dieses Wechselverhältnis in der Schwebe – und Produzent wie Konsument sind in gleicher Weise gesellschaftlich gebunden, Glieder eines Gesamtprozesses.

Diese Hinweise sind notwendig, um den besonderen Standort und die Legitimität jener Studie T. W. Adornos zu verstehen, die »den musikalischen Fetischismus und die Regression des Hörens«[1] zum Gegenstand hat und entschlossen die Gesetze des heutigen Musik»betriebs« (das Wort ist äußerst aufschlußreich), der Produktion wie der Rezeption, aus den Gesetzen der allgemeinen kapitalistischen Produktionsweise abzulei-

---

[1] *Zeitschrift für Sozialforschung*, 1938, Heft 3, S. 320–356.

ten sucht. Solche Haltung steht in Widerspruch zu den heute fast ausschließlich geübten Arten der Musikkritik. Einmal zu jener völlig spezialisierten, also banausisch gewordenen Fachwissenschaft, die alles musikalische Material einfach als gegeben hinnimmt und seziert, nicht nach seinem Gewordensein oder nach den »Bedingungen seiner Möglichkeit« fragt und die ihr Gegenstück etwa in der Logistik, der zur reinen Archivwissenschaft erstarrten Geschichtsschreibung, der mathematischen Ökonomie oder der Reinen Rechtslehre Kelsens hat, wodurch sie wesentliche Rückschlüsse auf ihre gesellschaftliche Struktur zuläßt. Adornos Art der Analyse unterscheidet sich aber nicht minder grundsätzlich von jener falsch poetischen Schwärmerei über Musikwerke[1], die mit »gehobenem« Stil, lyrischen Analogien und Assoziationen arbeitet, dabei nicht das Geringste über das beurteilte Tonwerk aussagt, sondern sich in die Sphäre des »Wenn Ihr's nicht fühlt, Ihr werdet's nicht erjagen« zurückzieht. Wodurch sie sich aller Art von gängigem Irrationalismus und Obskurantismus annähert und dort falsche und schlechte Poesie einzusetzen sucht, wo sie nicht hingehört: typischer »Ersatz« in einer Welt, die alle wahre Poesie immer mehr verbannt und für suspekt erklärt. So verschieden voneinander sie erscheinen, soviel Gemeinsames haben beide Haltungen in Wirklichkeit. Hier liegen zwei Arten des Agnostizismus vor, auch zwei Fluchtversuche: einmal in die Abstraktion von den gesellschaftlichen Gegebenheiten der musikalischen Produktion und Konsumtion; das andere Mal in die falsch poetische Verklärung. Fraglos also, daß Adornos Fragestellung eine radikal, eine von den Wurzeln her kritische ist.

Allerdings hängt das Gelingen bei solchem Unterfangen ganz wesentlich von der Wahl und Anwendung der konkreten soziologischen Kategorien ab. Adorno wählte (und deutet es schon im Titel seiner Arbeit an) als Grundlage seiner Analyse den bekannten Begriff des Warenfetischismus, der von Marx aus Anlaß seiner Frage nach dem Geheimnis der Warenform ent-

[1] Zu diesem Thema vergleiche B. de Schloezers Studie in der *Nouvelle Revue Française*, September 1938, S. 472 ff, die Wl. Jankilévitchs Buch *Gabriel Fauré et ses mélodies* zum Gegenstand hat.

wickelt und später von Lukács in seinen bekannten Betrachtungen über das Problem der »Verdinglichung« ausgebaut und auf die Sphäre der Geistesgebilde angewendet wurde. Alles kommt indessen darauf an, ob diese Kategorie im vorliegenden Falle glücklich gewählt, ob sie »fruchtbar« ist. Da es hier um wirklich neue und entscheidende Fragestellungen geht, ist eine Besinnung auf die kategorischen Grundlagen unumgänglich notwendig. Zwei Fragen stellen sich zunächst. »Worin besteht das Wesen des Fetischismus?« fragte die erste – und die zweite: »Gelingt der so bezeichneten soziologischen Kategorie tatsächlich die Erschließung von Grundfragen des heutigen Musiklebens?« Hier soll zunächst in aller Kürze (es handelt sich im Grunde um Rekapitulation, die aber aus Gründen der Klarheit notwendig ist) die erste Frage beantwortet werden.

Sieht man einmal von den allmählich schon zu Schlagworten sich entwickelnden Formeln wie »Verdinglichung« und »Fetischismus« ab, um das von Marx angedeutete Phänomen in aller Reinheit zu erfassen, so wäre allgemein zu sagen, daß es sich vor allem (mit einem Lieblingsausdruck Marxens) um ein »Quidproquo«, um die Umkehrung des Verhältnisses zwischen Ei und Henne handelt. Ein produziertes Produkt benimmt sich, als habe es nie jemand geschaffen, als sei es ganz in sich selbst ruhend. Die reine Dinglichkeit des Objektes scheint allem Gewordensein Hohn zu sprechen. Mehr noch: nicht nur, daß der subjektive Erzeuger, daß der Vorgang der Erzeugung verleugnet wird; das Erzeugnis stellt sich sogar dem tatsächlichen Produzenten als ihm fremde Gewalt gegenüber und sucht ihn umzugestalten, sein Denken und Handeln zu beeinflussen. Das ist wahrer Fetischismus: aus einem von Menschen bemalten Elefantenzahn wird ein Gott, vor dem sich jene beugen, die ihn einst so bunt bemalten. Das Produkt regiert, ohne daß er es merkt, den Produzenten. Es ist fraglos (und es genügte, auf das von Marx an der bei Adorno zitierten Stelle erwähnte Beispiel vom Lichtstrahl hinzuweisen), daß der Vorgang des Warenfetischismus von Marx in dieser – durchaus richtigen und tiefen – Weise gesehen wird. Menschliche konkrete Arbeit schuf das Produkt, verlieh ihm seinen »Wert« – nun aber, einmal in der

Welt, benimmt sich das Produkt, als sei es von jeher aus sich selbst heraus werthaft gewesen, als sei sein Tauschwert eine ihm selbst ganz unabhängig von allem menschlichen Tun anhaftende Eigenschaft. Mit Recht konnte Marx die Gespräche Holzapfels und Schlehweins bei Shakespeare als Musterfall ähnlicher Umkehrung der Verhältnisse zitieren. Über die Bedeutung dieser Enthüllung des Wesens der Warenform im Rahmen einer Kritik der politischen Ökonomie braucht hier nichts gesagt zu werden. Daß das ganze Mehrwertproblem sich erst dank der Entschleierung dieses Verdinglichungsprozesses enthüllen konnte, ist offenbar. Nicht unwesentlich aber ist vielleicht ein Hinweis auf die Genealogie dieses ebenso einfachen wie großartigen Gedankens. Im Grunde erweist sich Marx an dieser Stelle als direkter Fortsetzer Feuerbachs. Die Religionskritik Feuerbachs ist in ihren Grundgedanken hier auf die Kritik der politischen Ökonomie angewandt worden. Alles was sich in Marxens Kritik an Neuem gegenüber Feuerbach findet, ist oft betont, vor allem in der »Deutschen Ideologie« und den bekannten Thesen von 1845 authentisch dargestellt worden. Hier jedoch ist Marx einmal ein direkter Nachfahre Feuerbachs. Sätze wie jener Ausspruch Feuerbachs vom »homo homini deus«[1], vom Himmel als der Projektion einer idealistischen Erde, von Gott als einem Spiegelbild des Menschen[2], um nur diese zu erwähnen, zeigten bereits deutlich die Einsicht in den Mechanismus des Fetischismus, die Rückwirkung des produzierten Produkts auf den Produzenten. Und ist es nicht klar, daß alle diese so wesentlichen und befreienden Einsichten letztlich auf Hegel und sein Problem der »Entäußerung« zurückgehen?

Es blieb der Nachkriegszeit, die ja auch erst eine wirkliche Kenntnis der Gedankenwelt des jungen Marx vermitteln sollte, vorbehalten, den Gedanken des Fetischismus auch außerhalb des Bereichs der politischen Ökonomie, ja ganz allgemein für die großen Fragen der Kulturkritik fruchtbar zu machen. Vor

---

1 Ludwig Feuerbach, *Das Wesen des Christentums*, 1841, S. 370.
2 Feuerbach, a.a.O. S. 84/5.

allem Georg Lukács[1] analysierte die Grundprobleme der deutschen idealistischen Philosophie, insbesondere die Wendung von Kant zu Hegel und das Problem der »Antinomien des bürgerlichen Denkens« in Weiterbildung jenes Verdinglichungsphänomens – und erwies seine tiefe Fruchtbarkeit. Ja, es kam gar zu einer Art von »boom«, zu einem Vorgang, der an den Zauberlehrling gemahnt oder jenen Prozeß, den Karl Kraus einst in *Heine und die Folgen* beschrieben hat. Der Begriff der »Verdinglichung« oder des »Warenfetischismus« wurde seinerseits zum Fetisch; er wurde aus seinen Zusammenhängen losgelöst und aufs Geratewohl überall plaziert. Adorno zeigt sehr gut an einer Stelle seines Aufsatzes aus Anlaß des Kults mit dem musikalischen »Einfall« (ZfS, 328, 333 f.), wie die Tendenz des modernen Musikhörens immer mehr dahin geht, das Tonwerk in einzelne »schöne Stellen« aufzusplittern und so seinen Gesamtzusammenhang zu zerstören. Diese Tendenz ist bei der heutigen »Popularisierung« auch noch der tiefsten und schwierigsten Gedanken ganz allgemein geworden und bleibt nicht auf den musikalischen Bereich beschränkt. Nietzsches Philosophie splittert sich auf in das Zitat von der blonden Bestie, vom Manne mit der Peitsche, in den »Übermenschen«; von Bergson weiß man, daß es dort um den »élan vital« und die schöpferische Entwicklung geht; die Tiefenpsychologie steuert ein paar Fachausdrücke bei, wie einst das Schiller-Drama »Zitate« – und aus den wesentlichen, nur aus der Gesamtstruktur der Analyse verständlichen Gedanken der Verdinglichung und des Fetischismus werden ähnliche »Einfälle«. Die Lektüre des *Kapital* scheint sich auf die Kenntnis jenes einen Kapitels über das Geheimnis der Warenform zu reduzieren. Diese Aufsplitterung aber geht parallel mit einer ebenso typischen Überbewertung der übriggebliebenen »schönen Stellen«. Die müssen nun den ganzen Rumpf des Gebäudes tragen und man halst ihnen Lasten auf, denen sie nicht gewachsen sind. Was ein Mittel der Erkenntnis werden sollte, ist nahe daran, ein neues Mittel der Verhüllung zu werden.

1 G. Lukács, *Geschichte und Klassenbewußtsein*, 1923, S. 94 ff.

Der Kerngedanke dieser neuen kritischen Musiksoziologie besteht nun darin, daß sie den Zustand der heutigen Musikproduktion aus dem Zustand der heutigen Warenproduktion zu erklären sucht. Die ökonomischen Kategorien des Gebrauchs- und des Tauschwertes werden herangezogen, um die neuen Phänomene des Musikbetriebs verständlich und deutlich zu machen. Das Wesentliche, um einen Ausdruck Adornos zu entlehnen, der für diese Haltung typisch ist, das Wesentliche also des neuen Zustandes besteht in der »Substituierung« des Gebrauchswerts durch den Tauschwert (S. 331). Anders ausgedrückt: der Erfolg und die Wirkung eines Musikwerks knüpfen sich für den heutigen Musikkonsumenten nicht mehr an Qualitäten, an spezifisch musikalische Werte, sondern, immer nach Adorno, an den akkumulierten Erfolg, also an etwas Quantitatives. Der Tauschwert des Tonwerks, die ziffermäßig erfaßbare Erfolgsquote, wird »zum Wertprinzip« (S. 332); der Tauschwert wird »effektiv gesetzt« (S. 331 f.), und hierin gerade sieht Adorno den Fetischcharakter des modernen Musikbetriebs. Nicht ganz mit Unrecht: wenn nämlich der Mensch in Verehrung vor dem Riesenerfolg eines »Schlagers«, vor den ungeheuren Starhonoraren oder dem unerschwinglichen Preis einer Eintrittskarte zu einem Toscanini-Konzert in die Knie sinkt, so betet er damit einen Erfolg an, den er selbst (mit vielen Seinesgleichen) erst »machte«, so daß er recht eigentlich, ohne es zu wissen, sich selbst und seiner eigenen Hände und Geldtaschen Werk anbetet. In der Tat der typische Fall eines »Quidproquo« oder eines Fetischismus. Zustände der Verdinglichung und des Fetischismus findet Adorno nun allenthalben als typische Ausdrucksformen des modernen Musiklebens, sei es in der offen so deklarierten »Unterhaltungsmusik«, sei es im Bereich der scheinbar so ehrfürchtig von der ersteren getrennten »ernsten Musik«. Der Gleichartigkeit aller »Schlager« soll in dem zweiten Bereich eine Fülle von Verdinglichungserscheinungen entsprechen. Die Zerfetzung des Musikwerks in »Einfälle« und »schöne Stellen«; die Popularisierung gewisser Werke, die man – unter Ausschließung anderer, weniger »beliebter« – bis zum Überdruß wiederholt; die Anbetung eines hohen Soprans, den man nur deshalb anbetet, weil er eine Oktave höher zu singen vermag als andere Kehlköpfe; der Kult der abstrakt vollendeten Interpretation und so fort. Alles wird für Adorno zum Kennzeichen eines Betriebs, der musikalische Werke nur noch daran mißt, ob alle Welt sie kennt und nachsingen kann, und daran, ob sie ungeheure Einnahmen bringen. Da wird der zum Meister, der die höchsten Einnahmeziffern erreicht, und unmusikalisch ist jener, dessen Melodien man nicht pfeifen kann, auch nicht, wenn man sie zehnmal hörte.

So weit die These. Sicher hat Adorno in sehr Vielem durchaus richtig gesehen und zutreffend gedeutet. Was stutzig macht, ist zunächst die Verwendung der ökonomischen Kategorien des Gebrauchs- und des Tauschwerts; zumal dann, wenn man erfährt, daß »die Anwendung der Warenkategorien auf Musik keine bloße Analogie« sein soll (S. 330); wenn also jene Kategorien hier buchstäblich verstanden werden sollen. Da setzen jedoch die Einwände ein. Zunächst einmal scheint der Terminus des Gebrauchswerts als Bezeichnung der spezifisch musikalischen Werte eines Tonwerks und damit als Gegensatz zum Tauschwertcharakter des akkumulierten Erfolgs wenig glücklich. Der Gebrauchswert, d. h. der Gebrauchswert einer Ware, ist eine typische ökonomische Kategorie und steht durchaus nicht in dieser Hinsicht im Gegensatz zum Tauschwert, einer anderen ökonomischen Kategorie. Der Begriff Gebrauchswert läßt sich also nur auf eine wirtschaftliche Betrachtungsweise anwenden: der Hinweis auf alle vom Gebrauchswert herkommenden Wirtschaftstheorien, auf die Grenznutzenlehre, auf die Charakteristik solcher Lehren als »politischer Ökonomie des Rentners« kann hier genügen. Außerhalb der ökonomischen Sphäre verliert er allen Sinn; insbesondere im vorliegenden Fall, wo der echte musikalisch-künstlerische Gehalt von Schuberts h-Moll-Symphonie bezeichnet werden soll und wo man zeigen will, daß dieser genuine Wert immer mehr zurückgedrängt wird von einem Zahlenrummel, der die »Unfinished« umgibt. Das soziale Phänomen ist zutreffend bezeichnet, aber seine Deutung durch die Formel »Substituierung des Gebrauchswerts durch den Tauschwert« hinkt. Es gibt in dieser Sphäre keinen »Gebrauchswert«; was so aussehen könnte, nämlich die »Marktgängigkeit« jener Symphonie oder dieser Chopin-Etude, hat nichts mit dem musikalischen Wert zu tun, wird auch nicht vom »Tauschwert« verdrängt, sondern gehört bereits zu dessen Bereich, zur Sphäre des Quantitativen, des meßbaren Erfolgs.

Der zweite Einwand sieht in den von Adorno als Nachweis für den Fetischismus angeführten Argumenten eine Art von petitio principii. Oder besser: es wird nicht ganz klar, welcher von drei zu trennenden Prozessen hier als Verdinglichungsprozeß und Ausdruck des Fetischismus getroffen werden soll. Das erste Phänomen, sollte man meinen, das hier in Frage käme, wäre die Verwendung eines nicht ökonomisch »besetzten« Gutes, eines Tonwerks, in eine Ware. Der Verdinglichungsprozeß beginnt bereits hier; daß es bei den bereits als Ware zur Welt kommenden oder gezeugten »Schlagern« nicht einmal solcher Verwandlung bedarf, ist klar. Hier aber ist vor allem von der »klassischen« Musik die Rede. Da fängt es damit an, daß die Partitur einer Beethoven-Symphonie den Marktgesetzen unterworfen wird; sie wird mit der Marke »gängig« oder »lustlos« versehen. Und nun kann, im Falle der Gängigkeit, die Erfolgsakkumulierung beginnen. Dieser erste Prozeß erscheint also bei weitem als der bedeutsamste; ihn erklärt man aber weder mit der Kategorie des Gebrauchs-, noch mit jener des Tauschwerts. Die beiden anderen Prozesse (Ersetzen des musikalischen Genusses durch den Zifferngenuß und affektive Besetzung des letzteren) sind dann nur Folgeerscheinungen dieser ersten Erbsünde. Ist es aber nicht viel wesentlicher, diese Vorgänge darzustellen, ohne sie in das Prokrustesbett von Kategorien zu zwängen, die nicht für sie gemacht wurden? Hat dieser ganze erwähnte Prozeß des Warenschicksals einer Partitur nicht überhaupt (wenn schon ökonomische Ausdrücke herhalten müssen) mehr mit den Gesetzen der Zirkulation zu tun als mit jenen der Produktion?

Handelt es sich bei all seinen Beispielen um mehr als um Analogien? Wenn wirklich die Gesetze der Warenproduktion unmittelbar auch die Welt des heutigen Musiklebens mit allen

Erscheinungsformen erzeugen und gestalten, so sind die Vermittlungen aufzuzeigen, die solche Beziehung zwischen der ökonomischen und der musikalischen Sphäre herstellen. Die gewählten Kategorien nämlich erscheinen, wie zu zeigen versucht wurde, als unangemessen. Warum aber die Idolatrie, die einen Toscanini umgibt, oder der Welterfolg eines Schlagers, oder der Erfolg des anatomischen Phänomens der Sängerin Erna Sack nun in der Welt des Musikbetriebs das genaue Korrelativ zu den Vorgängen bilden soll, die im ersten Band des *Kapital* dargestellt sind – das hat Adorno nicht konkret nachgewiesen.

Es soll im folgenden nun, nach diesen methodischen Feststellungen, gezeigt werden, daß die Mehrzahl der von Adorno herangezogenen gesellschaftlichen Phänomene historisch auch ganz anders gedeutet werden kann, daß es sich um Prozesse handelt, deren Deutung weit komplizierter ist, als Adornos Analyse möchte glauben lassen, ja daß ihr wesentliches Merkmal oft gerade nicht in der unmittelbaren Beziehung zur kapitalistischen Produktion und ihren Gesetzen gefunden werden kann. Die erste These Adornos besteht eigentlich aus zwei Teilen: die eine Seite stellt fest, daß heute »jeder Genuß, der vom Tauschwert sich emanzipiert, subversive Züge annimmt« (S. 332), daß also alle wirklich heutige Musik nicht nur non-konformistisch bis zum Äußersten in ihrer musikalischen Struktur zu sein hat, sondern daß sie, darüber hinaus, gleichsam auch noch eine sozialrevolutionäre Funktion zu erfüllen habe. Der musikalische werde heute notwendig auch zum gesellschaftlichen Nonkonformismus. Auf die Berechtigung dieses Satzes wird noch einzugehen sein. Vorerst soll sein Gegenstück befragt werden, jene These nämlich, die behauptet, daß alle Musik, die nicht in solcher Weise revolutionär und »asketisch« (S. 325) sein wolle, damit notwendig fetischistisch und konformistisch sein müsse. Adorno betont dabei, daß die moderne Unterhaltungsmusik einen Zustand der beliebigen Austauschbarkeit enthalte, eine Gleichartigkeit aller »Schlager« nach Weise und Wort, eine musikalische Nacht, in der alle Katzen grau seien. Das sei auch nicht zu verwundern, denn ein Publikum, dem die Bekanntheit des Schlagers, ganz unabhängig von seinem musikalischen Wert, zum Selbstzweck geworden sei, dem man aus jedem Gericht durch nachhaltige Werbung ein Leibgericht machen könne, das jede Abweichung von der Schlagernorm übel vermerke, dessen eigentliche Haltung als »Genußfeindschaft im Genuß« definiert werden könne (S. 325) – ein solches Gremium könne nichts anderes als das Normale und Konformistische zulassen: also gerade nur die zum Fetisch gewordene Musik. – Stimmt die These? In dieser Allgemeinheit wird man das kaum behaupten können. Sicher soll die Kraft, die dem Trommelfeuer einer Reklame innewohnen kann, nicht unterschätzt werden – auch da nicht, wo es weniger darauf ankommt, rassistische Lehren marktgängig zu machen, als gewisse Zubereitungen im Dreivierteltakt oder im synkopierten Rhythmus. Daß es jedoch gelingen soll, jeden beliebigen musikalischen Fetzen, jede textliche Blödigkeit einfach durch Wiederholung und Unerbittlichkeit zur Adoptierung, ja zu einer Art von Lustsurrogat zu bringen, erscheint schon als fraglich. Es stimmt nämlich nicht, daß es sich bei allen Schlagern stets nur um die »ewige Wiederkehr des Gleichen« handelt, wie Adorno behauptet. Schaut man genau hin, so zeichnen sich die wirklichen Weltschlager vor den vielen gleichartigen Weisen stets durch irgendeine Besonderheit aus, wenn man will, durch eine Nuance in der allgemeinen Minderwertigkeit: es mag hier ein Trugschluß, da eine geschickte rhythmische Verrückung, dort eine innerhalb der allgemeinen harmonischen Öde erstaunlich wirkende Modulation sein: man könnte gewisse Riesenerfolge des von Adorno so verächtlich abgetanen Irving Berlin neben die zahllosen Produkte von Konkurrenzunternehmen stellen und im einzelnen eine größere »veine«, die Hand eines (relativ) einfallsreichen Musikers erkennen. Ähnlich steht es mit anderen Namen, die gerade nicht durch den äußersten Konformismus, sondern durch ein gewisses Emporragen dank technisch-musikalischer Schulung zum Erfolg gelangen. Man nehme ein typisches Beispiel für das Gegenteil: gewisse Filme, die nicht eigentlich »musikalische Filme« sein sollen, sondern »Handlungen«, untermalen manche Szenenfolge durch Musik.

Fast ohne Ausnahme aber wirkt diese Musik (die stets »eigens komponiert« wurde) nicht anders als eine ununterbrochen laufende Wasserleitung. Dieser musikalische Ausfluß rinnt ab und hinterläßt keinerlei Eindruck. Nichts haftet, und man hätte genau so gut einen Wasserfall als Synchronisierung wählen können. Adorno wird vielleicht einwenden, hier habe der Produzent eben für diese Musik nicht werben wollen. Die gleiche Musik, groß »aufgemacht«, habe alle Aussicht, zum Schlager zu werden – aber es ist nicht richtig. Wie oft versuchen »musikalische Filme« derartige Wasserleitungsmusik mit Gewalt durchzusetzen – ohne Erfolg. Im einzelnen würde diese Frage, die eines der Grundargumente Adornos angreift, durch eine konkrete musikalische und soziologische Analyse der erfolgreichen und der nicht erfolgreichen »Schlager« zu klären sein. Aber es würde sich, wie mir scheint, am Ende eben doch zeigen, daß der Erfolg eines Schlagers entweder einem Text zu danken ist, der sich bewußt auf die Umformung in eine Zote eingestellt hat (Muster: das Bananenlied und viele Schlager im Dritten Reich), oder seine Verwendbarkeit in allen Lebens- und Liebeslagen des Durchschnittshörers (deren es nicht viele gibt: es sind immer dieselben), oder eben doch spezifisch musikalischen Reizen und Einfällen. Es mag blasphemisch klingen, wenn man den Erfolg des *Jungfernkranz* aus dem *Freischütz* oder der Cancans Offenbachs mit der *Liebe der Matrosen* oder der *Liebesparade* vergleicht. Tatsächlich aber ist der Prozeß der Popularisierung hier durchaus der gleiche, und durch alle Grade des Talents und des Wertes hindurch ist es doch die Authentizität des Einfalls, die den Erfolg macht. Es ist also nicht die restlose Dagewesenheit, die wirkt und gewünscht wird, sondern ihre (vorsichtige) Durchbrechung. Natürlich ist es richtig, was Adorno über die Rolle der Dissonanz im modernen Jazzorchester sagt: daß man durch sie hindurch die Konsonanz hört und hören will – aber auch hier liegen die Dinge doch verwickelter.

Wie steht es, nach diesem Argument der »Gleichartigkeit« alles Gebotenen, mit Adornos anderen Beispielen? Das sei im einzelnen jetzt angedeutet. Zunächst der Fall jenes Koloratursoprans mit schwindelnder Höhe, an dem man nur noch das rein Quantitative wertete, – was typisch sei für den verdinglichten Betrieb. Darauf kann man sowohl historisch wie konkret soziologisch antworten. Historisch mit dem Hinweis auf den ewigen Virtuosentyp und die stets von neuem bestaunte technische Zirkusleistung auf musikalischem Gebiet, die viel älter ist als die heutige Epoche[1]. Schon das Prinzip des Kastratengesangs beruhte auf der Freude am technischen Phänomen, desgleichen der Ziergesang (man denke nur an die *Marternarie* aus der *Entführung*, die Mozart, nach eigenem Wort, »der geläufigen Gurgel der Cavalieri aufopfern mußte«). Die Erscheinungen Paganini oder Liszt verdankten ihre unglaublich magische Wirkung (man schaue sich die Witzblätter der Epoche daraufhin an) genau den gleichen Prinzipien, die heute den Erfolg jener Sängerin begründen, wobei der Abstieg von Liszt zu jener musikalisch so wenig bedeutsamen Sopranistin an sich soziologisch noch nichts besagt. Man müßte hier tiefer soziologisch und auch psychologisch vorgehen, überhaupt die Frage von Beifall und Beifallsursache erforschen, die Rolle der musikalischen Kadenz, der hohen Tenortöne, der vom Beifall umtobten Schmerztirade Racines untersuchen, um derartigen Phänomenen gerecht zu werden. Es heißt gewisse amerikanische Einzelfälle oder meinethalben Typen unzulässig verallgemeinern, wenn man ihnen alle die Gegentendenzen, die existieren, einfach der abstrakten These zuliebe aufopfert. Das Gleiche gilt vom »Fall Toscanini«. Daß Babbitt im Grunde nur den hohen Preis der Konzertkarte beklatscht, soll nicht geleugnet werden, aber der sogenannte »Kult der abstrakten Vollendung«, den Adorno daraus folgert, steht doch auf einem anderen Blatt. Daß hier alle »Widerstände« ein für allemal ausgeschaltet seien und dadurch der Kampfcharakter jeder künstlerischen Verwirklichung vernichtet werde, ist sehr fraglich. Jede, auch die noch so sehr studierte Aufführung ist ein stets neuer Kampf; auch sie erfordert ein »plébiscite de tous les jours« – und bei Tosca-

---

1 Dazu Eberhard Preussner: *Die bürgerliche Musikkultur.* Ein Beitrag zur deutschen Musikgeschichte.

nini ist das nicht anders. Die symptomatische Bedeutung der
»sachlichen« Werkdeutungen des Italieners liegt ganz wo-
anders, nämlich in der Abkehr von der falsch-poetischen,
falsch-romantischen Interpretierungsweise der Vorkriegszeit,
vom Jugendstil in der Musik, wo die Schmachtlocken des Pianisten und nicht die Zeichen der Partitur die Werkdeutung
bestimmten. Wenn heute eine ganze Musikergeneration, und
nicht zum wenigsten Arnold Schönberg etwa mit seinen
Choralbearbeitungen, nach einem unromantischen Bach- und
Mozartbild strebt, gleichsam Verlaine nacheifert in dem Bestre-
ben des »tordre le cou à la rhétorique«, so sollte man diesen
Gesundungsprozeß (und es ist einer) nicht mit dem Schlagwort
des Fetischismus, der abstrakten Vollendung, abtun, sondern
sich fragen, ob hier nicht vielleicht eher Gegentendenzen
gegenüber der »Substituierung des Gebrauchswerts durch den
Tauschwert« am Werke sind, die man bei der Beschreibung des
heutigen Musiklebens nicht vergessen darf.

Immer wieder zeigt sich, daß die gewählten ökonomischen
Kategorien die Analysen Adornos eher hemmen als fördern.
Der Kult der Wunderkinder deutet sicher auf ganz andere Phänomene, als Adorno glauben macht. Unter dem Gedanken, daß
das Wunderkind »den Erfolgsfetisch kompromittiere« (S. 322),
läßt sich schwer etwas Greifbares denken. Es scheint eher, daß
der Haß-, Bewunderungs- oder Rührungserfolg, den die Wunderkinder ernten, und dem Thomas Manns Novelle so eindringlich nachgegangen ist, ganz anderen Quellen entspringt:
allgemeiner Kult der Jugend, der sich in der heutigen Gesellschaft mit der Verachtung und Ausschaltung der »Alten« paart;
Haßliebe zu dem Künstler, der in einer normierten Welt scheinbar die Ausnahme bildet und hier nun in der doppelten Ausnahme des künstlerischen Kindes erscheint; dazu sicher wieder
die allgemeine Ergötzung durch das ungewöhnliche technische
Phänomen – Flüsse von vielerlei Beschaffenheit kommen da
zusammen. Das Problem sprengt auch hier den Rahmen der
nichts als ökonomischen Kategorien.

Überhaupt rächt sich bei Adorno die Vernachlässigung der
historischen Betrachtungsweise. Das wird sich am besten an

Hand von zwei Beispielen zeigen lassen, die Adorno selbst anführt, die sich aber, bei genauer Überprüfung, durchaus auch in einem entgegengesetzten Sinne auslegen lassen. Es handelt sich einmal um den Einbruch des Quantitativen in die Welt des Musiklebens und zum anderen um den sogenannten »Kult des Einfalls«. Im ersteren Falle geht es offenbar um die zentrale Frage in Adornos ganzer Analyse: Das quantitative Element, der akkumulierte Erfolg, in Adornos Sprache der Tauschwert, substituiert sich dem eigentlich künstlerischen Wert. »Die Reaktionen der Hörer scheinen sich aus der Beziehung zum Vollzug der Musik zu lösen und unmittelbar dem akkumulierten Erfolg zu gelten.« (S. 327) Hier zeigt sich das Fetischismusproblem offenbar in Reinkultur: qualitative werden durch quantitative Gesichtspunkte ersetzt. Mehr noch: Quantität (des Erfolgs) in bestimmter Höhe wird selbst zur – einzig noch anerkannten – Qualität. In der Tat hat man hier das Musterbeispiel einer »quantitativen Kultur« vor sich[1]. Fragt sich nur, wie lange solcher Zustand bereits besteht und welches seine Ursachen sind. Gerade auf diese, letztlich entscheidende Frage gibt Adorno aber keinerlei Antwort – anders etwa als Lukács, der seine Verdinglichungsstudien durchaus zeitlich und kausal verankert hatte. Nun kann man gewiß den Einbruch des Quantitativen in die Welt der Wertvorstellungen bereits bis zu den Anfängen der bürgerlichen Produktions- und Gesellschaftsweise zurückverfolgen. Die Studien Max Webers über das Problem der »Berechenbarkeit«, das ja auch ein Verdinglichungsproblem ist, mögen für viele andere hier als Hinweis dienen. Am besten aber (immer vom Bereich der eigentlichen politischen Ökonomie abgesehen) läßt sich die konkrete historische Entwicklung dieser Richtung wohl am Beispiel der Rechtsbegriffe studieren, am Beispiel der Verwandlung tatsächlich geübter Praxis in Gesetzesrecht, überhaupt am Beispiel des »Gesetzes«, einer abstrakten, verdinglichten Norm, die sich an Stelle konkreter

1 Wir verwenden das Wort in dem Sinne, den ihm Guglielmo Ferrero in *Entre les deux mondes*, Paris 1913, S. 363 ff., verliehen hat, wo »civilisations quantitatives et qualitatives« unterschieden werden und auch sonst viel Bedeutsames zum vorliegenden soziologischen Problem ausgesagt ist.

Praxis setzt und ebenfalls fetischistisch auf diese Praxis zurückwirkt. Die Beispiele analoger Art für die von Adorno angeführten Tatbestände fehlen also mitnichten. Überall aber sind sie eng mit der Struktur der bürgerlichen Gesellschaft verknüpft, gehen also auch historisch auf deren Entstehung zurück. Nur solches Nachverfolgen der Entwicklung in Gedanken könnte diese Vorgänge wirklich zu Phänomenen »für uns« machen. Gerade das aber vermißt man. Überläßt man sich einfach dem Eindruck der auftretenden Beispiele, so könnte es scheinen, als handle es sich bei dem ganzen Problemkomplex um Entartungserscheinungen des heutigen amerikanischen Musiklebens und um nichts weiter – eine gefährliche Auffassung, denn sie erlaubte gewissen »europäischen«, von der Bedeutung ihrer Kulturmission erfüllten Geistern, solche Phänomene als »Amerikanismen« abzutun, sich pharisäisch in die Brust zu werfen und zu übersehen, daß alle diese geschilderten Prozesse der heutigen Gesellschaftsordnung an sich typisch sind. Gerade diese letztere Feststellung also, auf die es Adorno doch wohl vor allem ankommt und mit Recht, wird eher erschwert als gefördert. Ein Beispiel mag das zeigen. Es handelt sich um das Problem der Oper. Adorno widmet ihm nur den gelegentlichen Hinweis auf die *Zauberflöte,* die ihm das letzte und vollkommene Beispiel der Synthese von »ernster« und »leichter« Musik bedeutet; er geht der Frage historisch aber weiter nicht nach. Das ist schade. Denn ein sehr interessanter Fall, jener der »Großen Oper« des 19. Jahrhunderts, könnte überaus bedeutsame Aufschlüsse über Entstehung und Ablauf des Verdinglichungsprozesses auf dem Gebiete der Opernkunst geben. Andeutungen in dieser Richtung hat bereits ein auch von Adorno zitierter Musikkritiker, Paul Bekker, gegeben[1]. Bekker sieht mit Recht in der Großen Oper Spontinis, vor allem aber Meyerbeers und Halévys, den Einbruch reiner Quantitätsvorstellungen in die Sphäre des Opernkunstwerks. Allenthalben werden Rekordleistungen geboten und gefordert: ganz tiefe Bässe, ganz hohe Tenorlagen, ganz glitzernde Koloraturen. Man kann die-

1 Vergl. zum folgenden P. Bekker, *Wandlungen der Oper,* 1934, S. 69 ff, 83.

ses Phänomen überall im einzelnen verfolgen: das Orchester-ensemble löst sich in einzelne solistische Episoden (der Harfe, der Solovioline, des Cellos) auf; die Partitur zerfällt in anein-andergereihte Bravournummern, die ihrerseits nur noch anein-andergereihte Bravouraugenblicke sind. Auch die vorgeschrie-bene übermäßige Länge ist ein quantitatives Element – und man glaube nun ja nicht, daß das Musikdrama Wagners, so wie er selbst das behauptete, eine völlige Abkehr von solchen Ge-sichtspunkten bedeutete. Dazu dann die Verpflanzung »ernster Probleme« des bürgerlichen Zeitalters auf die Opernbühne: Judenvertreibung und Konfessionsstreitigkeiten, Fraueneman-zipation und der bürgerliche Exotismus der Kolonialprobleme, alles ist da und musikalisch zubereitet. In Wagners *Rienzi*, der durchaus hierhin gehört, hat man sogar so etwas wie soziale Problematik – und das ganz bewußt. Die Parallele zu den Fra-gestellungen und Darbietungen des modernen Filmbetriebs wäre an mehr als einer Stelle zu finden. Und nun setze man den analysierten Operntyp in Beziehung zu jener Gesellschaft, die ihn entstehen sah, trug und die sich in ihm wiedererkannte: der Welt des französischen Bürgerkönigtums. Der Hinweis auf Heines oder Börnes Pariser Berichte, auf Balzacs Darstellungen der Welt eines Opernballes zu Beginn der *splendeurs et misères des courtisanes,* auf das Thema des Kulissenzaubers und jenes der »Geheimnisse« der Opernwelt mag hier genügen. Die gesellschaftliche Beziehung, die echt bürgerliche Mischung von Rausch, Flitter, Flucht aus dem Geschäftsbetrieb, nützli-cher Zeitverwendung zu »ernsten Problemen«, von Quantitäts-hascherei und Rekordsucht sollte nicht zu übersehen sein.[1] Von dort führt eine gerade Linie nicht nur zum modernen Tonfilm, sondern auch zu *Lohengrin* und *Parsifal,* zu *Salome* und zum *Rosenkavalier.* Die Frage des künstlerischen Werts dieser Werke steht hier natürlich gar nicht zur Erörterung, wohl aber ihr gesellschaftlicher Standort und die Art ihrer Wirkung. Diese

---

1 Die Beziehung des Zweiten Kaiserreichs zur Operette Offenbachs hat S. Kracauer in *Jacques Offenbach und das Paris seiner Zeit,* 1937, in der Fragestellung recht klar herausgearbeitet. Die Analyse selbst ist jedoch oft zu sehr vereinfacht.

Wirkung aber stimmte schon in der Bürgerwelt des Juste Milieu haargenau zu den Beispielen der Loslösung der Hörerreaktion vom Werke selbst und ihrer Hinwendung zum Quantitativen, zum Kehlrekord, zur Kostspieligkeit der Ausstattung, kurz zum »akkumulierten Erfolg«. Woraus die Notwendigkeit einer historisch-soziologischen Detailstudie dieser Entwicklung und die Abkehr von allzu abstrakten und unzureichenden Kategorien zu deduzieren wäre.

Übrigens wurde die Oper nur als ein Beispiel unter vielen gewählt. Die konkrete Analyse etwa der Geschichte des Virtuosenkonzerts, seines Aufbaus, seiner typischen Erfolgselemente, seiner Wirkung könnte genau die gleiche Linie nachziehen. Man nehme nur etwa ein Mozartkonzert, das Violinkonzert oder die beiden letzten Klavierkonzerte Beethovens und folge der Linie Mendelssohn, Weber, Grieg, Liszt, Tschaikowski, Saint-Saëns mit etwa dem b-Moll-Konzert Tschaikowskis als Gipfel. Hier aber öffnet sich der Blick außerdem noch auf zwei weitere Beispiele der »Depravierung« in Adornos Sinne, die beide ebenfalls eine genaue historische Durchleuchtung erleiden müssen, ehe das Entscheidende wirklich gegenüber dem bloß Ephemeren als abgesetzt gelten kann. Im Sonderfall des Virtuosenkonzerts gibt es nämlich einmal das Problem des Virtuosen und der Elemente seines Erfolgs, zum anderen aber auch die typische koloristische, melodische und harmonische Struktur der Musik, die er braucht und die ihn braucht. Nimmt man die Beispiele Adornos in isolierter Gestalt, so könnte man glauben, der soziale Typus des Virtuosen sei allerneuesten Datums, geradewegs ein Erzeugnis des Geistes der »Main street«. Zunächst einmal gibt es den Virtuosen nicht nur auf musikalischem Gebiete, und Gestalten wie Mesmer oder Cagliostro sind im Wesen nicht so grundverschieden von einem Paganini oder – so sonderbar das klingen mag – einer Jenny Lind, wie man denken möchte. Es ist »das Wunderbare«, das hier einbricht in die allzu berechenbar gewordene bürgerliche Welt. Jede dieser Ausnahmeerscheinungen hat eine Legende, die sie mit Goldglanz umgibt: dieser die Zauber- und jener die Verführungskraft, Paganini das Teuflische und Jenni Lind das Jungfräulich-

Engelhafte. Man will den Virtuosen jenseits gewöhnlichen Maßes – und stellt ihn durch solches Begehren, das dem Überdruß und der Kälte in der allzu gleichförmig gewordenen Welt entspringt, nur um so deutlicher hinein in solche entgötterte Welt. Auch da, wo man Paganini »die Pferde ausspannt«, betet man den Erfolg an, den man selber machte; aber außerdem auch noch das Unerreichbare: den Sonderfall in einer Welt, die immer mehr von Typen bevölkert wird. Adolf Weissmann[1] wollte den Virtuosen nur als unbürgerlichen Fall sehen und sprach erst angesichts der »sachlichen« modernen Interpreten vom Schlage Busonis oder Adolf Buschs von der »Verbürgerlichung«. In Wirklichkeit aber ist der Virtuose gerade in seiner scheinbaren Einmaligkeit ein typisches Erzeugnis der bürgerlichen Welt, so wie ja auch der Anarchist, der eine rote Weste trägt und alle Autorität verhöhnt, sich gerade dadurch nur um so enger in den Rahmen der scheinbar so desavouierten Welt hineinzwängt. Man nehme nur all jene für die moderne Literatur so kennzeichnenden Künstlerromane (warum nicht geradezu gewisse Künstlerschicksale: das Oscar Wildes, D. H. Lawrences, Whitmans, Gauguins?), am besten jenem Roman Herman Bangs *Die Vaterlandslosen*, der gerade von der Einsamkeit des großen Geigers handelt und von der scheinbaren Hintergründigkeit des *e-Moll-Konzerts* von Mendelssohn, und verstehe hier den sozialen Mechanismus des modernen (und nicht nur des ganz modernen) Virtuosentums in seiner ganzen Vielgestaltigkeit. Die Formel der Verdinglichung genügt da jedenfalls nicht.

Auch nicht im rein musikalischen Bereich der Virtuosenmusik. Zunächst könnte man überhaupt bereits den Fall des Virtuosen heranziehen, der mit einem echten Musikschöpfer gedoppelt ist, wie das noch zu Beginn des 19. Jahrhunderts die Regel war. Es wäre an die Linie zu erinnern, die von Mozart zu Chopin führt – Liszt, auch noch Paganini, wären die Grenzfälle. Bei all diesen Gestalten läßt sich das rein virtuose Element keinesfalls übersehen: der ganze Aufbau des klassischen Instrumental-

---

1 A. Weissmann, *Der Virtuose*, 1925.

konzerts (mit den traditionellen »Passagengruppen«) ist darauf eingestellt. Ein absoluter, unerbittlicher Gegensatz zwischen gewissen klassischen Musikformen und der letzten Erbärmlichkeit der »Salonmusik« läßt sich also rein soziologisch (es ist natürlich nur von der soziologischen Seite hier die Rede!) gar nicht aufrichten. Schon bei Wieniawski nämlich und Vieuxtemps, bei Saint-Saëns und Tschaikowski vollzieht sich, was Adorno die musikalische »Depravierung« genannt hat. Man kann Adorno wörtlich zitieren. Die musikalischen Werke »... werden depraviert. Der beziehungslose Konsum läßt sie zerfallen ... Die Verdinglichung ergreift ihre inwendige Struktur. Sie verwandeln sich in ein Konglomerat von Einfällen, die durch die Mittel von Steigerung und Wiederholung den Hörern eingeprägt werden, ohne daß die Organisation des Ganzen über diese das mindeste vermöchte.« (S. 333) Besser kann man Werke (um nicht einmal die Allerletzten zu nehmen) wie Liszts Klavierkonzerte oder *Les Préludes*, wie Tschaikowskis *Capriccio italien* gar nicht charakterisieren. Zweierlei erkennt man aber dabei: daß solcher Verdinglichungs- und Depravierungsprozeß nicht nur auf den Konsum sich beschränkt, sondern daß er bereits seit geraumer Zeit auch die Produktion ergriffen hat; und daß es sich hier um einen langwierigen geschichtlichen Prozeß handelt, der sich kaum in die ökonomische Kategorienwelt einspannen läßt.

Adorno scheint das selbst zu spüren. Er zeigt selber, wie dieser Depravationsprozeß, der Zerfall des Kunstwerks in isolierte »Einfälle«, bereits »seine Vorform in spätromantischen Kompositionstechniken, zumal der Wagnerschen« gehabt hat. (S. 333) Völlig richtig: allerdings ist damit das Kategorienkorsett der ursprünglichen Analyse zugunsten der Fruchtbarkeit der Untersuchung gesprengt. Im übrigen muß man noch viel weiter gehen. Der Gegensatz zwischen Wagners Leitmotivik und einer Beethoven- oder Brahms-Symphonie, den Adorno anführt, ist nicht durchaus schlüssig. Man braucht die ungeheuren strukturellen Unterschiede im einzelnen gar nicht zu verwischen und kann doch feststellen, daß die Mehrzahl der klassischen Kompositionsformen: die Sonate, das Rondo, die Fuge gerade auf der unbedingten Hegemonie des Einfalls, des Themas, des Motivs aufgebaut ist. Alle diese Durchführungen, Abwandlungen und Reprisen, die Antagonismen verschiedenartiger Themen sind von dem Grundprinzip der »Heraushebung« abhängig: insofern bietet die große klassische Musik selbst objektive Anhaltspunkte für einen etwaigen Depravierungsprozeß, und Mozart war, wie seine Briefe zeigen, nicht immer betrübt darüber, wenn solcher »Zerfall« dann eintrat. Nun ist es natürlich richtig, daß sich kein einziges wirkliches Stück Musik, die *A-Dur-Symphonie* Beethovens nicht und auch sonst kein Werk, in solchen Einfällen erschöpft, seien die auch noch so vielfältig. Aber man verfalle doch nicht in den Irrtum, ein klassisches Musikwerk jenseits aller rein musikalischen Werte, Einfälle, sagen wir ruhig: Beglückungen in ein Stück »tönend bewegter Form« (Hanslick) ganz und gar aufzulösen. Zumal man in solchem Falle wirklich die Linie übersähe, die von den Einfällen der klassischen zu jenen der romantischen Musik und schließlich zu den von Adorno behandelten »Arrangements« hinüberleitet.

Diese Linie aber existiert und ihre Sichtbarmachung ist von der größten Bedeutung. Der Zerfall in diffuse Einfallsfetzen beginnt nämlich nicht nur, wie Adorno meint, in der »spätromantischen« Musik. Wagner bedeutet hier schon ein spätes Stadium. Man mache eine merkwürdige und eindrucksvolle Probe, die gestattet, ein Werk der großen Musikepochen ganz wie eine Uraufführung zu hören und damit allen Suggestionen und Assoziationen des üblichen Hörens zu entgehen. Man höre und überprüfe jenes nachgelassene Violinkonzert Schumanns, das vor kurzem wie eine Propagandaaktion gestartet wurde und das nun vervielfältigt vorliegt. Die Frage der Inspiration oder Sterilität Schumanns bleibt dabei ganz beiseite, denn es soll nur das Konstruktionsprinzip überprüft werden, das nun allerdings ein typisches Zerfallswerk enthüllt. Da gibt es nur noch ein paar Einfälle, gut oder schlecht, ganz gleich – und zwischen ihnen einen leeren Sequenzenbetrieb und nur allzuviel von Schumanns »Intervallenheulerei« (Hans von Bülow). Der romantische Einfallskult hat alle anderen Strukturelemente völlig aufgelöst. Der Motivfetzen herrscht allein – und von seiner Qualität hängt nunmehr alles ab. Ein anderes Beispiel: der *Rosenkavalier*. Man stelle ihn neben eben jenes Werk, das hier insgeheim kopiert werden soll, neben den *Figaro*. Sofort zeigt sich der Abstand, der weniger ein solcher der musikalischen Qualität als der geistigen Haltung ist. Auf der einen Seite ein Schaffen aus der Einheit einer großen konstruktiv-musikalischen Konzeption, absolute Unterordnung auch noch des großartigsten Einfalls unter die Konstruktionsprinzipien des Ganzen. Im *Rosenkavalier* dagegen die Flucht von Einfall zu Einfall, ein wahrer horror vacui, der den Tonsetzer veranlaßt, den Ossa auf den Pelion zu türmen, stets neue Reize (Stilkopien wie die Sängerarie, Instrumentaleffekte wie die Klänge der Celesta, berauschende Vokalkontrapunkte etc.) zu ersinnen, kurz, den Hörer nicht zur Ruhe kommen zu lassen. Mit alledem, mit viel höheren Unkosten als früher, sucht man die Tatsache zu verwischen, daß eine wirkliche Themenverarbeitung, eine sinnvolle Anwendung der Motivtechnik, eine geistige Durchdringung des Stoffes bereits nicht mehr stattfindet. Das Werk zerfällt in Einfälle – und wo einmal die Erfindung nicht rasch wieder Rat weiß, gähnt die Leere haltloser Moduliererei. Ernst Bloch hat mit Recht auf »die Beliebigkeit von Haltung und Thema« hingewiesen, die »einen Richard Strauss schon in seiner Blütezeit gekennzeichnet hatte«[1]. Hier wurde auch noch das tiefste und metaphysische oder moralische Problem durch Klangreiz und Instrumentalzauber und »weite Gesangslinie« in den Bereichen des Amüsierbetriebs hineingezogen; und eine im Grunde stets gleiche Tonsprache diente dort dazu, Ariadne, die »menschliche Seele«, hier Zerbinetta, dort die moralischen Konflikte der Färberfrau und der Frau ohne Schatten und hier die Geschichte der Arabella und des Mandryka zu illustrieren. Ob diese Musik dabei im einzelnen schön, inspiriert ist, steht gar nicht in Frage. Als »absolute« Musik genommen aber wirkt sie unzureichend: sie zerfällt in Einfälle und Reize, bedarf außermusikalischer Krücken, des Worts, des Programms, der

---

1 E. Bloch, *Erbschaft dieser Zeit*, 1934, S. 178.

Szene – und wird in ihrer höheren Unverbindlichkeit doch auch denen nicht gerecht! Hier drückt sich eine wirkliche gesellschaftliche Antinomie aus. Kierkegaard, um einen Fall zu nennen, der Adorno stets besonders gereizt hat, Kierkegaard also, dieser unmusikalische Enthusiast, drückt durchaus die spätbürgerliche Haltung zur »absoluten« Musik aus, wenn er bekennt, er habe, »worin mir vielleicht die Musikverständigen Recht geben, nie viel für die sublimere Musik übrig gehabt, die das Wort entbehren zu können glaubt. Sie meint nämlich gewöhnlich, sie stehe höher als das Wort, während sie doch niedriger steht.«[1] Hier ruft man nach einer Musik, die nicht »ist« und für sich selber dasteht, sondern »ausdrückt« und untermalt. Die ganze romantische Haltung (und Vergewaltigung) der Musik ist angetönt: von hier aus versteht man die Entwicklung zur Programmatik, die Stoffwahl Schumanns mit Faust und Manfred (erst der große Stoff soll der Musik zur Größe verhelfen), man versteht die kindliche Darstellung dämonischer Unruhe durch verminderte Septimen, kurz den ganzen Weg zum »Gesamtkunstwerk« Wagners, das eine Kapitulation der Musik bedeutet. Hier steht man mitten in der ganzen Problematik der spätbürgerlichen Kultur: inmitten des Zerfalls und vor der Suche nach neuer Einheit und Reinheit. Mag Pfitzner dann aus der Not eine Theorie machen, die musikalische Romantik absolut setzen und den Primat des »Einfalls« verkünden, mag César Franck in scheinbarer Umkehrung dieses Zustandes mit wenigen (aber doch symbolisch »besetzten« und eben dadurch wieder romantischen) Motiven ein ganzes Lebenswerk aufbauen – stets kündet sich der gleiche Prozeß des Zerfalls und der Auflösung, und er ist historisch viel zu komplex, als daß er sich in die Warenkategorien einordnen ließe. Wohin aber wird dies alles nun führen? Für Adorno ist die Prognose klar und sie ist in die Form einer Forderung gekleidet. »Die antagonistische Gesellschaft, die verneint und bis in die innersten Zellen ihrer Glücksfeindschaft freigelegt werden

---

1 *Die Stadien des Unmittelbar-Erotischen.* Das Musikalisch-Erotische. Einleitung.

muß, ist darstellbar allein in kompositorischer Askese ... Schlug ehedem Askese den ästhetischen Anspruch auf Lust reaktionär nieder, so ist sie heute zum Siegel der progressiven Kunst geworden.« (S. 325) Und: »Zwischen Unverständlichkeit und Unentrinnbarkeit ist kein Drittes: der Zustand hat sich nach Extremen polarisiert, die tatsächlich sich berühren.« (S. 327) Damit ist so etwas wie ein endgültiges Todesurteil ausgesprochen. Die Gesetze des musikalischen Fetischismus haben offenbar absolute Geltung, ihnen ist im Rahmen des Bestehenden offenbar nichts entgegenzusetzen, wodurch man der »Unentrinnbarkeit« der musikalisch-kommerziellen »Slogans« entrinnen könnte. Aber vereinfacht Adorno nicht auch hier? Die Kulissen des amerikanischen Rundfunks sind immer noch nicht die Welt, und die als Schlager gemanagten »Dorfschwalben aus Österreich« machen immer noch keinen Sommer. Man verkenne doch nicht die Gegentendenzen gerade im Rahmen des bestehenden Musikbetriebs, die sich wider den Zustand der Unentrinnbarkeit zur Wehr zu setzen suchen: Abkehr von der musikalischen Romantik und Rückkehr zu Bach, Mozart und den Komponisten des 16. und 17. Jahrhunderts, Abkehr von der romantischen Interpretierungsweise und Rückkehr zur echten musikalischen Kargheit (noch hat Stokowski nicht gesiegt). Dazu Symptome wie die vielen amerikanischen Bach-Vereine, wie das »Mozart-Bayreuth« von Glyndebourne, wie der Ruhm Faurés in Frankreich, wie die Hinwendung zur Kammermusik. Es soll all dies gar nicht unterschiedslos mit positiven Wertakzenten bedacht, es soll gar nicht der Betriebscharakter auch solcher Strömungen geleugnet werden. Aber sie zeigen doch, daß die Diagnose höchst komplex ist, daß man im Bilde des heutigen Zustandes nicht nur Adornos Farbtönungen, sondern auch solche ganz anderer Art zu bemerken haben wird. Vielleicht ergibt sich gerade aus dem Kontrast (und dem Zusammenwirken) von Amüsierbetrieb mit dem, was man »neue Innerlichkeit« nennen könnte, die wirkliche Deutung. Dadurch, daß man den regressiven Hörer »dialektisch« noch über dem »individualistischen« einordnet, da jener den Zeichen der Zeit besser entspreche als dieser (S. 350), oder daß man den

Jazzexperten als technisch »weit überlegen« über dem Toscanini-Verehrer rangieren läßt (S. 353), erklärt man gar nichts, stellt man apodiktische Behauptungen auf und bedient man sich vor allem einer vereinfachenden Gesellschaftstheorie, die um jeden Preis ökonomische Probleme genau so in anderer Sphäre wiederfinden möchte. Nachdem es für Adorno ausgemachte Sache ist, daß die Vollendung einer Musikaufführung reaktionäre Züge besitzt, da sie »durch ihre Perfektion die versäumte gesellschaftliche als« schon geleistet hinstellt« (S. 352), kann es nur konsequent sein, wenn er den Kult der Dissonanz um ihrer selbst willen predigt, beileibe nicht aus musikalischen, sondern aus soziologisch-revolutionären Gründen: der Mißklang soll »Angst und Entsetzen« und damit »die Einsicht in den katastrophischen Zustand der Gesellschaft« (S. 355) ausdrücken. Nicht leicht kann man sowohl das Wesen und die Kategorien der Gesellschaftslehre wie jene der Musik nachhaltiger verkennen, als das hier geschieht. Man steht vor einem klassischen Fall des Soziologismus. Die vollendete Aufführung der *Haffner*-Symphonie durch Toscanini ist sozial schädlich, denn sie hindert den Hörer bei seiner Arbeit am »Verändern« der Welt! (Das gemahnt, auch wenn die Programme im einzelnen noch so verschieden sein mögen, an den Don Quijote Ernest Seillière, der mit einem Schmetterlingsnetz, gewoben aus den brüchigsten Moralismen, hinter aller lebendigen Kunst herjagt.) Und nun gar jener sonderbare Methodensynkretismus, der Dissonanzen für soziologische Taten hält. Ist das nicht ein völliger Rückfall in die Irrgärten der Programmusik? Verkennt das nicht durchaus die Prinzipien von Schönbergs Harmonielehre, die durchaus nicht aus der Dissonanz ein L'art-pour-l'art-Prinzip macht, ja, der diese ganze Scheidung von »Dissonanz« und »Konsonanz« unwirklich erscheinen muß? Ginge es hier nicht um Grundfragen der Musiksoziologie und der Gesellschaftsdeutung, man fühlte sich an die seltsamsten Mißverständnisse des Nachkriegs erinnert: an jene Theorien, die unmittelbar von der Bühne her (wie hier im Konzertsaal) die Idee zur »materiellen Gewalt« werden lassen, die »Massen ergreifen« wollten. Wieder einmal fehlt dieser Soziologie die ruhige und präzise

Aufzeigung der konkreten »Vermittlungen« zwischen den verschiedenen Ebenen.

Daher kommt es auch (das wurde schon angedeutet), daß Adorno, dem Lassalle vergleichbar, in aller heutigen Musik (mit Ausnahme des Schönberg-Kreises) nur eine »einzige reaktionäre Masse« erblickt, daß er alles nur grau und grau malt, ohne zu differenzieren, ohne mögliche Keime des Neuen einer Kunst zu entdecken und zu deuten, die geistig und strukturell vielleicht bereits über die heutige chaotische Ordnung hinausführte. So muten dann die konkreten Urteile über heutiges Kunstschaffen höchst willkürlich an: Hindemith wird mit einem (obendrein nichtssagenden) Kalauer als »patenter Kerl« abgetan (S. 348): Mahler dagegen, der mit Haut und Haaren gerade in seinen schneidendsten Akzenten der musikalischen Romantik verhaftet ist, der die philosophisch hoffnungsloseste Musik geschrieben hat, wird, man weiß nicht recht warum, zum Musiker »der spontanen Aktion« (S. 354). Äußerst komplexe Fälle wie die von Berg und Strawinski, von Milhaud und Bartók vereinfachen sich in fast simplizistischer Weise – dank Adornos Besessenheit von seinen Kategorien. (Es sei zum Vergleich nur an die parallelen Studien Ernst Blochs erinnert, um den Unterschied der Methoden und der Ergebnisse zu betonen.) Kaum eine Versicherung, die hier nicht bestreitbar wäre, die nicht mindestens zu stark verallgemeinerte. Alles was Adorno über die Regression des Hörens sagt, sei zugegeben, aber man könnte den Gegenprozeß beginnen und zeigen, wie sich andererseits auch ein deutlich sichtbarer Progressionsprozeß nachweisen läßt. Die Quarten- und Sekundenfolgen Debussys haben alle Schärfe und Neuartigkeit verloren, ehemalige Kühnheiten wie der Schluß von Straussens *Zarathustra*-Symphonie wirken fade, wenn nicht kindlich. Das mag nur für kleine Schichten gelten, wird Adorno einwenden, und gewiß hat er Recht, wenn er sich gegen den Vergleich des heutigen Publikums mit jenem der Mozart-Epoche wehrt (S. 340), aber es soll ja auch nur gezeigt werden, daß Adornos uniforme Analyse im Letzten nicht ausreicht und daß sich die Formen des musikalischen Bewußtseins unserer Zeit nicht im Bastler, im Enthusia-

sten und im patenten Kerl erschöpfen. Schon manchem Soziologen seit Max Weber ist der fetischistische Gedanke, gerade
drei und eben nur drei Typen entdecken zu wollen, zum Ver-
hängnis geworden. Adorno ist reich genug, die konkrete Vielfalt der Erscheinungen zu sehen und, wenn er unzureichende
Kategorien preisgibt, in aller Schärfe zu deuten.

Es geht im Grunde hier um Gegenwart und Zukunft. Kein
größerer Gegensatz ist denkbar als der zwischen Adornos Blick
auf die heutige Musik und etwa dem eines Alfred Einstein. Für
Adorno kann die neue Musik nur das Seiende ausdrücken, seine
Qual, Not und Unzulänglichkeit. Schmach ihr, wagt sie das
nicht. Wehe ihr, der »subversiven« Kunst (S. 332), wenn sie
es unternimmt. Einstein dagegen erblickt in den antiroman-
tischen, zur Sachlichkeit und Echtheit strebenden Tendenzen
der neuen Musik so etwas wie eine Vorwegnahme einer neuen
Sozialordnung. »Auch unsere Musik ist durchaus nicht völlig, hundertprozentig Spiegelbild, Ausdruck, Symbol des Zeit-
gefühls, sondern dessen Wunschbild.«[1] Und er fügt hinzu:
»Aber vielleicht hat einmal auch dies Wunschbild, wie in so
viel Vergangenheiten, zeugende Kraft.« – Die gesamten Fragen
einer kritischen Musiktheorie resümieren sich in der (mo-
tivierten) Wahl, die man zwischen diesen beiden Haltungen
trifft.

II.

Wir sind uns wohl alle darüber im Klaren, daß es bei unserer
Auseinandersetzung nicht, wie ein paar Ahnungslose hier in
Paris zu glauben scheinen, um Leerlauf, bestenfalls um »Kunst-
philosophie« geht, sondern um die Durcharbeitung zentraler
Probleme der heutigen und (nicht zuletzt) einer künftigen
Gesellschaft. Ich selbst habe nicht einen Augenblick die
Bedeutsamkeit von Adornos Arbeit unter diesem Gesichtswin-

---

1 A. Einstein, *Musikgeschichte als Geschichte von Fiktionen, Nationalzei-
tung Basel,* 13. Oktober 1935.

kel verkannt. Natürlich ist es gerade sehr gut, die Meinungen des, nach Marx, »bornierten gesunden Menschenverstandes« gerade einmal auch dort zu überprüfen, wo sie bisher fast unbestritten ihr Wesen treiben konnten: nämlich in der Kunsttheorie, zumal der Theorie einer Kunst, »von der man etwas verstehen muß«, – woraus die Fachbanausen die Lehre zogen, alle Betrachtung der Tonwerke und des Musiklebens dürfe nur in öder Fachsimpelei bestehen. Unsere Diskussion räumt mit diesem gelehrten Gemeinplatz auf; sie beweist, daß man streng fachlich bleiben und dennoch überall auch noch auf etwas anderes als »Fachprobleme« stoßen kann, daß es wie allenthalben so auch hier um die Grundfragen einer ganzen Gesellschaftsordnung geht.

Daher ist es nur natürlich, wenn sich unsere Diskussion wie von selbst in einen prinzipiellen oder methodologischen und einen speziellen musiksoziologischen Teil gliedert. Darin liegt, hier sind wir uns wohl alle einig, durchaus kein »Methodensynkretismus«, sondern die einfache Tatsache des Zusammenwirkens von Allgemeinem und Besonderem verborgen. So nehme ich denn die Einwürfe, die mir gemacht wurden, der Reihe nach auf – das ist schon deshalb ratsam, als auch sie selber sich an die Reihenfolge meiner ersten kritischen Bemerkungen gehalten hatten.

Um eine allgemeine Bemerkung vorauszuschicken, so scheint mir eine Verständigung in den methodologischen Fragen ohne weiteres und rasch möglich: da handelt es sich eher um Mißverständnisse, die in erster Formulierung entscheidender Gedanken und Einwürfe aufgetaucht sind, als um Meinungsverschiedenheiten. Das Gleiche wird sich dagegen nicht von zwei sachlichen Differenzen sagen lassen. Da wird es für den Augenblick wohl vor allem darauf ankommen, die verschiedenen Haltungen und Argumente so scharf wie möglich herauszuarbeiten.

1. Zur Methodologie

a) »Soziologische Betrachtungsweise« und »Geistesgeschichte«.

Lese ich die Einwürfe, die man mir macht, im Zusammenhang, so sieht es beinahe so aus, als weise man mir einen Platz unter den (mit Verlaub zu sagen) Philosophen der absoluten Konzentration an. Keine Rolle wäre jedoch weniger verdient. Den »Soziologismus« habe ich bisher unablässig bekämpft; alle meine Arbeiten beweisen das ausdrücklich. Herr Mannheim ist mir stets als »feinsinniger« Hochstapler vorgekommen, und jene Art von Soziologie, die hier in Frage steht, als eine Gesellschaftslehre ohne Lehre und ohne Gesellschaft, nämlich als bares Hirngespinst. Mein Haupteinwand galt da stets dem Fehlen einer wirklichen Sozialtheorie, die die Phänomene erfasse, erkläre und die uns sage, was wir nun zu tun haben. Fraglos, daß einzig die kritische Theorie diese Aufgabe erfüllt. Wenn ich also auf ein paar rein historische Tatsachen hinwies und andeutungsweise die Entwicklung gewisser Phänomene des bürgerlichen Musikbetriebs skizzierte, so geschah das keineswegs in der blöden Erwartung, die Addition von Paprika und Schlagsahne werde etwas besonders Köstliches und Neues ergeben (reine Additionen ergeben – den Fall des Umschlagens von Quantität in Qualität einmal ausgenommen – noch nichts Neues oder Tieferes), sondern einfach in dem Bemühen, die systematische, d. h. auf eine strenge Theorie gegründete Analyse möglichst differenziert, möglichst »materialgesättigt« zu gestalten. Goethe bemerkt einmal gegen die abstrakten Spekulationen von Schellings Naturphilosophie, es widerstrebe ihm, sich »seinen Vorrat an Phänomenen verkümmern zu lassen«. Genau das wollte ich verhindern. Natürlich ergibt sich der Gehalt der *Eroica* nicht aus mehr oder weniger authentischen Anekdoten, sondern aus dem Partiturbild. Noch einmal also: mein Einwand richtet sich durchaus nicht gegen die Möglichkeit, sogar Notwendigkeit einer streng theoretischen Durchleuchtung der Phänomene, um die es uns hier geht, sondern gegen eine Mißachtung der realen Vorgänge durch eine allzu rücksichtslos, d. h. abstrakt konstruierende, unzulässig verallgemeinernde Konzeption.

Ähnlich steht es mit der »Geistesgeschichte«. Ich bin wohl der letzte, der in Friedrich Meineckes Fußstapfen wandern möchte. Gerade meine letzten Rezensionen in unserer Zeitschrift haben das wieder erneut unter Beweis gestellt. Nun kann man mir natürlich einwenden, ich predigte öffentlich Wasser, tränke aber heimlich Wein, bekämpfte theoretisch die »Geistesgeschichte«, um sie praktisch zu manipulieren. Aber auch das entspräche nicht den Tatsachen. Warum denn brachte ich eine Reihe historischer Exkurse in meiner ersten Kritik? (Es handelte sich übrigens nicht einmal um Geschichte der »Ideen«, sondern in allen Beispielen um reale Vorgänge des Musik- und Gesellschaftslebens vor allem des 19. Jahrhunderts?) Aus Liebe zum Historismus? Aber keineswegs, sondern in dem Bemühen, gewisse heutige Phänomene, die in Adornos Darstellung allzu schroff als scheinbar typisch aktuelle Erscheinungen vorgetragen wurden, in ihrem Gewordensein zu zeigen. Mir scheint doch immer noch, daß jedes Phänomen die Momente seines Gewordenseins in sich trägt, daß man die also bei der Analyse in Rechnung zu setzen hat. Es wird mir in der Antwort auf meine Kritik mit Recht zugegeben, daß die von uns behandelten Phänomene natürlich in nuce der ganzen bürgerlichen Epoche angehören. Genau das wollte ich herausstellen und zeigen, daß man also die von Adorno behandelten Fälle zunächst einmal daraufhin zu untersuchen habe, ob sie wirklich neu oder typisch seien. Zu diesem Zwecke die angeführten historischen Exkurse. Es wird mir zugegeben, im Keim sei der gegenwärtige Zustand schon als typisch bürgerlicher (S. 2) vorhanden, dennoch vollziehe sich heute ein Umschlag der Quantität in neue Qualität. Der Meinung bin ich im wesentlichen auch und glaube, daß wir im Endergebnis wahrscheinlich zu gleichen Ergebnissen kommen werden. Immerhin muß man dann die alte und die neue Qualität und den Vorgang des Umschlags real verfolgen und gegeneinander absetzen. Die letzte Kritik tut das in sehr vertiefter Weise, zum Unterschied von Adorno, der das gerade in zu abrupter Form behandelt hatte. Darauf eben aber kam es mir an. Mit »Geistesgeschichte« hat das nichts zu tun.

b) Zur Frage der »Verdinglichung«.

Ich habe nie daran gedacht, die zentrale Bedeutung des Verdinglichungsproblems für die Analyse der kapitalistischen Gesellschaft zu leugnen, aber ich protestierte gegen eine gewisse Tendenz, die ich bei Adorno wahrzunehmen glaubte, nämlich das Problem des Warenfetischismus aus dem Ensemble des *Kapital* herauszulösen, zu verabsolutieren und dadurch gleichsam im I. Band steckenzubleiben, statt zum »Gesamtprozeß« vorzudringen. Man hält mir entgegen, Adorno habe nicht zuviel, sondern eher zu wenig »ökonomisiert«. Nun, ich antworte, so paradox das auch zu klingen scheint, daß ich gerade eben dies gemeint habe. Der scheinbare Widerspruch steckt nur in der verschiedenen Verwendung des Wortes »ökonomisch«. Wenn meine Kritiker sich darüber einig sind (S. 3), daß Adornos Aufsatz gewisse ökonomische Kategorien zu abrupt neben die entsprechenden Phänomene des »Überbaus« stellt, ohne im einzelnen die ökonomischen Vermittlungen aufzuzeigen, so war gerade das der Kern auch meiner Kritik, nur daß ich den Begriff »ökonomisch« enger faßte und in Gegensatz stellte zu der notwendigen und äußerst differenzierten Gesamtanalyse, die ihrerseits allerdings auch für mich keineswegs als amorphe Aneinanderreihung von Psychologie plus Soziologie plus Geschichte etc. oder sonstwie pluralistisch, sondern streng strukturell durch eine zentrale Theorie gegliedert gedacht war. Sachlich sehe ich hier also keine Differenzen. Tatsache ist, daß Adorno im einzelnen den (ökonomischen oder sozialökonomischen) Gesamtprozeß nicht dargestellt hat, daß es an den konkreten Vermittlungen fehlt. Ob das überhaupt bei der Weise, wie er sich die Probleme methodologisch stellt, zu verhindern ist, das ist eine andere Frage. Auch jetzt noch halte ich die Anwendung des Begriffs »Gebrauchswert« auf die Materie des Tonwerks für wenig adäquat und unergiebig. Das will immer noch nicht heißen, ich setze mich für eine Analyse ein, die von der Zirkulationssphäre ausgehe. Damit aber kommen wir zu den Punkten, wo auch heute noch, wie mir scheint, Differenzen bestehen.

2.

Erleben wir heute wirklich (die Zulässigkeit der Kategorien einmal dahingestellt) die »Substituierung des Gebrauchswerts durch den Tauschwert«? Hören wirklich die berühmten »schönen Stellen« dank des neuen Verdinglichungsprozesses auf, solche zu sein? Das ist jetzt doch wohl die für uns zentrale Frage. Wie steht es nun damit? Adorno fragt verwundert, wer sich eigentlich heute noch in einem Nachtlokal »amüsiere«. Nun, ich gewiß nicht. Aber kommt es auf uns beide an? Hätten wir uns in der Atmosphäre der Jahrhundertwende bei rauschenden »Frou-frous«, bei dem Lehar'schen »Ich bin eine anständige Frau«, ja selbst im Milieu der Offenbach'schen Cancans oder bei Prousts Herzogin von Guermantes wohlgefühlt? Das wage ich sehr zu bezweifeln – und will damit andeuten, daß man bei Urteilen solcher Art zunächst einmal sozial und vor allem auch individuell differenzieren muß. Manchmal geschieht es, daß ich englischen oder skandinavischen Freunden die sogenannten »Geheimnisse« und das »Nachtleben« von Paris zeigen muß. Die Besucher sind meistens hochbeglückt, und ich kann Adorno versichern, daß sie sich sehr wohl amüsieren. Ich selbst mag recht traurig werden vor einer Welt, in der alles käuflich, Ware, Tauschwert (diesmal im wahrsten Sinne) geworden ist – aber rechnet man gerade mit meinem Urteil? Ist das »Vergnügen« heute wirklich objektiv kleiner, war der Lustgewinn einst wirklich objektiv größer und authentischer? Ich muß das sehr in Frage stellen.

Und genau so steht es mit den »schönen Stellen«. Man erklärt mir, die schönen Stellen hätten heute »aufgehört, es noch zu sein«, sie seien »in etwas anderes und völlig Abstraktes umgeschlagen«. Ich will es gern glauben, frage aber wieder, ob diese isolierten, aus dem Zusammenhang gerissenen schönen Stellen jemals wirklich Lust vermitteln konnten und ob, falls man das für die Vergangenheit bejaht, hier wirklich inzwischen ein dialektischer Umschlag stattgefunden hat. Für mich (und genau so sicher für Adorno und jeden wirklichen Musiker) sind und waren isolierte schöne Stellen nie schön, denn die musikalische Schönheit (um dies fragwürdige Wort zu gebrauchen) enthüllt sich nur in der Gesamtstruktur des Werkes, niemals aber in Teilen, die immer nur Teile sind »in bezug« auf das Ganze. Adorno bringt das Beispiel des Mannes, der beseligt in der Untergrundbahn das C-Dur-Thema aus Brahms' *I. Symphonie* für sich pfeift. Nun, für mich ist dieses Thema (es gibt übrigens Dinge, die ich mehr liebe als diese Beethoven-Kopie) auch in der Erinnerung, selbst wenn ich es pfeifen sollte, nur insofern wesentlich, als ich es bedeutungsträchtig weiß, als ich all seine späteren Abenteuer, Steigerungen, Umwandlungen kenne, kurz, bei seiner Anrufung das ganze Partiturbild gegenwärtig habe. Und es ist doch wohl zweifellos, daß das gar nicht anders sein kann. Der Mensch, dem sich eine Symphonie in ein einziges achttaktiges klassisches Thema reduziert, der seit Beginn der *Unfinished* ungeduldig auf den endlichen Eintritt des Seitenthemas wartet, worauf er zufrieden ist, »selig lächelnd wie ein satter Säugling«, nun, ich wüßte gern, wann, in Vergangenheit, Gegenwart oder Zukunft, das je »schön« zu nennen wäre. Ist es aber für den Genießenden subjektiv lustbringend, so ist es das heute nicht weniger oder mehr als eh und je. – Das Gleiche möchte ich zur Frage der »Arrangements« und ummontierten »schönen Stellen« sagen. Wir alle kennen jene Barbareien, Entzücken unserer Väter, die darin bestanden, »beliebten« Stellen die albernsten Tagesredensarten als neue Textierung unterzulegen, sie so zu entweihen und sich »schmackhaft« zu machen. Ich erinnere (der Wert der Werke steht gar nicht zur Erörterung, sondern einzig die Profanierungsmethode) an den Soldatenchor aus Gounods *Faust*, der zum Kartoffelsalatchor wird, an alle die Albernheiten, zu denen eben jenes Schubert-Thema oder anderes aus Wagner herhalten mußte. – Zeichen der Anbiederung des Bildungspöbels an das Kunstwerk, wie wir sie seit Anbruch der bürgerlichen Epoche immer wieder erleben. (Die »Parodien« gewisser Dichtungen, etwa von Uhlands *Des*

Sängers Fluch, gehören ebenfalls hierher.) Ich kann also ein prinzipiell Neues nicht sehen, darin bestehend, daß nunmehr (ich ärgere mich stets von neuem darüber) das Vorspiel zur *Traviata* von irgendeinem smarten polnisch-jüdischen Yankee zum Slowfox mit dem schönen Titel »Oh Violetta« (sprich Weioletta) verarztet wurde. Kurz: ich antworte auf die entscheidende Frage dahin, daß für mich solche heute sehr beliebten Methoden nur Wiederholungen typischer Vorgänge sind und daß die isolierten »schönen Stellen« objektiv nie schön waren, subjektiv aber dem Banausen auch heute noch so gut munden mögen wie ehedem.[1]

3.

Bleibt schließlich die letzte und wichtigste Frage, die nämlich nach der Möglichkeit eines musikalischen Gesundungsprozesses inmitten einer nun wirklich nicht als gesund anzusprechenden Welt. Warnend ruft man mir zu »Elsa, mit wem verkehrst du da?« –Was soll ich darauf antworten? Auf alle Fälle doch wohl das eine, daß mein Umgang weder dem willenlosen Waschlappen Telramund noch der Heidenpriesterin Ortrud gleicht. Ernsthaft gesprochen: ist es wirklich so ganz und gar ketzerisch, Ansätze zu einer neuen, gesunderen und gerechteren Welt und Gesellschaft sich bereits innerhalb des Chaos der heutigen abzeichnen zu sehen, dergestalt, daß man sie dereinst nur, nach Marxens Wort, »in Freiheit zu setzen hätte«? Darauf nämlich läuft mein Gedankengang hinaus. Man halte mich nicht für einen Reformisten oder Marxianer (Gott behüte!), der nun mit Hilfe von »sozialistischen« Industriekonzernen Thomas

---

1 Die Musikgeschichte des 18. Jahrhunderts zeigt uns übrigens deutlich, wie das Kleinbürgertum, dem der geistige Zugang zu den großen Musikformen fehlt, sich eine Musik zurechtmacht, die nun nur noch aus schönen Stellen, d. h. aus einer Melodie plus nichts besteht. *Singende Muse an der Pleisse* und *Augsburger Tafelkonfekt* sind Musterbeispiele solcher Ergötzung. Siehe außer Preussner auch Eberhard Rebling *Die soziologischen Grundlagen der Stilwandlung der Musik in Deutschland um die Mitte des 18. Jahrhunderts*, Berliner Dissertation 1935, S. 57 ff.

Mann, Freud, Kelsen, Bertrand Russell und Hindemith überall »Sozialismus« und Ansätze zukunftsträchtigen Werks zu wittern glaubt. Keineswegs. Aber ich möchte auch nicht dem Moskauer Vulgärmarxismus verfallen, der alles, was heute, gleich auf welchen Gebieten, produziert wird, unbesehen als »verfaulenden Kapitalismus« in den Kehrichteimer zu werfen pflegt. Wahrscheinlich – die Erfahrung lehrt es und da bin ich mit meinen Kritikern im Tatsächlichen ziemlich einig – taugt das alles wirklich nicht sehr viel: aber man muß es sich ansehen und für jeden Fall konkret neu begründen. Vielleicht, daß man doch das eine oder andere findet, das virtuell schon über die heutige Verwahrlosung hinausstrebt. Darin aber und in nichts anderem gipfelte mein Widerspruch gegen Adornos abrupte Dekretierung, die dem Menschen nur die bange Wahl zwischen »Unentrinnbarkeit und Unverständlichkeit« zugestehen wollte. Dagegen richtete sich mein (fragender) Hinweis auf heutige Tendenzen der Entromantisierung, der Rückkehr und Neudeutung (d. h. einzig authentischen, werkgerechten Deutung) von Bach oder Mozart. Wäre das alles nur »Neue Sachlichkeit«, so lägen die Dinge ganz einfach: aber die Neue Sachlichkeit bezieht sich nur auf die plastischen Künste; die Analogien und demgemäß die analogen Deutungen auf musikalischem Gebiet sind unvollziehbar. Ich möchte Adorno bitten, hier einmal ganz konkret die heutige sogenannte neue Musik mehrerer Strömungen zusammenfassend zu charakterisieren und die Spreu vom etwaigen Weizen zu sondern. Dann wird man über diese Dinge konkreter und also besser diskutieren können. (Einzelne seiner Analysen u. a. aus der ehemaligen *F. Z.* sind mir bekannt.) Vor allem sähe ich gern klarer in bezug auf seine Deutungskriterien: sind sie ausschließlich technischer Art, so daß nur diejenige Musik als neu und solide angesehen werden könnte, die wirklich neue Formen entwickelt? Man will einiges von Strawinski »durchgehen lassen«. Aber was? Und warum? Vermutlich die *Geschichte vom Soldaten* – aber da möge man sich nicht durch den soziologisch sehr fragwürdigen Text verführen lassen. Und wie steht es mit dem »neuklassischen« Strawinski, mit *Oedipus Rex* und dem *Apollon Musagète*? Und ist Alban Bergs Werk (die *Lyrische Suite*, die ich kürzlich wieder hörte, bewies mir das von neuem), wenngleich der Schönbergschen Harmonielehre verhaftet, nicht ausdrucksmäßig und vor allem hinsichtlich der erstrebten Wirkungen durchaus der Neuromantik, dem *Tristan*, Baudelaire, sogar ein bißchen dem dekorativen Jugendstil zugehörig? Und worin soll die Brisanzwirkung der wahrhaft revolutionären, entlarvenden, asketischen Musik bestehen, die Adorno allein gelten lassen will? Welches sind ihre Elemente und Kriterien? Ich möchte da zunächst einmal deutlicher sehen: dann erst wird sich klar erkennen lassen, ob wir uns in der Beurteilung der heutigen Musikproduktion einig sind oder ob ich wirklich das Epithet eines (subjektiv wohlmeinenden) Reaktionärs auf diesem Gebiete verdiene. Ich wäre also sehr froh, wenn die so wichtige Diskussion, nach der Klärung der methodischen Positionen, nun diese letzten Probleme schärfer und konkreter umrisse.

Hans Mayer führte mit diesen beiden Texten eine kurze Debatte über Theodor W. Adornos Aufsatz *Über den Fetischcharakter der Musik und die Regression des Hörens,* der 1938 in der *Zeitschrift für Sozialforschung* erschien. Mayer schickte seine Thesen (I) aus Paris Anfang 1939 an Max Horkheimer nach New York mit der Bitte, sie – gemeinsam mit einer Entgegnung Adornos – in der *Zeitschrift für Sozialforschung* zu publizieren. Dies geschah nicht. Wohl antwortete Horkheimer im Auftrage Adornos im März 1939, was Hans Mayer im April 1939 zu den zweiten *Bemerkungen zu einer kritischen Musiktheorie* veranlaßte. Zum Stellenwert dieser Debatte vgl. *Mit den Ohren hören.* Adornos Philosophie der Musik. Hg. v. Richard Klein und Claus-Steffen Mahnkopf, Frankfurt a. M.: Suhrkamp 1998 (stw 1378), S. 367–442.

Genf 1942:
Die Entdeckung von *Così fan tutte*

Was wäre da zu entdecken, bei einer weltbekannten Oper von Wolfgang Amadeus Mozart und Lorenzo da Ponte? Noch alles, dürfte man etwas dreist darauf antworten. Die Bedeutung dieser dritten und letzten gemeinsamen Oper Mozarts mit dem Abbate da Ponte, übrigens einem getauften Judenjungen aus dem Veneto, wurde erst in unserem Jahrhundert wirklich erkannt und verstanden. Heute sind viele Sachkenner davon überzeugt, daß es sich hier um Mozarts rätselhaftes und wohl größtes Werk des Musiktheaters gehandelt hat.

Im neunzehnten Jahrhundert wurde das Werk nahezu immer geschmäht: ob seines anstößigen und sittenwidrigen Textes. Beethoven erklärte, wie man weiß, ein solches Textbuch hätte er selbst nicht in Musik setzen können, was man ihm glauben darf. Richard Wagner setzte, wie gewohnt, eins drauf mit der Behauptung, die Amoralität des Librettos habe sich in Mozarts Musik gerächt. *Così* sei ein schwaches musikalisches Produkt. Es ist der reine Unsinn. Zu erklären einmal aus Wagners tiefem Unverständnis für Mozarts Kunst. Er sah in dem Komponisten des *Don Giovanni* einen Vorläufer für seine eigenen bewunderten »Vorläufer«, nämlich Ludwig van Beethoven und Carl Maria von Weber. Daß sich der Musikdramatiker des *Tannhäuser*, noch dazu der Komponist des Venusberg-Bacchanals in der Pariser Fassung, hier über Amoralität in der Musik entrüstet, darf angemerkt werden. In einem Brief an Franz Liszt bekannte Richard Wagner, sein *Tannhäuser* sei das Ergebnis eigener Frustration. Eine Überkompensation folglich.

Noch im zwanzigsten Jahrhundert war *Così fan tutte* auf den Spielplänen der Hofopern und späteren Staatsopern eine Seltenheit. In der Mitte der zwanziger Jahre konnte die dort gastierende Kölner Oper, wie berichtet, in Wien triumphieren mit *Così fan tutte*, weil dieser Mozart dort nicht vorrätig war. Mehr noch: Zu Beginn unseres Jahrhunderts kam der tüchtige

Bariton Scheidemantel von der Hofoper zu Dresden auf den Gedanken, man könne vielleicht Mozarts Musik dadurch retten, daß man ihr einfach ein anderes Libretto unterlegt. Er glaubte auch, eines entdeckt zu haben: die spanische Komödie von der »Dame Kobold« *(La dama boba)* von Calderón de la Barca. Bei den Arien schien das leicht zu sein. Arien sind Gefühlsausbrüche, wie man zu wissen glaubt. Die konnten es folglich ebenso sein bei Da Ponte wie bei Calderón. Die Aura Amorosa in der Arie des Ferrando war austauschbar. Bei den dramatischen Duetten und Sextetten mußte man sich halt behelfen. Daß Mozarts Musik untrennbar verbunden war mit der jeweiligen Dramaturgie, hatte man nicht verstanden. Fort mit dem skandalösen Da Ponte.

Wie gesagt: *Così fan tutte* ist eine Entdeckung des zwanzigsten Jahrhunderts. Genauer noch: einer Epoche und gesellschaftlichen Erfahrung nach zwei Weltkriegen. Erst eine gesellschaftliche Endzeit wie die unsrige war offenbar im Stande, die Endzeitstruktur der einstigen Feudalgesellschaft nachzuempfinden und zu deuten.
Gegenüber dem *Figaro* und dem *Don Giovanni* bedeutet *Così fan tutte* noch eine Steigerung. Im *Figaro* war man gebunden durch Text und Dramaturgie von Beaumarchais. Für den *Don Juan* gab es viele spanische und französische Vorbilder, zum Beispiel Molière, dazu das berühmte Ballett von Christoph Willibald Gluck, das bei Mozart ausdrücklich zitiert wird.
Beim Libretto von *Così fan tutte* konnte Da Ponte frei schalten. Eine berühmt gewordene Skandalgeschichte aus Neapel soll ihn angeregt haben. In der Tat gehört *Così* in die Gegend um den Golf von Neapel, gegen Ende des achtzehnten Jahrhunderts. Adlige Offiziere und Adelsdamen. Ein Don Alfonso ist natürlich ein reicher Aristokrat mit vielen galanten Erfahrungen. Das Königreich beider Sizilien muß ein Hort der Dekadenz gewesen sein. Die Oper von San Carlo war weltberühmt. Die italienischen Opernkomponisten des neunzehnten Jahrhunderts, von Rossini bis Verdi, dachten vor allem an Premieren in Neapel. Vincenzo Bellini war ein Sizilianer.

Auch in seiner Gesamtstruktur gehört ein Werk wie *Così fan tutte* zur Endzeit des Ancien Régime. Es steht näher bei dem gleichfalls tief »unmoralischen« Roman von den *Gefährlichen Liebschaften* von Laclos und den Romanen des Marquis de Sade, als bei den Libretti des *Figarò* und des *Don Giovanni*.

Alle drei Werke von Mozart und Da Ponte besitzen einen unheimlich offenen Schluß. In allen drei Fällen darf man dem glückhaften Finale nicht trauen. Daß der Graf Almaviva nicht entsagen würde, dürfte angenommen werden. Seine Verzeihungsbitte an die »Contessa« galt nur für den Augenblick. Der Graf hatte nie vergessen, daß Rosina nur eine Bürgerliche war. Auch Beaumarchais selbst hatte eine Fortsetzungskomödie geschrieben, die entsprechend angelegt war.

Die Höllenfahrt des Don Giovanni wird bei Mozart und Da Ponte nicht ernstgenommen. Sie findet auf dem Theater statt. Nicht ohne Grund hatte Gustav Mahler dem abschließenden Sextett der Überlebenden mißtraut. Er ließ in Wien die Oper mit der Höllenfahrt endigen. Ein nobler Irrtum. Mozarts dramma giocoso braucht jenen banalen Abschluß. Die Elvira geht ins Kloster. Aus der Ehe von Don Octavio wird nichts werden. Masetto wird keine gute Ehe führen, denn sein Mädchen wird nach wie vor an den Wüstling denken. Leporello wird einen neuen Dienstherrn finden, dem er bei jeder Gelegenheit dadurch auf die Nerven geht, daß er von Don Giovanni berichtet.

Am Schluß von *Così fan tutte* ist alles noch viel unheimlicher geworden, durch eine unheimlich gewordene Banalität des Alltags. Wer paßt nun mit wem zusammen? Heinrich von Kleist sprach in solchen Fällen von einer »Verwirrung der Gefühle«. Am Schluß seines *Amphitryon* wird Alkmene gefragt, wer nun besser gewesen sei: Der General Amphitryon oder der in ihren Gemahl verwandelte Gott Jupiter. Alkmene antwortet bekanntlich mit einem »Ach!«

Die Genfer Aufführung von *Così fan tutte* zu Beginn des Jahres 1942 war keine Entdeckung in dem Sinne, daß ich die Oper damals zum ersten Mal auf der Bühne gesehen hätte. Das erste

Mal sah ich *Cosi* bereits in Köln und mit neunzehn Jahren. Natürlich mit einem deutschen Text, aber in einer musikalisch und stimmlich hervorragend besetzten Aufführung unter Leitung von Eugen Szenkar mit dem Gürzenich-Orchester. Mit Sängern wie Rose Pauly, Helge Roswaenge und Gerhard Hüsch in reizvollen Kostümen der Mozartzeit. Also früher Klassizismus, noch mit Elementen des Rokoko. Eine heitere Oper. Ich kannte die Musik damals noch nicht. Am stärksten traf mich, wie auch bei mancher späteren Aufführung, das Terzett der Männer mit dem Verdikt: »Così fan tutte«. Erst von dort her begriff ich dann dieses Zitat aus Mozarts Ouvertüre.

Jene Genfer Aufführung hingegen, ziemlich genau im Augenblick der Kriegswende mit Stalingrad und El Alamein, war zum ersten Male eine Begegnung mit dem italienischen Original. Einem italienischen *Figaro* war ich noch nicht begegnet. Um so größer der Eindruck in den siebziger Jahren, als ich im Teatro La Fenice zu Venedig eine Inszenierung von Luchino Visconti mit seinen Bühnenbildern sehen konnte. Italiener, die italienisch sangen.

Im Jahre 1934 dirigierte Bruno Walter im Palais Garnier zu Paris einen italienischen *Don Giovanni*. Allein, das war – scheinbar – der gewohnte Don Juan, bloß mit einem anderen Text. Die Genfer Aufführung von *Così fan tutte* hingegen machte mich ein ganz ungewohntes Werk entdecken. Freilich noch nicht in seinen menschlichen Abgründen. Es war immer noch ein gefällig arrangiertes Lustspiel nach der italienischen Überlieferung. Der Dirigent und die beiden Offiziere kamen von der Zürcher Oper. Die drei Frauen aber und der Don Alfonso waren ganz außerordentlich. Suzanne Danco war damals eine der berühmtesten französischen Sopranistinnen. Sie war eine ausgezeichnete Liedersängerin. Eine perfekte Fiordiligi von romanischem Typ. Luise Helletsgruber kam von der Wiener Staatsoper. Ich hatte sie in Köln bereits in der *Zauberflöte* gesehen. Fritz Busch holte sie nach Glyndebourne für seine Meisterinszenierung von *Così fan tutte*. Auch in Genf sang sie Dorabella. Eine junge österreichische Jüdin, von der man sich viel versprach, war Despina. Später konnte ich Hilde

Güden in Wien als Pamina, in Hamburg als Contessa Almaviva erleben.

Der Don Alfonso war ein junger Mann aus Genf, den ich dort selbst kennengelernt hatte. Italienischer Abkunft, doch wohl als Schweizer aufgewachsen. Eine Baßstimme von großer Spannweite in der Tiefe und der Höhe. Sehr gute Erscheinung, große Spielbegabung. Gegen Kriegsende gewann er den ersten Preis im Genfer Internationalen Wettbewerb. Fernand, später Fernando Corena. Er war damals 26 Jahre alt. Er wurde dann an die Metropolitan geholt, sang auch bei den Salzburger Festspielen, zum Beispiel unter Furtwängler.

Ein junger Don Alfonso also. Corena gab sich keine Mühe, einen alten Wüstling zu simulieren. Drei enttäuschte Männerphantasien. *Così fan tutte*. Seit dieser Aufführung kam ich von diesem Werk nicht los.

Man hat es allenthalben immer wieder neu inszeniert, nicht bloß arrangiert. Die üblichen modernen Kostüme halfen nicht weiter. Allein, auch die historischen Kostüme halfen nicht weiter, wenn man einmal das Werk genauer zu deuten suchte. Mozarts Musik war gnadenlos. Jeweils wurde von ihr immer nur die jeweilige Konstellation genau interpretiert. Gleichgültig ob da gelitten oder gelogen wurde. Die Musik bedient ebenso vollkommen das Leid wie die Lüge. Man denke an das Spiel Guglielmos mit der Dorabella seines Freundes Ferrando. Das war nur der halbe Mozart, denn vor der Aufführung in Wien und im Januar 1791 hatte sich Mozart entschlossen, die Überpointe fortzulassen: nämlich Guglielmos Empfehlungsarie männlicher Reize. Die war eine unverkennbare Zote.

Zwei Aufführungen von *Così fan tutte* haben für mich die Kenntnis des Werkes vertieft. Luc Bondy zeigte in Brüssel am Schluß die Verwirrung der Gefühle eben dadurch, daß die beiden jungen Männer im Finale nicht mehr so recht wissen, an die Seite welcher Braut sie sich nun stellen sollen.

In einer Inszenierung Herbert Wernickes (in Basel) wird in ganz einfacher Form der Abgänge ganz ohne Handgreiflichkeit gezeigt, daß es körperliche Vereinigungen geben wird der beiden Mädchen mit den scheinbaren Osmanen. Dann ist der

Schluß der Oper *Così fan tutte* ganz undeutbar geworden. Zwei junge Männer haben Erinnerungsträume an zwei junge Frauen. An die eigene Frau, aber auch an die des Anderen. Und umgekehrt.

Zürich 1945:
Emigranten einer Niederlage

Das Jahr 1942 war offenbar, von heute aus gesehen, ein Wendejahr des Krieges. Außerhalb großdeutscher Grenzen, etwa in der Schweiz, wußte man somit, wer siegen und wer verlieren würde in dieser Weltkatastrophe. Man richtete sich ein auf den Zusammenbruch eines »Tausendjährigen Reiches«.

Im Kriegsverlauf hatten sich die meisten Schweizerinnen und Schweizer, die noch in Deutschland oder Österreich gearbeitet hatten, wieder für die eigene Heimat entschieden. Ein in Wien umschwärmter junger Schauspieler des Burgtheaters verwandelte sich in der heimatlichen Schweiz in den Filmhelden »Füsilier Wipp«. Er wurde ein Musterschweizer im Sinne der geistigen Landesverteidigung.

Zum Ensemble des Zürcher Schauspielhauses gehörten seit längerer Zeit auch Therese Giehse, Käthe Gold und die junge Maria Becker.

Im schweizerischen Musikleben während des Krieges hat es kaum mehr Gastspiele reichsdeutscher Künstler gegeben. Hingegen gab es auch hier junge Emigranten, die aus ihrer östlichen Heimat entkommen waren. Im allgemeinen gab man ihnen von Bern aus keine Arbeitserlaubnis. In Genf konnte damals trotzdem der aus Bukarest mit seiner Frau geflüchtete Dinu Lipatti seinen leider so kurzen Siegeszug beginnen.

Dem aus Budapest eingewanderten jungen Georg Solti hingegen wurde es schwer gemacht. Er durfte sich natürlich im Jahre 1940 an dem nicht mehr internationalen, aber nationalen Genfer Wettbewerb der Pianisten beteiligen. Ich habe ihn damals bereits im Wettbewerb gehört. Er war der eigentliche Preisträger, mußte aber mit dem zweiten Platz vorlieb nehmen, weil ein Schweizer der Sieger sein sollte. Zwei Jahre später jedoch bekam er im dann wieder internationalen Wettbewerb den ersten Preis. Bald darauf versuchte sich Solti, dem als Preis-

träger nunmehr die Arbeitserlaubnis erteilt wurde, als Kapellmeister vor kleinen Kammerorchestern.

Abermals zwei Jahre später, also 1944, als niemand mehr im
»Reich« an die Hoffnung der Zarah Leander glauben mochte: es
werde einmal ein Wunder geschehen, begannen die im Reich
verächtlich beschimpften »Absetzbewegungen«. Das war zunächst noch Desertion, dann Emigration. Wir Emigranten in der
Schweiz haben diesen fließenden Übergang in unseren Arbeits-
lagern genau konstatieren können. Die schweizerische Frem-
denpolizei nämlich machte keinerlei Unterschied bei den Gründen für eine für die Schweiz unerwünschte Einwanderung.
Deutsche Deserteure, die bereits im schweizerischen Lager von
den Vorgängen in Polen berichten konnten, was man ihnen im
übrigen nicht glaubte, und jüdische Emigranten in einer von
Bern diktierten Gemeinschaft von Tisch und Schlafsaal.

Um das Jahr 1944 kam es gerade in Zürich und in der Tonhalle
bereits zu Gastspielen prominenter deutscher Solisten. Géza
Anda konzertierte in Zürich, auch mit Orchester. Aber er war
aus Ungarn geflüchtet und begann nun gleichfalls von der
Schweiz aus, ebenso wie Lipatti oder Solti, eine große und auch
hier sehr kurze Laufbahn.

Dann habe ich in Zürich bereits vor Kriegsende den mir als
Wundergeiger angeraunten Gerhard Taschner gehört. Er spielte
blendend, doch ich war innerlich nicht bereit, einem blendend
spielenden Konzertmeister der Berliner Philharmoniker zuzu-
hören. Später in Deutschland war ich dann häufig mit Geri
Taschner zusammen. Er war wirklich ein Wundergeiger, was
nicht ausschloß, daß die amerikanische Militärbehörde ihm das
Auftreten verbot. Wolfgang Fortner hatte mich in Frankfurt
mit Taschner bekanntgemacht.

Ein Konzert jedoch nach Kriegsende, also nach dem 8. Mai
1945, habe ich trotzdem in einer peinigenden Erinnerung behal-
ten. Es war ein gutes Konzert, ganz gewiß. Drei bedeutende
Meister ihres Instrumentes musizierten gemeinsam an diesem
Abend in der Tonhalle. Edwin Fischer, Georg Kulenkampff,
Enrico Mainardi. Drei Instrumentalkonzerte. Der Schweizer

Edwin Fischer, der seine deutschen Zuhörer unbedingt hatte behalten wollen, spielte Mozarts *Klavierkonzert in d-Moll.* Kulenkampff und Mainardi das *Doppelkonzert* von Brahms. Alle drei zusammen im *Tripelkonzert* von Beethoven, das nun kaum zu Beethovens Meisterwerken gehört. Es wurde sehr gut gespielt, natürlich. Für Edwin Fischer und Kulenkampff, den Geiger, gab es nur leichte Aufgaben. Der Cellist jedoch muß sich schwer tun mit den von Beethoven angeordneten hohen Lagen des Cellos. Mainardi hatte damit keine Probleme.

Was war es jedoch, was mich so mißmutig machte an jenem Abend? Nicht allein das scheinbar so sorglose Weitermusizieren jenes Trios, das nun in der wohlerhaltenen Tonhalle auftreten konnte, nachdem der Kölner Gürzenich und das Frankfurter Museum, das Odeon zu München und die Berliner Philharmonie in Trümmer lagen.

Was mich störte, war außerdem jenes sehr gekonnte und routinierte Musizieren von eh und je. Wie anders und aufregend hatten Emanuel Feuermann oder Gregor Piatigorsky beim *Doppelkonzert* dieses kühne und immer wieder mißverstandene Spätwerk von Brahms angepackt.

An jenem Abend in der Züricher Tonhalle verspürte ich zum erstenmal jenes unerklärbare musikalische Unbehagen, das sich, noch viele Jahre später nach der Rückkehr in die deutsche Fremde, so häufig wiederholen sollte. Wenn die Besten der übriggebliebenen deutschen Pianisten mit guten Musikernamen ihre Konzerte gaben und sehr gut spielten, dann: wie eh und je.

Es war eine wirkliche Entdeckung, fast eine Erlösung, als ich 1953 in Berlin, abermals veranlaßt durch sachkundige Empfehlung, die meisten Konzerte aus Friedrich Guldas Zyklus sämtlicher Beethoven-Sonaten erleben durfte. Das war nun eine ebenbürtige Wiederholung und Gegengestaltung zu Artur Schnabels Beethoven-Zyklus von 1927. Artur Schnabel hatte jeweils Sonaten aus den verschiedenen Lebensphasen Beethovens nebeneinandergestellt. Friedrich Gulda ging chronologisch vor. Von opus 2 bis opus 111. Am Schluß die drei letzten Sonaten. Das blieb unvergeßbar. Das war von neuem und in neuer Weise: Gelebte Musik. Jenes Zürcher Konzert jedoch, und viele Konzerte dann in Deutschland und von Deutschen, zwischen 1945 und 1950, waren ein Musizieren der – historischen – Verlierer. Was nicht als Anklage verstanden werden darf, sondern als Diagnose.

Dieses Empfinden von damals, dem ich auch heute noch Recht geben möchte, hängt wohl damit zusammen, daß ich immer wieder im Musizieren der »Besiegten« die glatte Routine erleben mußte. Sie war handwerklich wie emotional nur dort möglich, wo die historische Katastrophe innerlich verdrängt worden war.

Zwei Beispiele würden dies belegen. Sie sind historisch beweisbar. Die Quellen des Berichtes sind sauber.

Gegen Ende der vierziger Jahre trifft ein junger Impresario, später ein sehr bekannter Leiter von Festivals, ein Jude, in der Musikalienhandlung an der Limmat, also in Zürich, mit Wilhelm Furtwängler zusammen. Der kauft dort Notenpapier. Aufgeregt erzählt er, die Leningrader Philharmoniker hätten ihn eingeladen. »Ich habe natürlich abgesagt.« Das hält der junge Gesprächspartner für falsch. Die Leningrader seien ein ausgezeichnetes Orchester. »Aber Rußland, das ist doch eine Diktatur.« Der Andere erwidert, Furtwängler habe immerhin bereits einige Erfahrungen gehabt mit dem Leben in einer Diktatur. Furtwängler wehrte ab: »Aber das ist doch etwas ganz anderes.«

Gleichfalls in jenen späten vierziger Jahren, also wohl 1947, wird Richard Strauss nach London eingeladen. Die Gastgeber möchten dem großen alten Meister den Aufenthalt angenehm machen. Ein Mitglied des hohen Adels erhielt den Auftrag, sich hilfreich zu erweisen. Richard Strauss ist sichtlich erfreut über seinen Betreuer, mit dem er sich Deutsch unterhalten kann. Er fragt ihn leutselig, woher diese Sprachkenntnisse kämen. »Aus der deutschen Kriegsgefangenschaft.« Richard Strauss stand auf und verließ grußlos den Raum. Sein Betreuer hat es mir selbst erzählt.

III.
Musik nach der Zerstörung

Zerstörung Neunzehnhundertfünfundvierzig

Ein langes Leben hindurch behielt ich sie im Ohr, die gräßliche Stimme vom Frühjahr 1933. »Gebt mir fünf Jahre Zeit, dann richtet und urteilt.« Deutschland sei danach nicht wiederzuerkennen. Dieses Gelübde hat er gehalten. Um welchen Preis? »In stolzer Trauer: gefallen für Führer und Reich.« Gefallen für wen? Gefallen für was?

Als ich, von der amerikanischen Militärregierung dazu aufgefordert, im Oktober 1945 zum ersten Male wieder auf reichsdeutschem Boden stand, sah man, was aus jenem Gelübde von 1933 hatte werden müssen. Deutschland war zur Unkenntlichkeit verändert worden. In jeglichem Verstande. Als Ruinenfeld; als zerstörte Natur; als Gräberfeld; als Unkenntlichkeit eines neuen Menschentyps. Der erste Eindruck beim Gespräch mit den besiegten Menschen war verstörend. Schweigen und Furcht. Lebensformen innerhalb eines totalen Gespinstes der inneren Lügen. Bisweilen auch – erfreulicherweise – die offene Freude über eine nun anbrechende neue Freiheit nach so viel Lügen und Sterben.

In einem wunderbaren Gedicht *Tränen des Vaterlandes* hat Andreas Gryphius in der Zeit des Dreißigjährigen Krieges darüber geklagt, daß der Seelentod noch schlimmer sei als das unablässige Sterben am Kriege und an irgendeiner Seuche.

Ein Bericht vom deutschen Seelentod im Jahre 1946 sei deshalb vorangestellt. Eine widerwärtige Erinnerung ist von damals zurückgeblieben. Der Vorgang war belanglos und äußerlich folgenlos. Den Mann, von dem hier gesprochen wird, hatte ich nicht gekannt. Ich habe ihn auch niemals wiedergesehen. Seinen Namen habe ich mir schon damals nicht gemerkt.

Ich lebte seit dem November 1945 wieder in Deutschland. In einem Lande, das damals von der amerikanischen Militärregierung als »Großhessen« deklariert worden war. Ich besaß einen Personalausweis des Landes Großhessen. Bald darauf merkte man auch in amerikanischen Kreisen, daß man auf die »Größe«

besser verzichten sollte. Großdeutschland war noch in schlimmer Erinnerung. Also blieb es beim Land Hessen.

In ähnlicher Weise mußte man auch lernen in amerikanischen Kreisen, daß es unzweckmäßig gewesen war, die Nachrichtenagentur für die amerikanische Besatzungszone schlicht als Deutsch-Amerikanische Nachrichten-Agentur (DANA) vorzustellen. Deutsch-amerikanisch? In einem System zwischen Siegern und Besiegten? Man wurde auch hier etwas vorsichtiger. Ich war noch von der DANA im November 1945 als Redakteur eingestellt worden. Als ich dieses Amt im März (oder April) aufgab, verließ ich eine Deutsche Nachrichtenagentur (Dena). Sie wurde dann später mit der entsprechenden Nachrichtenagentur der britischen Zone vereinigt. Später kam auch noch der Pressedienst der französischen Zone hinzu. Nun war es ein Deutscher Presse-Dienst geworden (dpd).

Als ich die Dena verließ, war vereinbart worden auf Vorschlag von Golo Mann, den ich seit 1938 von Zürich her kannte, und der mich in der DANA in amerikanischer Uniform aufgesucht hatte, daß ich am 1. Mai 1946 als Chefredakteur des inzwischen wieder hergestellten Frankfurter Rundfunks in Frankfurt amtieren solle. Die DANA oder Dena hatte in Bad Nauheim gearbeitet.

In der Wartezeit auf jenen 1. Mai hielt ich mich häufig in der *Frankfurter Rundschau* auf, der ersten amerikanisch lizenzierten Tageszeitung. Die Herausgeber waren mir bekannt. Auch Stephan Hermlin arbeitete dort als Redakteur. Eines Morgens stellte sich ein älterer Deutscher vor, der mich sprechen wollte, von mir offenbar gehört hatte. Er stellte sich vor als ehemaliger Chefdirigent eines städtischen Orchesters. Es muß sich um eine größere Stadt gehandelt haben, denn ich wurde aufmerksam. Übrigens nahm ich an, daß seine Behauptung gestimmt hat. Er war ein deutscher Musikdirektor oder gar Generalmusikdirektor gewesen. Um so schlimmer, wie ich meine.

Mitgebracht hatte er eine umfangreiche Partitur. Die packte er eifrig aus, um sie mir zu zeigen und zu erläutern. Es war eine weltliche Bach-Kantate, wie sogleich zu erkennen war. Sie begann, in Text und Musik, mit Pauken und Trompeten. Nun wird man Bescheid wissen. Mein Besucher hingegen wies eifrig auf diesen weltlichen Text hin, eine Geburtstagskantate Bachs, bekanntlich für die »höheren Kreise«.

Da sehe man es nun, meinte der Besucher. Die Musik, was ich längst gewußt hatte, sei identisch mit der Ersten Kantate Bachs aus dem *Weihnachtsoratorium.* Hier also habe der Johann Sebastian Bach die einstmals geistliche Musik für rein weltliche Zwecke benutzt. Daran könne man erkennen, daß der Thomaskantor Bach im Grunde gar nicht wirklich fromm gewesen sei. Er habe seine geistliche Musik im Grunde selbst »entlarvt«.

Nun wurde ich ungeduldig. Hier wollte ein Erfolgsstreber offenbar in etwas kindischer Weise den Marxisten spielen, oder was er dafür hielt. Ich antwortete kurz, dies alles sei doch weltbekannt. Es handle sich wieder einmal um das sogenannte »Parodieverfahren«. Musik wird zum Mehrzweckobjekt. Mit dem evangelischen Christentum Johann Sebastian Bachs habe dies überhaupt nichts zu tun. Der Mann packte enttäuscht seine Papiere wieder zusammen, um sich rasch zu verabschieden. Ich glaubte an ihm ablesen zu können, was er dachte. »Schade, der weiß ja wirklich Bescheid.«

Eine belanglose kleine Episode. Sie war weder belanglos noch klein. Ich habe damals viele solcher Episoden erleben müssen. Der Dr. Goebbels hatte gut gearbeitet.

Es gab sie nicht mehr, die deutsche Musik. Sie hatte auch keine Stätten mehr im einstmals Großdeutschen Reich. Der Kölner Gürzenich lag in Trümmern ebenso wie die Heimstatt der Frankfurter Museumskonzerte, wie die Berliner Philharmonie in der Bernburger Straße, wie das Leipziger Gewandhaus. Das schöne Kölner Opernhaus am Rudolfsplatz mußte später mit seinen Trümmern beseitigt werden, ebenso wie das wunderbare Schauspielhaus in der Glockengasse. In eben dieser Glockengasse, unweit der Synagoge, war Jacques Offenbach zur Welt gekommen.

Gerhart Hauptmann erlebte die Zerstörung von Dresden. Es muß das tiefste Leid gewesen sein, das dem alten Mann je widerfuhr. Johannes R. Becher, der es von russischen Augenzeugen erfuhr, hat mir später berichtet, wie ein verstörter und offenbar verwirrter Gerhart Hauptmann in seinem Haus im schlesischen Agnetendorf vor den sowjetischen Offizieren erschien. Er muß sie für Mörder gehalten haben. Sie kamen in Ehrfurcht, um dem Dichter der *Weber* mitzuteilen, daß man alles tun werde, ihm zu helfen.

In Berlin war die sogenannte Kroll-Oper, der ich so viele Opernabende zu verdanken hatte, von Grund auf zerstört worden. Hier hatte der Mann mit der schrecklichen Stimme von 1933 seine Triumphreden gehalten. Die Städtische Oper in der Bismarckstraße würde irgendwann einmal bespielt werden können. An einen Wiederaufbau des schönen Knobelsdorff-Baues Unter den Linden war nicht zu denken, damals. Im riesigen Berlin mit seinen vier Sektoren der vier Besatzungsmächte gab es trotzdem einige Spielstätten. Die Preußische Staatsoper kam unter im einstigen Admiralspalast am Bahnhof Friedrichstraße. Die Städtische Oper konnte unweit vom Bahnhof Zoo umgelagert werden in das Gebäude, das einstmals der Hausherr Hans Gregor als »Komische Oper« (deutsche Singspiele und Operetten) bespielt hatte.

Die Berliner Philharmoniker, die sich wieder zusammenfanden, doch vorerst ohne den Dirigenten Wilhelm Furtwängler, fanden ein Kino in Steglitz, den Titania-Palast. Sie fanden einen begabten Dirigenten namens Leo Borchard. Der Name deutet auf eine jüdische Herkunft hin. Ich will nichts nachprüfen, weil hier Erinnerungen aufgerufen werden sollen. Borchard machte sich gegen Abend auf, in Steglitz wieder eines der natürlich ausverkauften Philharmonischen Konzerte zu dirigieren. Er hat es eilig, er wird erwartet. Er wird aufgehalten an irgendeiner Sektorengrenze von einem amerikanischen Posten. Der Dirigent muß ungeduldig geworden sein. Der Amerikaner schießt ihn über den Haufen. – In ähnlicher Weise kam Anton Webern in Mittersill ums Leben.

In Frankfurt, wo ich nun wohnen konnte bis zum Herbst 1948, also bis zur Übersiedlung nach Leipzig, waren alle Musikstätten zerstört. Auch das Schauspielhaus. Alles mußte später neu errichtet werden. Am Eschenheimer Turm war das hübsche kleine Volksbildungsheim verschont worden. Doch der dortige Theatersaal reichte nur für Kammerspiele. Später war es das Theater am Turm, wo Rainer Werner Fassbinder eine kurze Zeit lang für sich Theater »spielte« (reizvoll bisweilen, doch unernst zumeist).

Die geistige Musikzerstörung hatte der materiellen Zerstörung entsprochen. Die musikalische Weltentwicklung seit 1933 war unbekannt geblieben im Musikland Deutschland, und auch seit den Scheinsiegen im Zweiten Weltkrieg im ganzen europäischen Osten.

Eine von Juden komponierte Musik hatte der Führer verboten. Sie sollte gleichfalls umgebracht werden. Seit dem »Unternehmen Barbarossa« gegen die Sowjetunion durfte keine russische Musik mehr erklingen im Reich damaliger Sieger. Béla Bartók war in die USA emigriert. Darius Milhaud rettete sich nach Südamerika.

Zwei Episoden von damals mögen andeuten, wie weit die Unkenntnis der wirklichen Musikgeschichte unter den Deutschen fortgeschritten war. Natürlich gab es Ausnahmen. Besessene junge Leute hatten trotzdem alles finden können, was sie suchten. Wolfgang Fortner hat mir damals erzählt, wie ein junger Mensch, der ein bißchen Krieg noch miterlebt hatte, bei ihm erschien und darum bat, ihm Kompositionsunterricht zu geben. Er kannte den Picasso ebenso wie den Strawinski oder Anton Webern. Richtig Klavierspielen konnte er noch nicht. Wolfgang Fortner besorgte ihm Klavierstunden in Heidelberg bei der großen Pianistin Frieda Kwast-Hodapp, die für das Werk Max Regers eingetreten war. Wolfgang Fortners junger Kompositionsschüler hieß Hans Werner Henze.

Nun die beiden Episoden des akuten Geschichtsverlustes. Im Kapitel über Otto Klemperer wurde ja bereits davon gesprochen: Otto Klemperer dirigierte gegen Ende der vierziger Jahre bei Walter Felsenstein das Orchester der Komischen Oper. Auf dem Programm die *Schottische Symphonie* in a-Moll von Felix Mendelssohn Bartholdy. Klemperer hatte damals die Angewohnheit, jene sehr melodische, doch etwas herkömmliche Apotheose von a-Moll zu A-Dur einfach fortzulassen. Er behauptete, Mendelssohn selbst habe diesen Übergang mißbilligt. Er schloß die *Schottische Symphonie* ab in leisem a-Moll. Keiner der anwesenden Zuhörer, Kritiker eingeschlossen, schien etwas gemerkt zu haben. Man kannte sie eben nicht mehr, die Musik des Juden Mendelssohn.

Den Bericht über die zweite Episode verdanke ich abermals dem Freund Wolfgang Fortner. Er berichtete damals in Frankfurt, als ich dort bereits als Chefredakteur von Radio Frankfurt amtierte, Fortner wohnte in Heidelberg, von den Zusammenkünften deutscher Musiker im Hause des Verlegers Ludwig Strecker vom Schott-Verlag in Mainz. Drei von den Amerikanern gesperrte Musiker hatten sich dort als Klaviertrio etabliert. Walter Gieseking, Gerhard Taschner, Ludwig Hölscher. An einem Abend sei auch der junge Geiger Günther Kehr im Hause Streckers gewesen. Er brachte etwas Ungeheures mit: die Partitur des Violinkonzerts von Béla Bartók (des *2. Violinkonzerts* von Bartók, wie man heute weiß). Alle hatten sich auf die Partitur gestürzt. Während des Abendessens hatte sich dann der Geiger Gerhard Taschner ins Nebenzimmer geschlichen, um für sich den Bartók vom Blatt zu spielen. Meisterhaft natürlich.

Kranichstein und die Wiederentdeckung
einer Neuen Musik

Seit dem 1. Mai 1946 hatte ich ein Dienstzimmer im Verwaltungsgebäude von »Radio Francfort«, einem Sender der amerikanischen Militärregierung. Man residierte im Gebäude einer Versicherungsgesellschaft. Das weitgehend wiederhergestellte Funkhaus lag schräg gegenüber. Im Nebenzimmer amtierte der für mich zuständige Kontrolloffizier Golo Mann, der alle meine Verfügungen und genehmigten Sendungen gegenzeichnen mußte. Golo Mann hatte, wie man bald herausfand, seiner Militärregierung die gesamte Struktur des neuen Senders entworfen. Er hielt sich, als guter Demokrat, an den Grundsatz der Gewaltenteilung. Es gab folglich zwei Chefredakteure. Ich war zuständig für »Politik und Nachrichten«. Der zweite Chefredakteur war zuständig für alle Kultursendungen. Ihm gehörte auch der Frauenfunk. Der Jugendfunk hingegen war bei mir zuständig. Er war natürlich ein Politikum.

Mein Kollege von der Kultur hieß Erich Lissner. Er war von seinem Jugendfreund empfohlen worden, dem Romanisten Prof. Werner Krauss, der vorerst, von den Russen aus der Zuchthauszelle in Bautzen befreit, wieder in seiner alten Universitätsstadt Marburg amtierte. Werner Krauss hatte wirklich zum deutschen Widerstand gehört und wurde zum Tode verurteilt. Gutachten seiner Freunde, darunter des Philosophen Hans Georg Gadamer, haben bewirkt, daß man ihn zu Lebenslänglich begnadigte. Der Krauss sei unzurechnungsfähig, hatten die Gutachter behauptet.

Ich habe nur gute Erinnerungen an Erich Lissner. Auch er ist vor der Zeit gestorben. In meinem Leben hat er damals Dreierlei bewirkt: Er machte mich mit Werner Krauss bekannt, wodurch eine lebenslange Freundschaft ebenso begründet wurde wie meine Habilitierung in Leipzig im Oktober 1947 und meine Berufung als Leipziger Professor zum 1. Oktober 1948. Werner Krauss hatte den Marburger Lehrstuhl aufgegeben, um einer Berufung auf den Leipziger Lehrstuhl für Romanistik zu folgen. Krauss hat in Leipzig auch die Berufung von Ernst Bloch auf den Lehrstuhl für Philosophie betrieben, nachdem Gadamer, der erste Nachkriegsrektor in Leipzig, nach Frankfurt gegangen war.

Der Intervention Lissners verdankte ich auch meinen ersten wirklichen Verleger und durch ihn die Publikation meines Manuskriptes über *Georg Büchner und seine Zeit*. Lissner hatte viele persönliche Kenntnisse und Beziehungen. Ich hingegen war in eine Fremde zurückgekehrt, kannte niemanden, wußte nirgends so richtig Bescheid. Auf Vorschlag des Kollegen Lissner ließ ich das einzige Exemplar meines Büchner-Manuskripts aus der Schweiz nach Frankfurt bringen. Bei meiner abenteuerlichen Reise ins Ungewisse im Oktober 1945 hatte ich mein Buch nicht mitnehmen wollen. Ein zweites Exemplar meines Manuskripts war rechtzeitig vor Kriegsbeginn bei Horkheimer in seinem New Yorker Institut deponiert worden. Leo Loewenthal hatte es dort in Obhut. Er hat es mir Jahrzehnte später wieder zugestellt.

Lissner erbat sich meinen Text, der ihm offenbar gefiel. Eines Tages erschien er mit einem noch verhältnismäßig jungen, freundlichen Mann in meinem Dienstzimmer. Max Niedermayer aus Bayern war einstmals ein erfolgreicher Tennisspieler gewesen. Mit den Braunen hatte er sich niemals eingelassen. Er war literarisch gebildet, interessant und interessiert. Die Amerikaner hatten ihm die erste Verlagslizenz in ihrer Besatzungszone erteilt. Limes-Verlag, Wiesbaden. Dort erschien noch im Jahre 1946 das Buch *Georg Büchner und seine Zeit*. Von nun an war ich für die damaligen Zeitgenossen, um mich von anderen Namensvettern zu unterscheiden, einfach der »Büchner-Mayer«.

Auch der dritte Bekannte Erich Lissners ist für mich wichtig, in einem sehr guten Sinne »anregend« gewesen: Wolfgang Steinecke in Darmstadt. Um seinetwillen mußten alle vorausgegangenen Mitteilungen gemacht werden.

Wolfgang Steinecke war im Krieg verwundet worden. Er litt an einem Beinschaden. Auch er ist früh gestorben, vermutlich an anderen und größeren Kriegsschäden. Für das Wiedererstehen einer Beschäftigung mit Neuer, also im weitesten Sinne zeitgenössischer Musik, war er von unschätzbarer Bedeutung.

In der interessanten Rowohlt-Monographie Jürg Stenzls über Luigi Nono von 1998 gibt es ein Photo von den Darmstädter Ferienkursen für »Neue Musik« von 1950. Wolfgang Steinecke, Hermann Scherchen, Edgar Varèse. Wolfgang Steinecke hat auch den jungen, in Deutschland ganz unbekannten Luigi Nono nach Darmstadt geholt. Er holte auch gleich zu Beginn der Ferienkurse auf der Mathildenhöhe, also in Kranichstein, jenen Dirigenten nach Darmstadt, ohne welchen eine Wiederentdeckung Neuer Musik hierzulande gar nicht möglich gewesen wäre: Hermann Scherchen. Scherchen war ein merkwürdiger Mann. Ich habe ihn immer wieder erlebt: zuerst bei Berliner Konzerten mit Neuer Musik in den zwanziger Jahren. Dann in Straßburg im Winter 1933/34 in meiner ersten (illegalen) Exilphase. Scherchen leitete damals, gleichfalls als Emigrant, wie bereits erwähnt, die Straßburger Oper. Ich sparte an meinem kärglichen Geld, um den *Tristan* und den *Othello* unter seiner Leitung zu hören. Gute Aufführungen natürlich, doch habe ich Scherchen niemals für einen wirklich musikalisch mitreißenden Interpreten gehalten. Er wußte zuviel, legte eben darauf vielleicht allzu viel Wert.

Mit zwei ehemaligen Getreuen Hermann Scherchens habe ich oft meine Eindrücke besprochen. Mit Scherchen selbst habe ich, wohl nicht ganz zufällig, niemals eine Bekanntschaft gemacht oder nur, später in Kranichstein, in der Form einer höflichen Vorstellung. Elias Canetti hingegen spricht in seinen Erinnerungen von Scherchen in hoher Bewunderung, obwohl er dessen Hochmut und herrisches Verhalten im Bericht durchaus nicht ausspart.

Rolf Liebermann hat nur Bewunderung zurückbehalten beim Umgang mit dem großen Dirigenten und dessen Biographie der vielen Ehen und Liebschaften. Rolf Liebermann war eben ein Komponist, der gute Fachkenntnisse erwerben mußte. Als Lehrer war Scherchen ebenso bewundert wie gefürchtet. Es gibt viele Gerüchte und Legenden.

Wolfgang Steinecke erschien bei mir in Radio Frankfurt in Begleitung des Komponisten Wolfgang Fortner. Das war auch noch im Jahre 1946. Fortner war mir als Komponist bekannt. Er lehrte geistliche Musik in Heidelberg, hatte auch ein Kammerorchester geleitet. Nun hatte er sich mit Steinecke zusammengefunden, um der musikalischen Amnesiezeit in Deutschland ein Ende zu bereiten. Sie hatten bereits die Zustimmung Scherchens erhalten. Er würde nach Darmstadt kommen, um mit jungen Musikern ihre neuen Partituren zu probieren und aufzuführen. Wolfgang Fortner selbst würde mit den jungen Leuten ihre Arbeiten analysieren und reparieren.

Ich selbst sollte gebeten werden, einen Vortrag bei diesen ersten Kranichsteiner Wochen über *Die literarischen Wurzeln der Neuen Musik* zu halten. Das gefiel mir gut. Es gehörte auch zu zeitgenössischer Musik, meinem Fach- und Kenntnisbereich.

So bin ich also dabei gewesen bei der Wiedergeburtsstunde einer Neuen Musik. Verglichen mit heutigen Vorstellungen von Tagungen, Symposien oder Colloquien über zeitgenössische Musik und zeitgenössisches Musizieren, waren wir eine ziemlich kleine Gruppe. Aber es waren, schaut man zurück, doch wohl die besten, vielleicht die einzigen Leute, die damals in solcher Weise hätten arbeiten können. Die beiden Komponisten Karl Amadeus Hartmann aus München und Wolfgang Fortner aus Heidelberg. Hartmann begründete wenig später die Veranstaltung einer MUSICA NOVA in München. Nach seinem Tode wurde die Veranstaltungsreihe durch Wolfgang Fortner weitergeführt.

Dazu die Musikkritiker Hanns Heinz Stuckenschmidt und Josef Rufer aus Berlin. Heinrich Strobel war aus Frankreich zurückgekommen und arbeitete nun als musikalischer Leiter des Südwestfunks in Baden-Baden. Wolfgang Fortner hatte zwei seiner Schüler mitgebracht. Einer war jener merkwürdige Hans Werner Henze.

Beim Rückblick fällt heute auf, daß es in Kranichstein gleich zu

Beginn ein musikalisches Übergewicht der sogenannten Zweiten Wiener Schule gegeben haben muß. Stuckenschmidt hat später ein großes und namhaftes Buch über Arnold Schönberg geschrieben. Er besaß die Gunst des mißtrauischen alten Meisters. Trotz aller Schülertreue hingegen war Theodor W. Adorno von Schönberg nie akzeptiert worden. Auch Josef Rufer war beim Meister genehm.

Einen anderen bedeutenden Schönbergianer lernte ich gleichfalls in Kranichstein kennen, wohl – meiner Erinnerung nach – in einem späteren Jahr. Ich habe René Leibowitz in jenen Jahren häufig erlebt und sehr gemocht. Ein wunderbarer Musiker und ein wunderbarer Dirigent. Er hat im Grunde in Europa, denn in Deutschland wollte er nicht bleiben, die strengen Interpretationsformen Alter wie Neuer Musik von neuem durchgesetzt, die ich noch in den zwanziger Jahren bei den Klavierabenden von Eduard Steuermann und den Quartettabenden der Kolisch-Leute erleben durfte. Die Plattenaufnahmen der Beethoven-Sinfonien unter Leitung von René Leibowitz halte ich nach wie vor für beispielhaft.

Es zeugt für die große persönliche und künstlerische Anziehungskraft von René Leibowitz, daß Hans Werner Henze, der ihn gleichfalls erst in Kranichstein kennenlernte, dann den Lehrer für Komposition wechselte. Von Wolfgang Fortner zu René Leibowitz. Das hatte gar nichts mit musikalischer Kompetenz zu tun, vermutlich aber mit Sympathie. In ähnlicher Weise hatte der noch knabenhafte Geiger Yehudi Menuhin die Lehrzeit bei Adolf Busch in Basel abgebrochen, um weiter zu studieren in Paris bei George Enescu.

In der musikalischen Dimension des frühen Kranichstein befand sich die zeitgenössische Musik Frankreichs, und mit ihr die Musik Igor Strawinskis, in der Minderheit. Andererseits hatte sie in Heinrich Strobel einen tapferen und mächtigen Promoter. Die Hauptstadt dieser Gegenregierung war Baden-Baden. Strobel hatte die Zeitschrift *Melos* mitbegründet, die von allen damals debütierenden Musikzeitschriften am besten redigiert war.

Ich selbst hatte mir bei eifriger und auch williger Lektüre von

Adornos *Philosophie der Neuen Musik* ein bißchen den Magen verdorben. Ein manichäisches Buch. Alles was Schönberg entwarf, um den Rousseau einen Augenblick zu zitieren, ist gut. Alles entartet unter den Händen Strawinskis. Diesen Antagonismus gab ich jedoch bald auf. Natürlich war Igor Strawinski einer der großen Tonsetzer in unserem 20. Jahrhundert.

Übrigens holten wir auch einen Schönbergianer als Dirigenten zu uns nach Frankfurt. Winfried Zillig hat beim Orchester des späteren Hessischen Rundfunks in gleicher Weise Pionierarbeit geleistet, wie die von Strobel nach Baden-Baden geholten Dirigenten Hans Rosbaud und Bruno Maderna. Ob Rosbaud jemals in Kranichstein dirigiert hat, weiß ich nicht. Bruno Maderna aber finden wir bereits zusammen mit Luigi Nono, seinem Freunde, im Jahre 1950 bei den Tagungen auf der Mathildenhöhe. Vielleicht aber wurde Nono, der spätere Schwiegersohn Arnold Schönbergs, möglicherweise von der Gegenfraktion nach Darmstadt eingeladen?

Von den Konzerten jener Jahre blieben in meiner Erinnerung zunächst einmal die Umstände der ersten Aufführung einer Musik des jungen Hans Werner Henze. Hermann Scherchen leitete einen langsamen Satz aus Henzes späterer *Erster Sinfonie*. Henze saß neben mir im Publikum. Äußerlich ganz ruhig, doch tief erregt. Es wurde ein Erfolg. Ich flüsterte ihm rasch zu, nun müsse er aufstehen, aufs Podium gehen, sich beim Dirigenten bedanken, dann beim Konzertmeister, um sich anschließend selbst zu verbeugen, wenn noch geklatscht würde. Genau so hat er es dann gemacht. Seitdem hat Henze eine solche Anleitung wohl kaum mehr nötig gehabt.

Da ist auch noch ein Abend in meiner Frankfurter Wohnung, möblierter Herr natürlich, unweit vom Rundfunk. Der amerikanische PEN-Club schickte mir ein CARE-Paket. Ich teilte es eines Abends mit Fortner und Henze. Uns war orgiastisch zumute.

Großen Eindruck machte mir, das muß ein Jahr später gewesen sein, ein *Furioso für Orchester* von Rolf Liebermann. Abermals von Scherchen geleitet. Das war eine fulminante Musik, die auch bei späteren Wiederholungen, die ich hören konnte, ihre Wirkung auf mich niemals verfehlte. Übrigens hatte der Komponist damals im Programmzettel einen Untertitel beigefügt: Vorspiel zu einer Chinesischen Revolution. Es war die Zeit des Langen Marsches auf Peking.

Viermal habe ich insgesamt auf einer Kranichsteiner Tagung referiert. Der erste Vortrag über die *Literarischen Wurzeln der Neuen Musik* mußte von der Erfahrung ausgehen, daß der deutsche Geschichtsverlust alle literarisch-musikalischen Zusammenhänge im allgemeinen Bewußtsein ausgelöscht hatte. Ich konfrontierte also die Konstellation Hugo von Hofmannsthal – Richard Strauss mit jener anderen Konstellation der geistigen Bundesgenossenschaft zwischen Karl Kraus, Arnold Schönberg und den Schönbergianern.

Ein Exemplar seiner *Harmonielehre* dedizierte Arnold Schönberg dem Herausgeber der *Fackel* zu dessen 50. Geburtstag (1924). Alban Berg schrieb damals einen dankbaren Widmungsbrief.

Andererseits gab es auch ein enges künstlerisches und persönliches Verhältlnis zwischen Karl Kraus und dem jungen Bertolt Brecht. Hanns Eisler war ein Schüler Arnold Schönbergs, er blieb es ein Leben lang. Doch er war auch ein Freund Bertolt Brechts, blieb es ein Leben lang.

Mein zweiter Kranichsteiner Vortrag war Alban Berg gewidmet. Es ging dabei weitgehend um die Beziehungen zwischen Büchners *Woyzeck* und der Oper *Wozzeck*. In der ersten Ausgabe meines *Georg Büchner*-Buches wird am Schluß sogar eine künstlerische Progression von Büchner zu Alban Berg behauptet. Sie war jedoch, wie ich mir bald eingestehen mußte, nicht zu etablieren.

Mein dritter Vortrag über *Kulturkrise und Neue Musik* wurde kontrovers aufgenommen. Heinrich Strobel war dagegen. Er veröffentlichte meinen Text im *Melos*, um Gegendarstellungen zu provozieren. Was übrigens merkwürdigerweise gar nicht geschah. Wir alle waren jedoch, nach wie vor, sehr unter uns. Dennoch zeigte es sich, daß Kranichstein sehr erfolgreich gewirkt hat. Viele wunderbare Musiker habe ich dort erlebt. Die besten Interpreten Neuer Musik waren zur Stelle. Der Pianist Peter Stadlen und der Geiger Tibor Varga. Wunderschöne Aufführungen des *Kammerkonzerts* von Alban Berg und des *Klavierkonzerts* von Schönberg.

Inzwischen war ich, seit dem 1. Oktober 1948, in Leipzig zuhause, nach meiner Berufung als Professor an der Universitas Litterarum Lipsiensis. Doch Steineckes Einladungen erreichten mich nach wie vor. Im Jahre 1950 kam ich noch einmal zur Mathildenhöhe und sprach dort, nach meiner Bekanntschaft mit Brecht, über *Episches Theater und Neue Musik*. Das Klima hatte sich bereits verändert. Es gab ästhetische Polarisierungen. So erlebte ich die deutsche Uraufführung einer Musik von Luigi Nono. Prompt gab es Skandal. Ich sehe ihn noch vor mir, den strahlenden jungen Komponisten, wie er, inmitten von Protestrufen und Beifallsgeschrei, die Hände hochwirft.

Jürg Stenzl schreibt zur Aufführung dieser Musik in seinem Buch über Luigi Nono:

Der Titel von Nonos *Variazioni canoniche* läßt zunächst ein neobarockes Werk erwarten, scheint auf Scherchens intensive Beschäftigung mit Johann Sebastian Bach zu verweisen, insbesondere auf Bachs Spätwerk *Canonische Veränderungen über ›Vom Himmel hoch‹* für Orgel, BWV 769. Statt des Chorals aber griff Nono zu der Reihe von Schönbergs *Ode to Napoleon Bonaparte* (1942). Diese Wahl scheint doppelt begründet: Zum einen handelt es sich um jenes Werk Schönbergs, mit welchem er »die tiefe Erschütterung der Menschen über all jene Verbrechen zum Ausdruck bringen« wollte, »die diesen Krieg hervorrufen. (…) Ich wußte, daß es eine moralische Pflicht der Intellektuellen war, gegen die Tyrannei Stellung zu beziehen.« Doch ist Schönbergs Reihe außerdem eine ungewöhnliche Reihe – und sie wurde von ihm auch auf ungewöhnliche Weise kompositorisch verarbeitet: Die Töne 7–12 sind der Obersekund-Krebs der Töne 1–6, so daß man Schönbergs Op. 41 als eine Komposition mit Sechstonreihen im Zwölftonrahmen bezeichnen kann. Noch ungewöhnlicher ist, daß diese Sechstonreihen nur aus regelmäßigen Folgen von kleiner Sekunde und großer Terz bestehen. Wer in Nonos Werk hineinhört, wird allerdings vergebens auf herkömmliche Kanons oder Variationen (auch Zwölftonvariationen, wie sie Webern komponierte) warten. Selbst Schönbergs Reihe, auf die doch der Titel hinweist, wird erst zu Beginn des letzten der vier pausenlos aufeinanderfolgenden Teile leise (in der Harfe) und in dessen Mitte (als Solo des Sopransaxophons) als geschlossenes Ganzes hörbar.

Nach Kranichstein bin ich dann nicht mehr zurückgekehrt. Dort regierte bald darauf Theodor W. Adorno. Auch Stockhausen übte einige Herrschaft aus. Später kam, diesmal auf Wunsch von Strobel und Maderna, auch der junge Pierre Boulez aus Paris. Er verkündete, als ein später Nietzscheaner, Schönberg sei inzwischen tot. Auch Anton Webern sei zwar tot, trotzdem lebendig. Übrigens solle man alle Opernhäuser in die Luft sprengen.
Kranichstein war also schließlich doch nicht haltbar. Wolfgang Steinecke starb. Von Baden-Baden aus aber hatte Heinrich Strobel die Auferstehung der einstigen Donaueschinger Festspiele Neuer Musik durchgesetzt. Sie erwiesen sich als haltbar.

Exkurs:
Kulturkrise und Neue Musik, 1948

Wir wollen es nur gestehen: es klingt nach Provokation und soll auch danach klingen, wenn wir Ferienkurse und Sonderaufführungen für Neue Musik mit einem Vortrag beginnen, der diese Kunst in Zusammenhang bringt mit den Aufspaltungen und Zersplitterungen unserer heutigen Zivilisation. Damit wird gleich zu Anfang angedeutet, daß es sich in allem, was nun folgen wird an Gesprochenem und Tönendem, um etwas ganz anderes handeln muß, als um Genuß und Eugenik der Seele. Schon Bertolt Brecht, den wir nicht ohne Absicht als ersten Namen hier anrufen, erklärte – das ist bereits zwanzig Jahre her –, sein episches Theater wolle nichts mehr gemein haben mit den kulinarischen Funktionen früherer Dramatik: es solle nicht in angenehmer Entzückung die Stimmung eines Kammerspiels, der leise Seelenton etwa der *Möwe* von Tschechow oder die Verspracht der *Iphigenie* hingenommen werden. Nun gelte es eine härtere, kühlere, verstandesklarere Haltung im Theater, die Haltung eines Menschen, der beteiligt werden, zur unmittelbaren Auseinandersetzung herangezogen werden soll. Damit war einfach zunächst einmal ausgesprochen, daß heute das Drama im Bereich einer bis auf die Grundfeste erschütterten Gesellschaft nicht mehr den gleichen Aufgaben zu dienen vermag wie in seelisch oder gesellschaftlich geschlossenen Epochen. Die Welt des spanischen Theaters war einheitlich auf der Szene und vor der Szene: in den Glaubensspielen Calderóns wurde auf der Bühne ein Dogma zelebriert, das auch als solches für den Zuhörer Geltung besaß. Die Mantel- und Degenstücke Lopes' oder Moretos zeigten oben wie unten den Konflikt der Herren und Diener. Das Drama Racines und die Komödien Molières boten lebendige Gegenwart, auch wenn das römische oder türkische Gewand getragen wurde: da war keine Zeile, die nicht aus unmittelbarer Aktualität gespeist und empfangen wurde. So noch bei Schiller und dem bürgerlichen Schauspiel der Engländer, bei Tolstoi und Gogol. Inzwischen hat sich vieles gewandelt. Wir sahen die geschlossene Welt der Gegenreformation und des Absolutismus verschwinden, die Freiheitsdichtung des bürgerlichen Aufstiegs und die Stimmungskunst erster bürgerlicher Selbstzersetzung. Als alles angezehrt und beinahe zum Ekel geworden war, als an die Stelle der früheren Forderung an das Theater, stets gleiche Probleme zu bringen, in unserer Nervenkunst der Anspruch getreten war, stets neue, überraschende Motive zu erleben, wurde der Abstand zwischen dem Geschehen auf und vor der Rampe immer breiter. Nun gab es bald bloß noch die Flucht des Dramatikers in die Historie, in eine Geschichtlichkeit ohne Beziehung zur Gegenwart, oder die lyrische Träumerei, oder die Lehrhaftigkeit des Thesenstückes, das zu belehren suchte, um mit dem Zuhörer zugleich, vermittelt und indirekt, dann die Wirklichkeit selber verändern zu können.

So wurde, um das Beispiel des Theaters noch einmal festzuhalten, aus solcher Kunstform entweder eine Übersteigerung der Beziehungslosigkeit destilliert, als Traum, Lyrik und historische Maskerade, oder es wurde die Trennung des ehemaligen Kunstgenießers und seines Objektes, des Kunstwerks, in einer weltanschaulichen Aktion bewußt aufgehoben. Man wird nicht leugnen können, daß auch die musikalische Entwicklung der Gegenwart in tausend Fäden mit diesem Krisenzustand unserer Epoche des zerstörten Weltanschauungsgefüges verbunden ist. Wir führen die *Matthäus-Passion* und die großen Messen im Konzertsaal auf und dokumentieren bereits dadurch, daß die innere Einheit des Gebotenen und dessen, dem sie geboten werden, längst verschwand. Die Choräle dieser Passionen waren Aktion der betenden Gemeinde: heute wurden sie zum Konzertstück der Singakademien. Auf die objektive Bekenntniskunst folgte der Grenzfall Beethoven mit seinem extremgewaltigen Versuch, in einer bedrohten Gesellschaft durch das Pathos einer gewaltigen Seele subjektive Inhalte der Menschenliebe und Menschenwürde an die Stelle verlorengegangener objektiver Werte zu setzen. Das gilt nicht bloß für die *Neunte Sinfonie*, nicht bloß für die sehr irdische Friedensbitte aus der *Missa solemnis,* sondern nicht zuletzt auch für die Fugentechnik des letzten Beethoven. Das aber war der Grenzfall. Von nun an war die Subjektivierung der Musik nicht mehr aufzuhalten. Es ist bezeichnend, daß der vielleicht einzige Musiker, der seit Beethoven noch einmal den Eindruck objektiver, unzerrissener Weltgefühle vermitteln konnte, daß Anton Bruckner ein Mensch war, worin sich Musik von aller Auseinandersetzung mit dem Zeitgeist, mit dem Fragwürdigen und Zerrissenen gelöst hatte. Allein bereits hier war der Zwiespalt unverkennbar zwischen den formalen Ausdrucksmitteln, die an Wagner und alle Elemente der modernen Harmonik anknüpfen, also an Produkte höchst verfeinerter Nervenkunst – und der bäuerlich-gläubigen, innerlich fraglosen Seelenhaftigkeit der Werke. War Beethoven der Grenzfall einer subjektiven Kunst, die noch Objektivität bedeuten konnte, weil eine große Seele sich in Einklang befand mit Freiheitsströmungen einer ganzen Epoche, so war Bruckner der andere Grenzfall objektiver Werte dank völliger Abkehr von Zeitgeist und Zivilisation.

Dazwischen und danach aber, welche Möglichkeiten waren der Musik gegeben? Sie hatte mit entscheidenden Faktoren zu rechnen, die es früher nicht gegeben hatte. Zunächst mit dem Historismus. Darin erging es ihr wie allen übrigen Ausdrucksformen unserer modernen Kultur. Die Menschen der Gotik wußten nicht, daß sie nun »gotisch« bauten und daß nach ihnen der Stil der Renaissance entstehen werde. Die historische Betrachtung ihres Bau- und Lebensstils wäre ihnen ebenso absurd erschienen wie etwa im Jahre 1756 ein Ausspruch Friedrichs von Preußen: »Nun beginnen wir den Siebenjährigen Krieg!« Gotik und Renaissance waren einfach die aktuellen, allein gültigen Ausdrucksformen ihrer Zeit, so wie es für Calderón und Racine oder noch Schiller nur mehr die von ihnen gewählte und geübte Dramentechnik gab und keine andere. Seit dem 19. Jahrhundert haben wir jedoch gelernt, historisch zu denken und zu verstehen. In der zweiten Hälfte dieses Jahrhunderts baute man neue Gotik oder Renaissance, klassizistisch oder im Stile der Schlösser von Trianon.

Ludwig II. von Bayern, Wagnerianer auch darin, baute abwechselnd in jedem dieser Stile. Auch die Musik folgte der allgemeinen Tendenz einer Epoche mit reichem geschichtlichem Gepäck: wir erlebten die Händel-Renaissance und die historisierende Debatte um den Aufführungsstil Bachs, Neuromantik und Neoklassik, das »Zurück zu Mozart« und, etwa in der russischen Symphonik der letzten Zeit, auch eine »Zurück zu Beethoven«. Überschauen wir die Satz- und Tempobezeichnnungen zeitgenössischer Musikwerke, so wirken sie alle wie Anachronismen aus längst vergangenen Epochen. Diese Motetten und Sarabanden, die Concerti grossi und Passcaglien wirken wie formalistisch erstarrte Überreste aus einer Zeit, da das alles lebendige Aktualität war. Wie das Italienisch unserer Vortragsbezeichnungen, das zur sakralen Sprache der Musik geworden ist, während es lebende Sprache der Musiker zu einer Zeit war, als sie alle italienisch sprachen und verstanden. Es wird Zeit, daß wir uns solch einer historischen Bedingtheit der Bildungshypothek bewußt werden, die auf unserem gesamten heutigen Musikschaffen ruht.

Daraus folgt ein anderes: was wir heute als die große klassische und romantische Musik bezeichnen, war damals die neue Musik schlechthin. Die Konzerte Haydns und Mozarts und noch Schuberts enthielten neue Werke: man kannte nur in verschwindendem Maße ein Programm mit historisierender Tendenz. Das Musikleben bestand aus Aufführungen neuer Musik. Noch Paganini und Spohr und Viotti spielten im wesentlichen bei ihren virtuosen Abenden eigene neue Werke, desgleichen Chopin und Liszt. Und wenn Liszt die symphonischen Etüden Schumanns spielte, so war auch das neue Musik; und wenn er als einer der ersten die letzten Beethoven-Sonaten aufführte, so war das gleichfalls unbekannte, neu präsentierte Kunst. Der Grenzfall zeigt sich in den Gewandhausprogrammen Mendelssohns, des vielleicht ersten modernen Kapellmeisters. Hier lag der Schwerpunkt auf dem Neuen, bis dahin Unerhörten und Unbekannten, auf den zyklischen Aufführungen sämtlicher Beethoven-Sinfonien, auf der posthumen Darstellung der beiden nachgelassenen Sinfonien Schuberts, auf den Uraufführungen Schumanns und der Zeitgenossen: selbst damals war das ein lebendiges Musizieren mit neuer Musik. Erst in der zweiten Hälfte des 19. Jahrhunderts begann jener unaufhaltsame Prozeß der Trennung von neuer Musik und Wiederholung historisch bewährten oder sogenannten »Kulturerbes«. Wenn es heute dem Musiker zum Verdienst angerechnet wird, in ein konventionelles Programm auch moderne Musik aufzunehmen, so war es vor hundert Jahren noch umgekehrt: damals wurden gelegentlich in ein Programm zeitgenössischer Musik auch ältere Werke aufgenommen, wenn sie dem Virtuosen besonders reizvoll erschienen.

Dieser Prozeß aber, der allmählich den Musikbetrieb unserer Zeit auseinanderfallen ließ in die unverbindliche Betrachtung überlieferter musikalischer Kostbarkeiten und die meist widerwillig betriebene Experimentierfreude mit neuen Formen, hatte auch im gesellschaftlichen Bereich sehr einschneidende Rückwirkungen. Inzwischen nämlich war nicht bloß die geistige Einheit zerstört worden, die alle Ausdrucksformen der vergangenen Jahrhunderte zu allgemein gültigen gemacht hatte. Auf dem Theater war die geistige Einheit Calderóns, Racines und Schillers endgültig zerstört. Im Musikleben gab es weder die Höfe, die ihre Musikanten in Brot setzten, noch die Aristokraten des ausgehenden 18. Jahrhunderts, die Musik als Erhöhung ihrer Lebensform betrieben, noch selbst die bürgerlichen Mäzene und Patrizier der aufstrebenden kapitalistischen Ära. Die Welt Bachs war ebenso vergangen wie jene Beethovens und wie die Welt der bürgerlichen gebildeten und besitzenden Wagnerianer nach 1870. Von nun an wurde Musik betrieben ohne gesellschaftlich enge Beziehung zwischen dem produzierenden Musiker und seinem konsumierenden Publikum. Mehr noch: es fehlte an gesellschaftlicher und geistiger Einheit, die den Musiker in seiner Produktion umfangen und geborgen hätte. Er schuf innerhalb des gesellschaftlichen Chaos, in der sozialen Krise. Es gibt weder ein höfisches noch ein aristokratisches, weder ein bürgerliches noch ein nachbürgerliches Publikum, an das sich der heutige produzierende Musiker als sein Publikum, seine Gesellschaft, seine Gemeinschaft wenden könnte. Im Gegenteil: immer größer wird der Abstand zwischen einer Gesellschaft, die bunt gemischt ist aus absterbenden und aufsteigenden Schichten – und einem Musikbetrieb, der weder die eine noch die andere wirklich zu erfassen vermag. Die neue Musik unserer Tage als aktuelles Erlebnis wendet sich nur noch an kleine Gruppen, Zirkel und Gemeinden. Wir sind weit abgekommen von der Zeit, da neue Musik die Norm und nicht das Anomale darzustellen vermochte.

Die Folgen dieser Krise hat jeder, der heute schöpferisch zu wirken sucht, entweder erfaßt oder auch indirekt bestätigt, wenn es ihm selbst nicht klar wurde. Man kann die Folgen mit den drei Ausdrücken der Historisierung, der Spezialisierung und der Formalisierung bezeichnen.

Ein Übermaß historischer Kenntnisse ermöglicht uns, wie bereits gesagt, ein Spiel mit allen Formen der Vergangenheit, ohne daß daraus eigene Formen und Stile unserer Zeit geworden wären. Die Spezialisierung ergibt sich aus der Trennung des geschichtlich überlasteten üblichen Konzertbetriebs vom experimentellen Streben einer kleinen Gruppe der Neuerer. Die neue Musik wurde weitgehend zu einer Musik für die Musiker. Die Formalisierung schließlich übernahm alle Ausdrucksmittel der Vergangenheit, um sie entweder nach Epigonenmanier zu reproduzieren, wobei ich als äußerste Pole solchen Verhaltens Pfitzner und Reger nennen möchte, oder sie betrachtete jene Formen, die einstmals Formen für lebendige Inhalte gewesen waren, bloß noch als tote Struktur, als Marionette, die man zerlegt und wieder gespenstisch zusammensetzt. Wenn ich hier den späten Strawinski als Beispiel wähle, so ist damit keineswegs ein Urteil über Wert und Unwert gegeben, sondern eine soziologische Analyse. So verblüffend und paradox es für den Augenblick klingen mag: gesellschaftlich gesehen stellt Hans Pfitzners Reproduktion der Welt Eichendorffs und Webers in einer Zeit, die wahrhaftig nicht mehr der mondbeglänzten Zaubernacht seelisch gewachsen ist, deren Nacht oder Wald auch gar nicht mehr objektiv den analogen Gebilden echter Romantik gleicht, gar nichts anderes dar als Strawinskis oder auch Hindemiths Formenspiel mit den fleischlosen Skeletten Weberscher Musikstücke. In beiden aber steckt die Krise, die Krankheit zum Tode: im geistlosen romantischen Epigonentum, das den größten Teil der jüngeren deutschen Komponisten erfaßt hat, wie im halb spielerischen, halb zynischen Leichenschmaus, den Strawinski sich aus solcher Vergangenheit bereitet. Mit dem Unterschied allerdings, daß Strawinski damit bewußt Musik der Krise in der Krise schafft, während die Epigonen mit törichtem Eifer einen Betrieb weiter zu betreiben gedenken, der längst aufhörte, sinnvoll oder gar lebensvoll zu sein.

In solchem Wirbel, solcher Anarchie der Seele stellt sich die Frage nach neuen Inhalten: »Gebundensein und kräftig binden...« Das wollte schon die Dichtung des jungen Hugo von Hofmannsthal, deren Tiefe und mitschwingendes Grauen heute immer stärker erkannt werden, deren Eigenwert der Dichtung neu erscheint, nachdem Richard Strauss nur allzu oft und allzu schön an ihren Untiefen vorbei musiziert hatte. So daß die späten Opern dieser dichterisch-musikalischen Gemeinschaft immer wieder den Zwiespalt bieten zwischen einem angstvoll in Nachtvisionen und Untergangsstimmung vibrierenden Text – und einer fröhlichen Tagessinnlichkeit der Musik. Zuletzt aber bleibt doch der angstvolle Ruf des Dichters nach den neuen Inhalten. Vielleicht ist es kein Zufall, daß die reifsten Kulturen unserer bürgerlichen Welt, die französische und die österreichische, in ihren Dichtern und Musikern am frühesten das Gefühl des Untergangs und des Suchens nach neuen verbindenden Werten auszudrücken vermochten. Romain Rolland unternahm in dem großen Musikerroman seines *Johann Christoph* den merkwürdigen Versuch, die Welt und Gesellschaft seiner Zeit mit den Augen Beethovens zu betrachten. Das ergab eine Verurteilung dieser Welt, das Drama eines Zwiespalts zwischen dem Herzen des großen Bürgers und der herzlos gewordenen, entarteten Bürgerlichkeit. Im Bereich der einstigen Habsburger Monarchie und erst recht nach ihrem Zusammenbruch standen – weit voneinander getrennt und einander doch so nah – Hofmannsthal und Franz Kafka vor der Mechanisierung einer Gesellschaft in ihrem Endstadium. Kafkas letztes Wort blieb: sinnloser Untergang, und der reine Mensch in Hofmannsthals letztem Schauspiel, dem *Turm*, geht gleichfalls an den Menschen seiner Zeit trostlos und hoffnungslos zugrunde. Das gleiche Drama aber, die gleiche abgründige Sehnsucht hat ein anderer Mensch jener zerfallenen österreichischen, überreifen Bürgerwelt als Musiker empfunden. Und darum ist es notwendig, diese große Gestalt einmal neu in solche Zusammenhänge einzugliedern.

Wir sprechen von Gustav Mahler. Allzu oft hat man auch heute noch das Problem seiner Musik vom Formalen her zu deuten versucht, aus dem Zwiespalt zwischen Wollen und Können, zwischen ererbten und neugeschaffenen Ausdrucksmitteln. Dabei wurde aber gerade das Entscheidende dieses Künstlerlebens übersehen. Gustav Mahler ist nämlich wohl der erste moderne Musiker in jenem Sinne, daß er bewußt in der Krise einer Zivilisation nach neuen Bildungselementen, nach neuen Inhalten, neuem Trost suchte. Wenn Gustav Mahler des Knaben Wunderhorn beschwört und die Welt deutscher Romantik, das mährische Dorf und den Tanz der Landleute, so ist das um Welten getrennt von der Grundstimmung Pfitzners und seiner *Kantate von deutscher Seele.* Auch Pfitzners anachronistische Naivität ist in sich zerrissen, wie der *Palestrina* zu zeigen vermag. Trotzdem ist das Musikdrama des päpstlichen Komponisten ein individueller Seelenkonflikt in der Nachfolge Schopenhauers; bei Mahler dagegen geht es um die Zerrissenheit einer ganzen Zeit und Gesellschaft. Immer wieder sucht diese Musik den Weg zurück ins Kinderland des Menschen und der Menschheit. Sie kann ihn nicht finden. Noch ist das bäuerliche Erbe in diesem mährischen Juden stark genug, um den Ton der Gläubigkeit im »Urlicht« und im Gesang der Engel einmal noch anzuschlagen. Aber das sind Ruhepausen im Prozeß der Selbstvernichtung. Dann folgt immer wieder der Hexensabbat, dann wird der Kanon vom »Bruder Martin« verhöhnt und zerfetzt, dann entwickelt sich der Bauerntanz auf herabgestimmter Fiedel zum Totentanz, dann wird der Auferstehungschor nach Klopstocks Worten in Versen Gustav Mahlers fortgedichtet und als das enthüllt, was wirklich dahintersteht: als Wille zu glauben in einer glaubenslosen Welt, als entleertes Christentum. Groß ist diese Musik vor allem in ihren Untergangsklängen, ihren Depressionen und Verzweiflungen. Darum ist Mahlers *Neunte Sinfonie* der eigentliche Gipfel seines Werks, nicht das *Lied von der Erde.* Es gab in der Nachfolge Mahlers noch einmal die Fortsetzung hoffnungsloser Melancholie in den Todesklängen der Musik Alban Bergs, im *Wozzeck*, mit dem öden Tag als Ausklang, in der Klage um Lulus irdische Schönheit und in den Klängen des Chorals »Es ist genug« im Violinkonzert. Nirgends spürt man stärker den Abstand zwischen einer glaubensmäßigen Einheit, repräsentiert durch den Choral aus der Zeit Bachs, und der glaubenslosen Anrufung mit Bachschen Formeln wie in diesem Requiem Alban Bergs.

Noch wurden der Musik unserer Tage andere Inhalte vom Geschichtlichen her zugänglich. Man konnte die Formeln früherer Zeitalter erneuern, man konnte aber auch geographisch der Ausbreitung der nationalen Musiken eine Weltmusik folgen lassen, wie sich die Volkswirtschaft zur Weltwirtschaft, die nationale Literatur zur Weltliteratur entwickelt hatte. Das 19. Jahrhundert hatte die Nationalmusiken aufgerufen: die Russen und Spanier, die Skandinavier und die Tschechen. Im Zuge der Vereinheitlichung und Technisierung unserer Welt wurde alles noch einmal überprüft und in den Überresten aufgezehrt. Der ungarischen Volksmusik Liszts folgte Bartók, dem Zeitalter Smetanas schloß sich Martinù an, dem Negerlied bei Dvořák die Verwendung der Jazzelemente in der Musik unserer Tage. Alles aber war ein Endstadium, eine Schlußinventur. Konnte es darum verwunderlich sein, wenn sich immer mehr Musiker unserer Tage jenem einzigen Inbegriff der Inhalte zuwandten, der verhältnismäßig unerschüttert geblieben war, dem christlichen Dogma? Überblickt man die Hochflut kirchlich dogmatischer Werke gerade aus der letzten Zeit, Werke etwa von Honegger und Messiaen, schaut man in die Werkliste jüngerer Komponisten mit ihrem betont sakralen Bereich, so ist die Tendenz unverkennbar, nicht weniger aber auch jener Zug einer etwas hektischen, krampfhaften Gläubigkeit. Überdies scheint die Erneuerung musikalischer Inhalte nur aus dem katholischen Dogma möglich zu sein, während der protestantische Seelenbereich, abgesehen von der internen kirchlichen

Gebrauchsmusik, genau so ausgeleert wirkt wie die Welt nichtgläubiger Menschen.

Was aber vermag die Musik unserer Tage auszudrücken, wenn ihr Schöpfer nicht mehr im christlichen Dogma und nicht mehr in Zwiesprache mit den Klängen überlieferter Volksmusik zu leben vermag? Franz Kafka schildert einmal in wenigen Worten die Ursachen seiner Erschütterung und seines Zweifels: als Jude habe er niemals zum Kreuz aufzuschauen vermocht, aber auch den jüdischen Gebetsmantel habe er, vom Wind der Zeit davongeweht, entflattern sehen. Darum steht die Welt dieses verzweifelten Menschen und großen Dichters vor uns wie ein mechanisiertes Ungeheuer: gnadenlos und hoffnungslos, ohne Sinn und Erfüllung und Gerechtigkeit. Kann man erwarten, der moderne Musiker werde andere Töne finden, wenn er den gleichen Sachverhalt darstellt? Als sich die Krise erst ankündigte, die wir heute durchleben müssen, erkannte Schiller bereits, daß der Dichter in der Neuzeit kaum mehr naiv sein könne, sondern sentimentalisch zu sein verurteilt werde. Die sentimentale Dichtung aber gipfelt in der Satire und Elegie: sie klagt über vergangene Schönheit und Erfüllung, oder sie klagt unwürdige Zustände an. Klage und Anklage sind jene Klänge, die einer zerrissenen Kultur angehören. Darf man sich wundern, wenn auch in unseren Tagen gerade die wahrhaftigsten Musiker, wo sie es nicht vorziehen, das Spiel tönend bewegter Formen ins Formalistische überzuleiten, nur noch solche Klänge der Klage und Anklage zu hören vermögen? Solches Weltgefühl klingt in Honeggers Streichersinfonie vom französischen Zusammenbruch oder in Karl Amadeus Hartmanns Partituren aus den Tagen des Dritten Reiches oder in Wolfgang Fortners Sinfonie aus dem Deutschland des Jahres 1947. Wird man erwarten können, daß Arnold Schönbergs letztes Werk, das wir noch nicht gehört haben, die Kantate des Überlebenden aus dem Todeskampf im Warschauer Getto, angenehmere Töne anstimme und freudenvollere?

Wir haben damit an die *Neunte Sinfonie* erinnert, und zwar nicht leichthin, so etwa wie man schöne und beliebte Zitate in Festreden einbetten mag. Es geht bei der neuen Musik um die

Frage, die Beethovens Werk überschattete: Verkettung von musikalischer Form und menschlicher Gesittung. Wie steht es damit für die neue Musik unserer Tasge innerhalb der Kulturkrise? Niemand vielleicht hat tiefer über das Wesen der Musik, ja überhaupt des Kunstwerks unserer Zeit geschrieben und gedacht als Thomas Mann in seinem letzten großen Roman, in der Lebensgeschichte des deutschen Tonsetzers Adrian Leverkühn. Das ist ein Buch vom Faschismus und ein Buch von den musikalischen Elementen im deutschen Wesen – und nicht zuletzt ein Buch über das Schicksal der Musik in unserer Zeit. Adrian Leverkühn, der unselig geniale deutsche Musiker, glaubt zu erkennen, daß das gültige, dauernde Werk in unserer Zeit nicht mehr möglich, daß die Kunst zu schwer geworden sei, daß sie in Künstlichkeit, Ironie und damit in der Vereinsamung zu wirken habe. Damit aber wird diesem Musiker Thomas Manns, der stellvertretend ist für das Wirken des Künstlers in unserer Zeit, alles Erleben gleichsam zur »Zurücknahme«, zum Widerruf früherer verbindender Botschaften. Beethoven hatte die Brüderlichkeit der Menschen besungen: aus dem tiefen Es des *Rheingold*-Vorspiels, aus dem Urgrund der Dinge war die tönende Gestalt der Welt aufgebrochen. Bei Leverkühn, dem deutschen Musiker unserer Tage, gab es bloß noch den Rücklauf und die Zurücknahme. Er vermochte bloß noch die Apokalypse zu besingen, den Einbruch der Inhumanität, gleichsam eine Neunte Sinfonie mit negativen Vorzeichen. Bis er schließlich in seinem letzten, von Thomas Mann erdachten Musikwerk, der Höllenfahrt des Dr. Faustus, in hohem ausklingendem Ton die Musik verzweifelt ins Leere, Gestaltlose zurückkehren läßt.

Ist hier das Ende? Stehen wir damit am Ausgang der Geschichte unserer abendländischen Musik? Man möge nicht höhnisch unter Berufung auf die ewige Schöpferkraft des Genies die Frage von sich abtun. Eine Begabung formaler und inspirativer Art, die bloß noch mit leergewordenen Formen und Inhalten zu arbeiten hat, wird diese Schranken der Zeit nicht zu brechen vermögen. Den Fluch des Epigonentums, der Erschöpfung überlieferter Formen und Inhalte hat schon Brahms in mancher

Stunde erschauernd gespürt. Ob das christliche Dogma den musikalischen Geist unserer Zeit auszufüllen vermag, wird für den Nichtgläubigen zweifelhaft bleiben. Was Brahms als Fluch des Epigonentums ahnte, sollte Hindemith in unseren Tagen nur um so tiefer durchdenken. Und von jenen naiven Epigonen der angeblich neuen deutschen Musik wollen wir gar nicht reden, die dem Jahrgang nach vielleicht jung, nach der Lebenssubstanz aber früh vergreist erscheinen.

Daß man die neuen Inhalte, die Zerrissenheit unserer Tage, bisher beispiellose Erlebnisse und Leidensformen nicht mehr mit den Ausdrucksmitteln der einstigen bürgerlichen Ordnung wiedergeben könne, hat unter den Musikern unserer Zeit keiner so früh und so klar erkannt, wie Arnold Schönberg. Es war nicht die Schuld dieses wahrhaftigen und schöpferischen Menschen, wenn der Streit um sein Werk sich an der Technik entzündete oder am Klangbild, statt sich den neuen Inhalten zuzuwenden, die Schönberg suchte, denn ihm ging es niemals um neue Tonlehre als Selbstzweck, sondern um neue Mittel zu neuer Expression. Das war vor zwanzig Jahren noch scheinbar ein Experiment, eine formale Spielerei. Inzwischen sind immer mehr Künstler unserer Tage zur Erkenntnis gekommen, daß unsere Musik mitsamt unserer gesamten Zivilisation an einem Ende oder auch Neubeginn angelangt sei. Wir wollen hier kein Werturteil abgeben, sondern Symptome andeuten: Janáček hat schon in der *Jenufa* versucht, Musik aus dem Geist der Sprache, nicht aus dem Primat des Klanges zu entwickeln; Carl Orff führte immer deutlicher seine Musik auf die Urelemente allen musikalischen Ausdrucks, auf Rhythmus und Sprachklang, zurück. Auch hier vollzieht sich, wie Thomas Manns Musiker Adrian Leverkühn erkennt, die Rückkehr ins Elementarische, die Abkehr von vier Jahrhunderten abendländischer Musik. Sollte das alles nicht zu denken geben?

Ein Wort mag schließlich noch zeigen, daß die kritischen Symptome nicht minder klar in der musikalischen Reproduktion und Konsumtion zutage liegen. Die Tage des bürgerlichen Virtuosen großen Stils sind vorüber: selbst wenn Toscanini oder Heifetz oder Furtwängler gewaltige Begeisterung entfesseln, so vermitteln sie dem heutigen auch quantitativ massenhaften Publikum der Welt doch nicht mehr jene Erschütterungen, wie sie Liszt oder Paganini oder Jenny Lind hervorrufen mochten. Vielleicht war Caruso das letzte Phänomen im Ausklang des bürgerlichen Zeitalters, das solcher Tiefenwirkung fähig war. In der Interpretation ist auch jener Typ des Virtuosen verschwunden, der noch vor dreißig Jahren aus eigener Wahlverwandtschaft auf einen bestimmten musikalischen Stil spezialisiert schien, wie d'Albert auf Beethoven und Max Pauer auf die Romantiker oder Paderewski auf Chopin. Der heutige Virtuose ist sachlicher geworden, er beherrscht alle Stile gleich gut; er ist distanzierter geworden, aber auch unbeteiligter. Selten erlebt man heute noch den Prozeß einer Nachgestaltung aus innerster Affinität, obwohl die technische Meisterschaft im Durchschnitt sicher höher steht als in der vergangenen Generation. Der virtuose Betrieb, die Quantität der Konzerte, die Standardisierung der Programme lassen ein Werk dem Spieler fast so nahe erscheinen wie ein beliebiges anderes. Von der üblichen Einleitung mit Bach geht es in seelischer Umschaltung zur *Appassionata,* um bei den modernen französischen Impressionisten oder einem Virtuosenstück von Liszt zu enden. Alles wird abstrakt vollkommen, aber immer stärker verdinglicht. Die Formalisierung, von der wir im Zusammenhang mit dem schöpferischen Musiker bereits sprachen, wirkt sich auch hierin kritisch und bedrohlich aus. Sie hat ihr genaues Gegenstück auf der Seite des Publikums. Den Höhepunkt dieser Entwicklung erlebt man heute wohl im quantitativ höchst entwickelten und qualitativ verarmenden amerikanischen Musikleben. In einem bedeutenden Aufsatz über den »Fetischismus in der Musik« hat Adorno von einer »Regression des Hörens« gesprochen. Er stellt fest, wie in Amerika der Starbetrieb im Publikum immer stärker zur seelischen Verarmung führen muß. Die riesige Musikliteratur wird unaufhaltsam in »prominente« und weniger effektvolle Nummern aufgelöst. Mit der *Unvollendeten Sinfonie* und der sogenannten *Mondscheinsonate,* mit *Eroica* und *Isoldes Liebestod* werden Rekordeinnahmen erzielt. Ein Rummel setzt um diese prominenten Stücke ein, von denen Stokowski sogar sechs

Stücke von Bach bis Strawinski aussuchte, um sie, nach gehöriger musikalischer Sterilisierung, durch den Trickfilm Disneys illustrieren zu lassen. Daß dabei auch die *Pastorale* ihren Tribut an die eigene Beliebtheit zu leisten hatte, mag den prinzipiellen Charakter dieser Entwicklung unterstreichen. Allein auch in unserem Musikleben sehen wir die Anzeichen der Standardisierung und der Verarmung des Hörens: schon haben die »ungraden« Sinfonien Beethovens ihren Sieg über die graden Nummern davongetragen. Schon gilt der Zustrom des Publikums dem stetigen Wiederhören statt dem Neuhören wie noch vor hundert Jahren. Schon reduzieren sich im Zeitalter der Komponistenfilme um Schubert oder der Tschaikowski-Operetten die gehörten Werke auf eine Ansammlung »beliebter schöner Stellen«. Genau das meinte Adorno mit einer »Regression«, mit einem Schrumpfungsprozeß des Hörens. Wir beschränken uns auf diese Andeutung, um auch auf der Seite von Publikum und Hörer die Verfalls- und Zerfallsmomente anzudeuten.

Es steht nicht gut um die Musik unserer Tage. Auch nicht um die Literatur, auch nicht um die Wissenschaft, auch nicht um Philosophie oder Staatslehre. Kein Zeitalter vor uns hat mehr kulturelle Qualitäten verbraucht und produziert, keines größere Fragwürdigkeit aller geistigen und verbindenden Werte offenbart. Auf die Wahrheit kommt es heute stärker an als je, auf die Wahrhaftigkeit dessen, der Fragen der Kultur zu seiner Angelegenheit macht. Wahrheit aber – das war die große Erkenntnis Hegels – ist nicht identisch mit subjektiver Ehrlichkeit und Echtheit: sie verlangt die Anstrengung des Begriffs, die Klärung der Zusammenhänge, das Aussprechen dessen, was ist. Auch die Musik in unserer Zeit der Kulturkrise kann keine andere Aufgabe haben als solche Botschaft von dem, was ist. Sie wird keine Werte vormusizieren können, die nicht vorhanden sind; sie wird nicht in Klangorgien den Ruf des Gewissens und der Erschütterung zu ersticken vermögen; sie wird nicht als musikalische Reise ins Reich der Vergangenheit entleerte Formen als neue Inhalte darbieten dürfen. Die Zeit der falschen Innerlichkeit und der weltentfremdeten Poeterei ist auch für den Dichter unserer Tage verklungen. Bevor Thomas Manns

Musiker Adrian Leverkühn in geistige Nacht versinkt, spricht er zu seinen Freunden und musikalischen Weggenossen, die er eingeladen hatte, sein letztes Werk, die Weheklage des Dr. Faustus, zu hören. Diese Worte dürfen schon beanspruchen, auch unserer Betrachtung als Abschluß zu dienen. So aber sprach der deutsche Tonsetzer Adrian Leverkühn in unserer Zeit:

> Seid nüchtern und wachet! Das aber ist manches Sache nicht, sondern, statt klug zu sorgen, was vonnöten auf Erden, damit es dort besser werde, und besonnen dazu zu tun, daß unter den Menschen solche Ordnung sich herstelle, die dem schönen Werk wieder Lebensgrund und ein redlich Hineinpassen bereiten, läuft wohl der Mensch hinter die Schul und bricht aus in höllische Trunkenheit ...

Leipziger Bach-Fest 1950,
und Dmitri Schostakowitsch

Die Bekanntschaft mit Luigi Nono im Jahre 1950 festigte sich, zu meiner Freude. Immer mehr, nachdem seine Dimensionen erkennbar wurden. Nicht die musikalischen allein, sondern die Konturen eines großen Menschen und Künstlers. Dies spürte ich immer deutlicher, als wir Kollegen geworden waren in der westberliner Akademie der Künste. Ich habe dann Luigi Nono in Venedig wiedergesehen, aber auch in Berlin. Bei unserem letzten Zusammensein gab es sogar ein bißchen Ärgernis zwischen uns. Plenarversammlung der Akademie. Ein neuer Präsident mußte gewählt werden. Der bisherige Präsident Günter Grass stand nicht mehr für eine zweite Amtszeit zur Verfügung. Luigi Nono hatte sich in den Kopf gesetzt, ich müsse als Präsident kandidieren. Er hat mich sogar mitten in der Wahlversammlung offen dazu aufgefordert. Ich mußte ablehnen. Ich war einfach zu alt geworden für ein solches Amt mit all seinen Belastungen.

An dies alles, von Kranichstein bis zur Akademietagung am westberliner Hanseatenweg, mußte ich denken, als man mich, nach dem frühen Tod Luigi Nonos in Venedig am 8. Mai 1990, in Stuttgart 1992 bat, vor der Premiere von *L'Intolleranza* eine kleine Gedenkrede zu halten. Wir alle waren traurig und bedrückt. Die Bühnenausstattung war von Alfred Hrdlicka entworfen worden. Auch er war aus Wien zur Aufführung nach Stuttgart gekommen. Für uns alle war er immer noch vorhanden, unser Freund Luigi Nono.

In eben dieses Jahr 1950 fiel auch noch eine Begegnung mit einem anderen großen Tonsetzer des Jahrhunderts. Nono war Jahrgang 1924. Dmitri Schostakowitsch wurde am 25. September 1906 in St. Petersburg geboren. Ich selbst gehörte gleichsam noch zu seiner Generation. In den zwanziger Jahren hatten viele in Deutschland die genialischen Werke dieses jungen Russen entdeckt. Die *Erste Sinfonie,* das Klavierkonzert mit dem boshaft trügerischen Hinweis, es sei ein *Konzert für Klavier und Trompete,* opus 35, dann aber vor allem die skandalumwitterte Lesskow-Oper *Lady Macbeth auf dem Dorfe zu Mzensk.* Es gab damals sogleich auch wohlige Gerüchte über diese Oper. Da gäbe es eine Szene mit einer richtigen »Sexualmusik«.

Dmitri Schostakowitsch kam zur großen Gedenkfeier für Johann Sebastian Bach nach Leipzig. Der Thomaskantor starb am 28. Juli 1750. Zweihundertster Todestag. Die politische Konstellation für eine solche internationale Gedenkveranstaltung war so ungünstig wie möglich. Der Vater der Völker, Generalissimus J. W. Stalin, lebte noch. Er wütete nach wie vor in seinem riesenhaften Machtbereich. Boris Pasternak und Dmitri Schostakowitsch bekamen es zu spüren.
Es gibt Bilddokumente, die deutlicher sprechen als lange Analysen. Von einer solchen Photographie soll hier die Rede sein. Eine Photographie, vermutlich um das Jahr 1928 aufgenommen in der Moskauer Wohnung des jungen und schon berühmten Dmitri Schostakowitsch. Er sitzt am Flügel. Vom Ende des Flügels her beugt sich ein Mann freundschaftlich hinüber zum Pianisten. Es ist der große Theatermann Meyerhold. Jahrgang 1874. Ein Jahrgangsgenosse also von Hofmannsthal, Karl Kraus und Arnold Schönberg. Meyerhold stirbt im Februar 1940. Stalin hat den großen Regisseur, einen Juden natürlich, ebenso umbringen lassen wie die Isaak Babel und Ossip Mandelstam.
Zwei stattliche hochgewachsene Schriftsteller sind auch noch im Raum. Wladimir Majakowski und der damals noch ganz junge Alexander Fadejew.
Majakowski hat sich erschossen. Es war wohl in der Tat ein Selbstmord. Gerüchte aber halten sich bis heute, auch er sei in kunstvoller Tarnung umgebracht worden. Als Majakowski nun tot war, legte Stalin große Trauer an und deklarierte den toten Dichter zum größten der Sowjetepoche. Als Stalins gefährlichster Gegenspieler Kirow in Leningrad auf Stalins Geheiß, wie Chruschtschow später ausplauderte, gleichfalls totgemacht

werden konnte, trauerte Stalin wiederum sehr nachdrücklich und verkündete Rache gegen alle Feinde seines eigenen toten Feindes.

Was Stalin dem widerspenstigen Schostakowitsch antat, ist weithin bekannt. Er war zu berühmt; er konnte nicht beseitigt werden.

Bleibt jener Fadejew auf jener Photographie. Den erkor sich der Generalissimus zum Günstling. Fadejews Roman *Die junge Garde* wurde zum Pflichtbuch erklärt für alle guten Sowjetbürger.

Im August 1947 habe ich ihn gesehen und gehört, den Alexander Fadejew. Es war beim Internationalen Breslauer Kongreß der Intellektuellen in einer ersten Nachkriegszeit. Man hoffte damals darauf, daß hier die Gefahr eines Kalten Krieges gebannt werden könnte. Eine beispiellose Versammlung großer Namen von Denkern und Künstlern. Von Irène Joliot-Curie und Pablo Picasso bis zu Elio Vittorini und Paul Eluard und Martin Andersen-Nexö. Die sowjetische Musik hingegen wurde nicht präsentiert durch Prokofieff oder Schostakowitsch. Der Musikbürokrat Tichonow war zur Stelle. Alexander Fadejew saß im Präsidium. Er verlas eine Kampfrede, die alle Hoffnungen zunichte machte. Stalin selbst hatte sie redigiert, wie man später erfuhr. In jener Rede wurde Jean-Paul Sartre als dekadente Hyäne bezeichnet. Der Kongreß war gescheitert, auch wenn er offiziell in Freundlichkeit zuende ging. Alexander Fadejew hatte alle Hoffnungen zerstören müssen. Als sein Gönner Stalin tot war und N. S. Chruschtschow die Vereisung aufzubrechen versuchte, nahm sich Fadejew ein Beispiel an Majakowski. Auch er hat sich erschossen, gleich nach dem Tod Stalins.

Als ich im September und Oktober 1956 als Gastprofessor nach Moskau geholt wurde, suchte ich natürlich das Majakowski-Museum auf, die einstige Wohnung des Dichters. Zwei ältere Verwandte Majakowskis hüteten die Gedächtnisstätte. Sie freuten sich über den deutschen Besucher, der sich auszukennen schien. Man schenkte mir einen Abzug jener Photographie mit Majakowski und Meyerhold, mit Schostakowitsch und Fadejew. Das schöne Geschenk blieb zurück, als ich Leipzig verlassen mußte. Die beiden Tanten hatten mir die Karte signiert. Wo mag sie gelandet sein?

Übrigens handelte es sich um eine sehr bekannte Photographie. Auch dieses Lichtbild aber geriet ins Getriebe des Stalinismus: In der DDR veröffentlichte man das Dokument. Zu sehen aber waren nur drei Personen. Meyerhold war aus dem Bild verschwunden.

Was ich nun noch hinzufüge, klingt wie eine bösartige »antikommunistische Hetze«. Um das Jahr 1961, als die Mauer errichtet war, wurde irgendwo abermals diese Photographie publiziert. Diesmal fehlte der Alexander Fadejew.

Nicht allein diese letzten Jahre des integralen Stalinismus machten den Organisatoren der Leipziger Bach-Ehrung vom Frühjahr 1950 zu schaffen. Auch die innerdeutsche Konstellation war ungemein schwierig geworden. Seit 1949 gab es zwei deutsche Staaten, die sich in höchst divergierender Weise entwickeln sollten. Während der Regierung einer Deutschen Demokratischen Republik sehr darum zu tun war, sowohl national wie international zur Kenntnis genommen, möglicherweise sogar anerkannt zu werden, hatte man in Bonn ein strenges Berührungsverbot dekretiert, gleichfalls national wie international, bekannt als Hallstein-Doktrin. Wer sich mit denen von der Zone einläßt, ist unser Feind.

Der Ministerpräsident der DDR, Otto Grotewohl, ein ehemaliger Sozialdemokrat, hatte im Vorjahr 1949 sowohl im März im Zusammenhang mit Goethes Todestag, wie auch im August, also zum 200. Geburtstag Johann Wolfgang Goethes, eine große Goethe-Feier mit vielen Besuchern aus dem deutschen Westen veranstalten können. Zum Ärger der Hallstein-Doktrinäre hatte auch Thomas Mann seine Goethe-Rede in Frankfurt und in Weimar gehalten. In Frankfurt war das eine Veranstaltung von Goetheanern gewesen. In Weimar strömten Menschen aus ganz Thüringen herbei, um Thomas Mann zu ehren. Glückliche Menschen plötzlich. Man hat uns also doch nicht abgeschrieben.

Ein Jahr später, im Sommer 1950, war das Klima viel kälter geworden. Hinter Grotewohl und dem Staatspräsidenten Wilhelm Pieck vom Jahrgang 1876 drängte sich der Generalsekretär Walter Ulbricht immer mehr »ans Fenster«. Er wollte auch ein bißchen mitgeliebt werden. »Der Spitzbart«, wie er hüben und drüben genannt wurde, war kein besonders guter Psychologe. Um so schlimmer für ihn, da er wirklich geglaubt hat, er sei mächtig genug, um auf Psychologie verzichten zu können. Ulbricht hatte zu lange im Moskauer Stalinismus gelebt.

Beides war also nicht möglich bei der Vorbereitung der Leipziger Bachfeier: Eine internationale Besetzung bei der Bachfeier und eine Leipziger Ulbricht-Rede mit den bewährten »richtungweisenden« Postulaten. Ulbricht mußte, vermutlich mit blutendem Herzen, auf das Gastspiel in seiner Vaterstadt Leipzig verzichten. Er hielt sich schadlos, nachdem er die Lage erkannt hatte, mit einem großen Pfingsttreffen deutscher Jugend in Berlin und im Juni. Dort konnte er dann richtungweisend sprechen.

Für die Leipziger Bachfeier war es ein Glücksfall, daß es den Thomaskantor Günther Ramin gab. Er war der Nachfolger des hochgeschätzten Thomaskantors Karl Straube geworden. An dessen Seite hatte er als Thomasorganist gewirkt. Auch er hatte nun einen vorzüglichen Thomasorganisten an seiner Seite. Karl Richter trat bei der Leipziger Bachfeier als glänzender Orgelspieler und auch als Cembalospieler hervor. Ramin konzentrierte sich auf die Rolle des Dirigenten. Sehr schön spielte er, vom Instrument aus dirigierend, das *Konzert in E-Dur*.

Seit meiner Ankunft in Leipzig im Oktober 1948 hatte ich es mir zur angenehmen Gewohnheit gemacht, jeweils am späten Nachmittag des Sonnabends in der Thomaskirche die Kantate anzuhören. Alle Leipziger wußten Bescheid: Am Freitag Motette, am Samstag Kantate. So hatte sich für mich ein freundlicher Umgang mit Günther Ramin entwickelt. Er war mir seit Jahren ein Begriff gewesen. Der Historiker Carl J. Burckhardt, letzter Völkerbundskommissar in Danzig, hatte mir nach der Rückkehr in Genf von den wunderbaren Konzerten und Gesprächen mit Günther Ramin berichtet. Nun durfte ich beides selbst erleben: den Musiker und den Gesprächspartner. Bei einem seiner Besuche in meiner Leipziger Wohnung brachte mir Ramin eine Schallplatte mit, auf die er besonders stolz war. Er dirigierte eine Bach-Kantate mit seinen Thomanern, und mit einem ganz ungewöhnlichen Sängerknaben als Solisten. Der Junge war kein Thomaner, sondern war ausgeliehen worden vom Dresdner Kreuzchor. Ungewöhnlich in jeder Hinsicht. Stimmschönheit, Reinheit der Intonation, tiefe Musikalität. Auch diese Platte blieb in Leipzig zurück. Wo mag sie gelandet sein?

Der Sängerknabe hingegen konnte den Stimmbruch überstehen. Alles blieb vorhanden: Stimmschönheit, Reinheit der Intonation, tiefe Musikalität. Der damalige Sängerknabe hieß Peter Schreier. Ich habe oft mit ihm später diese Zusammenhänge erinnern dürfen. Er selbst aber kam damals für das Bachfest noch nicht in Betracht.

Bei der Vorbereitung des Bachfestes konnte ich Ramin ein bißchen behilflich sein. Unsinnige Verbote oder Gebote der Leipziger Parteiinstanzen scheiterten dank meiner Intervention beim Ministerpräsidenten Otto Grotewohl. Kein Politiker durfte die Bachrede halten. Der Musikwissenschaftler der Humboldt-Universität, Ernst Hermann Meyer, der auch komponierte, hielt eine erträgliche Ansprache in der Kongreßhalle. Andererseits hatten sich die westdeutschen Musiker auch nicht an die Hallstein-Doktrin gehalten. Auch namhafte französische Musiker waren nach Leipzig gekommen. Die *Brandenburgischen Konzerte* wurden durch Wilhelm Stross und seine Leute in einem schönen Konzert hintereinander aufgeführt. Das virtuose Fünfte Konzert wurde gespielt von Eta Harich-Schneider, einer bekannten Cembalistin, zusammen mit dem Geiger Wilhelm Stross und dem Flötisten Aurèle Nicolet. Aus Paris war das Loewenguth-Quartett gekommen. Die Pariser fanden sich zusammen mit den Leuten vom Stross-Quartett. Sie spielten, zu meiner Beglückung, eines meiner Lieblingswerke: das *Oktett* des jungen Felix Mendelssohn Bartholdy.

Die Regierung der DDR hatte einen Bachpreis für Klavierspieler ausgeschrieben. Günther Ramin hatte eine angesehene Jury nach Leipzig holen können. Aus Moskau war die Pianistin Maria Judina gekommen. Sie war stets an der Seite von Schostakowitsch zu finden. Keiner von uns allen, wohl auch nicht Günther Ramin, ahnte, mit wem wir es hier zu tun hatten. Eine sehr große Pianistin, wie ich heute weiß. Aber auch eine Jüdin. Stalin lebte noch. Sie hat nicht spielen dürfen. Viel später konnte ich eine Kassette mit ihren Einspielungen erwerben. Wie schön wäre es gewesen, hätte man sie damals hören können. Heute weiß ich auch, warum die beiden, Judina wie Schostakowitsch, uns alle mit so viel eisiger Höflichkeit und Verachtung behandelten.

Daß eine Schülerin der Judina den Bachpreis erhielt, war wohlverdient. Die Preisträgerin Tatjana Nikolajewa ist auch heute noch als bedeutende Bach-Interpretin bekannt. Vor einiger Zeit hörte ich am Rundfunk ihre Aufnahme der *Goldberg-Variationen*. Bisweilen ein paar störende romantische Rubati. Insgesamt nach wie vor eine große Interpretation. In Leipzig aber hat sie die *Goldberg-Variationen* nicht gespielt. Beim Festkonzert spielte sie an dem modernen Konzertflügel zusammen mit dem Gewandhaus-Orchester das *Konzert in d-Moll*.

Zweimal aber durfte ich erleben, daß Dmitri Schostakowitsch die Maske des widerwillig amtierenden Staatsgastes fallen ließ. Einen Augenblick hatte ich sogar, nachdem ich allen Mut zusammennahm, die Möglichkeit, ein paar Worte mit Schostakowitsch zu sprechen. Das war bei einem Schlußkonzert mit dem Rundfunkorchester. Ein begabter junger Kapellmeister aus Leipzig leitete die *Erste Sinfonie* des jungen Dmitri Schostakowitsch. Der Komponist saß in der ersten Reihe. Er hatte jetzt, nach langer Abstinenz, verordnet durch den Vater der Völker, die Möglichkeit, die Musik seiner Jugend wiederzuhören. Er muß glücklich gewesen sein. Da ich ihm vorgestellt worden war, trat ich beim Empfang nach dem Konzert vor ihn hin. Die Übersetzerin war zur Stelle. Ich sprach kurz von meiner Erinnerung an jene Musik aus den zwanziger Jahren. Er antwortete mit ein paar Worten. Doch nun hatte ich mit dem wirklichen Dmitri Schostakowitsch gesprochen.

Den zweiten Augenblick der Wahrheit habe ich nur gesehen, doch nicht teilen dürfen. Darüber wurde bereits in meinen Erinnerungen *Ein Deutscher auf Widerruf* berichtet. Das war in der Thomaskirche. *Hohe Messe* in h-Moll von Bach. Was vorher niemals möglich gewesen war, und was seitdem, wie man vernimmt, auch niemals wieder zustande kam, das Unbegreifliche wurde zum Ereignis. Gemeinsames Konzert der Thomaner und des Kreuzchors aus Dresden. Günther Ramin dirigierte. Diese Stunden sind Gegenwart geblieben. Vorzügliche Solisten. Der junge Theo Adam sang die Baßpartie. Schräg vor mir in der Reihe saß Dmitri Schostakowitsch. Bisweilen schaute ich rasch zu ihm hinüber. Er trug keine Maske, war ganz im Einklang mit der Musik. In der Pause stand er auf. Das Gesicht wurde vorübergehend wieder zur Maske. Am Schluß ist die Maske dann wohl eine Weile vergessen worden. Schostakowitsch reiste zurück ins Vaterland der Werktätigen. Er schrieb Präludien und Fugen.

Glenn Gould

In seinen Anfängen, also zu Beginn der fünfziger Jahre, war Glenn Gould ein Genie und ein Gerücht. Beim heutigen Rückblick auf diesen außerordentlichen Künstler und seine Wirkung müßte man die Formel möglicherweise dahin abändern, daß Glenn Gould gleichzeitig ein Genie gewesen ist und ein Ärgernis. Beides im Wortsinne.

Gehört habe ich ihn noch verhältnismäßig kurz vor seinem Entschluß, nicht mehr in der Öffentlichkeit, also vor Publikum, zu spielen. Im Mai 1957 konzertierte er in Berlin in einem Philharmonischen Konzert unter Leitung von Karajan. Das *3. Klavierkonzert* von Beethoven. Dann ein Klavierabend mit Mozart, Schönberg, den *Goldberg-Variationen*.

Ich lebte damals in Leipzig und war Universitäts-Professor für neuere und neueste deutsche Literaturgeschichte. Westzeitungen gab es nicht in Leipzig. Was sich in Westberlin abspielte, also innerhalb der »Besonderen politischen Einheit Westberlin«, wie man in der DDR auf sowjetische Anweisung zu formulieren pflegte, blieb unbekannt. Es sei denn, man fuhr einfach vom Bahnhof Friedrichstraße mit der S-Bahn nach dem Westen und wurde nicht, aus welchen Gründen immer, durch die Volkspolizei an dieser Fahrt gehindert.

Auch mir wäre das Auftreten des Klavierspielers Glenn Gould entgangen, ohne jenen telefonischen Anruf in Leipzig. Am Apparat war der Musikkritiker und Schönberg-Biograph Hanns Heinz Stuckenschmidt. Er rief mich eines Morgens aus Westberlin an. Das war bereits ungewöhnlich. Noch ungewöhnlicher der Anlaß. Er wollte mir mitteilen, daß Glenn Gould in Berlin spielen werde. Das dürfe ich mir nicht entgehen lassen. Wer ist Glenn Gould? Ein Genie. Diese Formulierung wiederholte Stuckenschmidt dann auch in seinem Bericht über das Philharmonische Konzert.

Der Anruf Stuckenschmidts hatte mich überzeugt. Seinem Urteil war zu trauen. Ich bat ihn, für mich die Eintrittskarten

zu besorgen. Das ging in Ordnung. Stuckenschmidt war zuver-
lässig. In seinen sehr reizvollen Erinnerungen hat er sich über
das »Dunkel« seiner Herkunft geäußert. Offiziell stammte er
von einem preußischen General ab, seinem Großvater. Wer
aber war seine Großmutter gewesen? Tochter einer offenbar
sehr schönen Schauspielerin aus den zwanziger Jahren des
19. Jahrhunderts. Sie war mit einem jüdischen Theaterdirektor
verheiratet. Aber war ihre Tochter wirklich ein Kind des Ehe-
mannes? Oder hatte sich da der König von Preußen eingeschal-
tet? Friedrich Wilhelm III.? Stuckenschmidt läßt in seinen Erinnerungen die Frage offen. Immerhin war seine Großmutter
aufgezogen worden mit Geldern aus der hohenzollernschen
Privatschatulle. Stuckenschmidt läßt es offen, ob er ein Hohen-
zoller sei oder ein Judenstämmling. Beides sei ihm recht, so for-
mulierte er.
Ich kannte Stuckenschmidts Kritiken bereits aus den zwanziger
Jahren. Sie waren sehr kompetent und lesenswert. Oft hatte er
sich für Otto Klemperer eingesetzt und die Arbeit der Kroll-
Oper. Einer seiner Kollegen, der Mozart-Forscher Alfred Ein-
stein, war als Kritiker des *Berliner Tageblatts* da ganz anderer
Meinung gewesen.
In den dreißiger Jahren schrieb Stuckenschmidt häufig für die
Neue Zürcher Zeitung. Er kam auch oft in die Schweiz. Viel-
leicht hing das auch mit der Unsicherheit über seinen »Arier-
nachweis« zusammen.
Bekannt wurde ich mit ihm dann in Kranichstein. Es war von
Anfang an eine sehr herzliche und freundschaftliche Beziehung.
Stuckenschmidt gab damals zusammen mit Josef Rufer in Berlin eine Musikzeitschrift *Stimmen* heraus. Sie hat nicht lange
erscheinen können. Damals schrieb ich, bis zur Übersiedlung
nach Leipzig im Oktober 1948, regelmäßig die Frankfurter
Musikkritiken.
Bei der ersten Wiederaufführung des *Wozzeck* durch die einstige Staatsoper, die noch im Admiralspalast in der Friedrichstraße spielen mußte, saß Stuckenschmidt neben mir. Auch er
freute sich mit mir darüber, daß dieser Alban Berg nicht als
dekadentes oder bourgeoises Machwerk abgetan werden durfte.

In Leipzig pflegte der Direktor der Musikhochschule, die Mendelssohns Namen trug, seine Studenten sehr ernst zu ermahnen, wenn man sie im Konzert als begeisterte Applaudierer bei der dekadenten Musik Béla Bartóks beobachtet hatte. Igor Strawinski kam ohnehin nicht vor im Musikleben der Stadt Leipzig.

Als ich dann im Jahre 1964, nach meinem Weggang aus Leipzig, in die Berliner Akademie der Künste gewählt wurde, waren wir Akademiekollegen, Stuckenschmidt und ich.

Es hatte sich gelohnt. Ob das genial war, was Glenn Gould, sehr bejubelt, als Interpret des Beethoven-Konzertes in c-Moll geleistet hatte, war noch nicht zu entscheiden. Es war eine hervorragende Aufführung. Herbert von Karajan, das spürte man, war sehr fasziniert durch diesen Gast am Flügel. Im Gegensatz zu seinem Vorgänger Wilhelm Furtwängler, der Solisten im Grunde nicht mochte, wenn sie nicht gerade wohlvertraut auf ihn wirkten, so wie Edwin Fischer, Adolf Busch oder Lotte Lehmann, war Karajan stets neugierig und auf der Suche nach ungewöhnlichen neuen Interpreten. Er hat entscheidend mitgeholfen, den Swjatoslaw Richter und den David Oistrach, Gidon Kremer und Anne-Sophie Mutter durchzusetzen. Er hat noch in seiner Londoner Zeit eine wunderbare Aufnahme des Klavierkonzerts von Schumann mit Dinu Lipatti produziert.

Glenn Gould und Karajan zeigten bereits durch Tempo und Leichtigkeit der orchestralen Einleitung, dann durch die aufwärts rollenden Tonleitern beim Einsatz des Solisten, daß man weit davon entfernt war, hier einen Vorgeschmack zu bieten zur späteren sogenannten *Schicksalssinfonie*, gleichfalls in c-Moll. Keine Dämonie, sondern glanzvolles Virtuosentum. Beethoven selbst hatte das zum Erfolg spielen wollen. Ich war ein bißchen ungerecht, wenn ich nicht bereit war, hier einem Genie gelauscht zu haben. Für mich war dieses *3. Klavierkonzert* untrennbar verbunden mit dem Abschiedskonzert Otto Klemperers in der Kölner Oper im Jahre 1924. Ein Beethoven-Abend mit dem Gürzenich-Orchester. *1.* und *3. Sinfonie*, dazu das *3. Klavierkonzert,* C-Dur, c-Moll, Es-Dur. Artur Schnabel war der Solist. Das blieb unvergeßbar. Allein Glenn Gould blieb auch unvergeßbar seitdem.

Als er bei seinem Klavierabend aufs Podium kam, hochgewachsen mit langen Beinen, humpelte er. Es war aber nicht eine organische Behinderung. Später sagte man mir, als ich danach fragte, er habe damals an den Folgen eines Unfalls gelitten. Seinem Spiel, als er Platz genommen hatte auf dem berühmten langen Bänkchen, war keine Behinderung anzumerken. Der Anblick war so, wie man es mir vorausgesagt hatte. Glenn Gould saß sehr tief, war nahe über die Klaviatur gebeugt. Das linke Bein, ich sehe es noch vor mir, war waagerecht zur Klaviatur ausgestreckt. Folglich ignorierte er vermutlich das linke Pedal. Ob er bei den *Goldberg-Variationen* überhaupt das rechte Pedal einbezog, war nicht auszumachen.

Auch die späte *Klaviersonate* Mozarts *in C-Dur* bedeutete eine gewisse Enttäuschung. Natürlich erlebte man ein makelloses Passagenspiel. Ich kannte die Sonate sehr genau, hatte sie als junger Student oft zuhause gespielt und hatte sie, als Zuhörer, »im Kopf noch in den Fingern«. Glenn Gould spielte sie schneller, als ich sie zu spielen gewohnt war. Das verstand sich. Allein alles schnurrte ein bißchen automatenhaft ab. Der langsame Satz vollends bedeutete wirklich eine Enttäuschung. Hier hatte Mozart einen ruhigen Gesang intoniert. Der Spieler hätte sich darauf einstellen müssen. Dieser Spieler tat es nicht. Er spielte einfach sehr genau und mit Beachtung aller Vortragszeichen, einen langsamen Satz von Mozart. Vom späten Mozart. Einem verfremdeten Mozart.

Wie er dann die frühen sogenannt atonalen Klavierstücke Arnold Schönbergs vortrug, war damals ganz ungewöhnlich oder unerhört. Er spielte auswendig, was bedeuten mußte, daß er alle Konstruktionen und musikalischen Zusammenhänge Schönbergs sehr genau für sich analysiert hatte. Das Ergebnis war verblüffend. Alles wurde bei diesem Spiel zu wirklicher Musik: von einer ganz ungewohnten Klarheit und Reinheit. Vermutlich ist es dieses Beispiel der Schönberg-Interpretation, das seitdem auch andere Spieler ermutigte, das Klavierkonzert

Schönbergs und seine anderen Klavierkompositionen zu studieren und aufzuführen. Gleichfalls auswendig.

Nach der Pause dann die *Goldberg-Variationen*. Darüber ist seither viel geschrieben worden. Auch kaufte ich mir bald nach dem Konzert die Plattenaufnahme, die mich jahrelang immer wieder entzücken und an den Berliner Konzertabend erinnern sollte.

Dies war nun wahrhaft eine geniale Interpretation. Vermutlich hat Glenn Gould dieses große Variationenwerk Johann Sebastian Bachs, das einem musikalischen Adelslakaien namens Goldberg gleichsam nach Auftragsmaß verfertigt worden war, damit ins allgemeine musikalische Bewußtsein heutiger Zuhörer integriert. Vom ersten Takt des ernsten und komplexen Themas an spürte man die ehrfürchtige Spannung des Spielers. Wenn am Schluß des riesigen Bauwerks, unmittelbar nach dem lustigen und leicht vulgären Quod libet, das Thema noch einmal intoniert wird, spürte man, daß Glenn Gould genau so spielte, wie bei der Intonation des Beginns, und dennoch war alles, für den Spieler wie für den Zuhörer, anders geworden, bei dieser Wiederkehr. Dazwischen war eine Welt der musikalischen Formen und Emotionen abgelaufen. Alle sorgfältig von Johann Sebastian Bach erdachten Progressionen und Regressionen haben sich, für diesen Spieler und seine Zuhörer, in reine Musik verwandelt. Womit vermutlich auch an diesem Konzertabend die ursprüngliche Aufgabe der *Goldberg-Variationen* erfüllt wurde. Der Spieler Goldberg hatte einem kranken und todgeweihten Dienstherrn aufzuspielen. Vermutlich immer nur durch einige vom Kranken ausdrücklich gewünschte Variationen. Johann Sebastian Bach hatte den Auftrag getreulich erfüllt. Eine Musik zu schreiben, die sich gegen Krankheit und Tod zu behaupten vermag. Im Spiel von Glenn Gould wurde es wohl für alle spürbar. Ungewöhnlich langes Schweigen nach dem leisen Verklingen des wiedergekehrten Themas. Dann große Dankbarkeit. Glenn Gould verbeugte sich und schaute irgendwo ins Leere. Er kam noch einmal zurück, dann war er verschwunden. Was hätte er auch als Zugabe spielen können?

Seitdem sammelte ich Aufnahmen von Glenn Gould. Die Faszination war beständig geblieben. In den sechziger und frühen siebziger Jahren kam ich oft nach Nordamerika. Jedesmal brachte ich neue Aufnahmen dieses großen und so wunderlichen Kanadiers mit nach Hause.

Je mehr ich jedoch von ihm auf solche Weise zu hören bekam, um so zwiespältiger wurden die Eindrücke. Sogar beim Anhören mancher Bach-Interpretationen. Das *Wohltemperierte Klavier* freilich war, wie ich immer noch meine, gegen alle Bedenken gefeit. Hier hatte sich der Spieler jeweils allen neuen Anforderungen eines jeden Präludiums und einer jeden Fuge gestellt. Doch gerade gegen die Deutung der ganz ungewöhnlichen Tastenwerke des Thomaskantors kam Unbehagen auf. Das *Italienische Konzert* wurde offenbar von Gould nicht ernstgenommen. Vielleicht aus dem Grunde, weil es sich dabei bereits um eine Sonate handelte? Den Mittelsatz spielte er ungefähr so zitatenmäßig, wie damals in Berlin den Mittelsatz der Mozart-Sonate. Der rasche Schlußsatz wurde gleichsam mißbraucht als Geschwindigkeitsrekord und Tastenvirtuosität. Die heitere Schönheit der Musik kam gar nicht auf. Auch den ungewöhnlichen Kühnheiten der *Chromatischen Phantasie* stand Gould mit einiger Ablehnung gegenüber. Die Kühnheiten nahm er nicht mehr ernst, versuchte es gar nicht, sie innerhalb des damaligen Klangbewußtseins spürbar zu machen.

Noch größere Enttäuschung bei vielen Beethoven-Interpretationen. Beim Spiel mancher Sonaten und gerade auch der beiden letzten Klavierkonzerte stimmte alles genau in allen Einzelheiten, doch nicht in der musikalischen Totalität. Damals beim *Dritten Klavierkonzert* unter Karajans Leitung war es anders gewesen. Da hatte man wahrhaft musiziert in aller technischen Vollendung.

Freilich gab es eine grandiose Ausnahme. Das *Erste Klavierkonzert* Beethovens in C-Dur, Opus 15. Eigentlich das Zweite Konzert, denn das Konzert in B-Dur war früher entstanden. Die New Yorker Aufnahme dieses Opus 15 aus dem April 1958 war und blieb, bei jedem Anhören der Aufnahme, eine neue Beglückung. Die eigentliche Sensation, diesmal den Begriff des

Genialen rechtfertigend, begann bei der Fermate des Orchesters im Finale des ersten Satzes. Hier mußte die große Kadenz gespielt werden. Beethoven hatte sie so angelegt für den eigenen pianistischen Gebrauch, daß all seine virtuosen Künste vorgeführt werden konnten. Auf musikalische Neuerungen hatte er verzichtet. Hört man, damit zum Vergleich, die makellos gespielte Kadenz in der Interpretation durch Arturo Benedetti Michelangeli, so spürt man beim Zuhören einen gewissen Verdruß. So viel Geklingel, so wenig neue musikalische Substanz. Glenn Gould muß es auch so empfunden haben. Er schrieb für sich zwei neue Kadenzen für den ersten und dritten Satz. Die Kadenz des Schlußsatzes ist ebenso wenig bedeutend wie jene von Beethoven selbst. Es ist eigentlich keine Kadenz, sondern in beiden Fällen einfach eine virtuose Hinleitung ins Finale. Anders die Kadenz Glenn Goulds im ersten Satz. Was hier vorgeht, ist schwer zu beschreiben. Es ist keine ironische Hinwendung eines Heutigen zum musikalischen Gestern. Wie etwa bei Prokofjew. Goulds musikalische Phantasie entzündet sich am marschmäßig aufsteigenden Motiv am Ende der großen orchestralen Einleitung. Hier wird von Beethoven der Eintritt des Solisten sorgfältig vorbereitet. Beethoven selbst hat in seiner Kadenz diesem Motiv keine Beachtung geschenkt. Was Gould hier als Kadenz vorträgt und sorgfältig auskomponiert hat, fügt sich mühelos ein in Beethovens Gesamtkonzept. Anders gesagt: Es hätte von Beethoven sein können. Wie sonderbar.

Daß unsereiner mit solcher Deutung dieser Gould-Kadenz nicht allein steht, zeigte sich bei einem Sinfoniekonzert der Kölner Philharmonie. Ein junger, sehr begabter deutscher Pianist spielte Beethovens Opus 15. Ich hatte mir das Programmheft nicht angeschaut. Als es zur Kadenz kam, spielte der junge Interpret, der vorzüglich war, plötzlich die Kadenz von Glenn Gould. Auch im dritten Satz. Das Programmheft hatte darauf hingewiesen.

Mit Psychologie ist dem Phänomen Glenn Gould nicht beizukommen. Ein ungewöhnlicher Mensch mit all seinen Widersprüchen. Ein Genie und ein Ärgernis. Das hat er selbst so gewollt. Er sprach abschätzig von Mozart als einem »Salzburger Eudämonisten«. Man kann es nicht falscher sagen. Mozart hat Salzburg gehaßt. Ein Eudämonist ist erpicht auf behagliche Lebensführung. Mozart war besessen vom Ausdruckszwang. Er komponierte unablässig im Kopf, wie immer wieder berichtet wird. Brauchte dafür kein Klavier. Als Spieler und in vulgären Ausbrüchen versuchte er, sich zur Ruhe zu zwingen. Vielleicht war es eben dies auch im Falle von Glenn Gould, was den großen Musiker und Interpreten auf Distanz hielt gegenüber Mozart. Glenn Goulds schroffe Ablehnung, Musik von Chopin oder Franz Schubert zu spielen, ist bei einem Musiker ganz unverstehbar.

Im kanadischen Rundfunk spielte Gould später, 1970, fast aus Jux, die große *h-Moll-Sonate* von Chopin, um zu zeigen, daß er auch das spielen könne. Er konnte es nicht.

Immer wieder hat er sich, vermutlich gegen bessere musikalische Einsichten, innerlich gewehrt. Wenn er mit den Leuten vom Juilliard-Quartett das zu unrecht unterschätzte *Klavierquartett in Es-Dur* von Schumann spielt, musiziert er ganz wunderbar. Im Zusammenspiel mit Yehudi Menuhin läßt er sich bei Beethovens letzter *Violinsonate in C-Dur* in tiefer Einstimmung auf Beethovens Emotionen ein.

Auch er hat vermutlich nicht alt werden wollen. Vergleichen kann man ihn mit keinem anderen Musiker in unserem Jahrhundert. Für mich gibt es, allein das ist schwer zu begründen, einen ebenso großen wie rätselhaften Parallelfall. Gemeinsamkeit der Herkunft, eines ererbten Reichtums, einer Neigung zum Asketentum, einer Ablehnung geselliger Kommunikation. Glenn Gould und Ludwig Wittgenstein. Beide sind folgenlos geblieben.

Der junge Fischer-Dieskau

Er wandelt noch im Licht, zur großen Freude vieler Menschen. Dietrich Fischer-Dieskau. Dennoch gehört er hierher, in dieses Buch über Gelebte Musik, das ein Totenbuch ist und sein muß.

Sein Auftreten als Sänger im zerstörten Deutschland und gegen Ende bereits der vierziger Jahre war ein Ereignis, das unvergeßbar blieb für seine Zuhörer. Früh schon drang es zu mir, dem neuberufenen Professor der Leipziger Universität, das Gerücht über diesen ganz und gar ungewöhnlichen jungen Bariton. Vermutlich nannte mir zum ersten Mal der Weimarer Generalmusikdirektor Hermann Abendroth diesen Namen. Hier in Weimar war er gelandet, der einstige Kölner Gürzenich-Kapellmeister, der als solcher unendlich viel beitrug zu meiner musikalischen Bildung. Auch wenn ich damals bereits, innerlich bestätigt durch den Kölner Gegenspieler Otto Klemperer, manches sinfonische Werk ganz anders für mich verstand, als bei den Aufführungen unter Leitung Hermann Abendroths.

Ich kannte Abendroth von Köln her, traf ihn dann wieder in Weimar, wir trafen zusammen im Jahre 1950 bei jener »Bachfeier der deutschen Jugend« in dessen Geburtsstadt Eisenach. Zum 70. Geburtstag Abendroths reiste ich nach Weimar. Er dirigierte im Nationaltheater die *Fledermaus,* das hatte er bisweilen noch gern in Köln getan. Er starb bald nach diesem runden Geburtstag.

Abendroth leitete in jener Nachkriegszeit auch die angesehene Musikhochschule zu Weimar. In dieser Eigenschaft hatte ihm, so wurde berichtet, ein junger Bariton vorgesungen. Er war als Kriegsgefangener in Italien bereits als Sensation aufgefallen. Der gebürtige Berliner vom Jahrgang 1925 durfte bald darauf nach Hause zurückkehren und sein Gesangsstudium fortsetzen. Vermutlich war er zwischen 1947 und 1948 in Weimar erschienen und gewann dort einen Gesangswettbewerb. Er hatte die *Vier ernsten Gesänge* von Johannes Brahms vorgetragen.

Abendroth berichtete mir von seinem Unbehagen als Zuhörer und Preisrichter, als Fischer-Dieskau sein Programm ankündigte: Die ernsten Gesänge von Brahms. Man denke. Das kann er doch nicht schaffen! Tiefe Bewegung, als der Sänger geendet hatte mit den Worten des Apostels Paulus und dem verzweifelten musikalischen Aufschwung von Brahms am Ende des Zyklus unter dem Zeichen von Glaube, Hoffnung, Liebe.

Gegen Ende der vierziger Jahre kam ich oft von Leipzig nach Berlin. Es gab die Gründung der von Peter Huchel geleiteten Zeitschrift *Sinn und Form*. Es gab die Gründung des Berliner Ensembles. Es gab Walter Felsenstein und die ersten, gleichfalls sensationell wirkenden Aufführungen der Komischen Oper. Noch war Berlin damals zwar aufgeteilt in vier Sektoren, doch als geistige und gesellschaftliche Einheit nach wie vor spürbar. Die musikalische Zusammenarbeit der in Westberlin wohnenden Musiker einer ehemals Preußischen Staatskapelle mit ihren im Osten lebenden Kollegen funktionierte nach wie vor. Die Opernhäuser im Ostberliner Admiralspalast und in der Westberliner einstmals Komischen Oper Hans Gregors in der Kantstraße halfen einander bei Besetzungen regelmäßig aus.
Auch in Berlin wurde allenthalben von ihm geredet, von Dietrich Fischer-Dieskau. Man nannte ihn damals bereits der Einfachheit halber häufig FiDi.
Es muß noch in jenen vierziger Jahren gewesen sein, daß ich von der Ankündigung eines Liederabends erfuhr. Ein Schumann-Abend im einstigen Kinosaal des Titania-Palastes in Steglitz. Dort spielten auch die Berliner Philharmoniker. Da wollte ich hin.
Dieser Liederabend ist mir als leuchtende Erinnerung geblieben. Beglückend auch nach fünfzig Jahren. Nun stand er da, der hochgewachsene schöne junge Mann, in seinen frühen zwanziger Jahren, freundlich und ruhig. Er wußte genau, was er und wie er es singen wollte. Das Wort »Ausstrahlung«, so oft mißbraucht zu Werbezwecken aller Art: hier traf es zu. Er stand da gleichsam wie eine Inkarnation jenes romantischen deutschen Menschentums, dem alle seine Lieder an jenem Abend zu gel-

ten hatten. Fischer-Dieskau begann, das weiß ich noch genau, mit einem Lied Robert Schumanns, das dem europäischen Süden gegolten hatte, Südfrankreich und Spanien, den Geburtslanden der Troubadoure. Unter deren Zeichen stellte er offenbar sich selbst und seine Lieder. An diesem »Liederabend«, der an einem Sonntagmorgen stattfand. Seitdem war (und bin) ich ihm verfallen. Als er bald darauf ein Konzert mit der *Winterreise* ankündigte, ging ich selbstverständlich hin. Fischer-Dieskau war bereits an die Westberliner Oper verpflichtet worden. Hier gab er eine Schubert-Matinee. Die ungemein stilsichere Hertha Klust saß am Flügel.

FiDi und die *Winterreise*. Das ist seitdem in aller Welt als künstlerische Einheit verstanden worden. Man hat in späteren Jahren darüber gespöttelt, hat Einzelheiten der Interpretation, der Deklamation, der Stimmführung bemäkelt. Die Wahrheit ist, daß dieses inkommensurable Kunstwerk des todessüchtigen Franz Schubert durch diesen Sänger recht eigentlich für die heutige Musikwelt entdeckt wurde. Vor diesem Bariton hatten die erfolgreichen und auch tiefgründigen Sänger des tiefen Stimmfachs nur einzelne Stücke der *Winterreise*, also natürlich den *Lindenbaum*, ins Programm genommen. Fischer-Dieskau setzte es durch, daß man ein Konzert ausschließlich als Gesangswiedergabe dieser traurigen Gesänge ankündigen durfte.

Auch einige seiner ersten Opernrollen wollte ich unbedingt erleben. Das war stets in der Westberliner Oper, unweit vom Bahnhof Zoo, wo die Züge aus Westdeutschland zu enden hatten. Fischer-Dieskau als Jochanaan in der *Salome*, und als Gegenspieler der Christel Goltz, die damals noch zur Dresdner Staatsoper gehörte. »FiDi« bald darauf als René, nicht Renato, in Verdis *Maskenball*. Man sang noch in deutscher Sprache. Seit seiner Zeit im italienischen Gefangenenlager hatte sich Fischer-Dieskau eine staunenswerte Fertigkeit der italienischen Sprache erworben. So konnte er später auf einer Schallplatte neben allen Stars der italienischen Oper als Rigoletto mitwirken.

Die größte Opernleistung Fischer-Dieskaus war für mich, viele Jahre später, eine Aufführung des *Falstaff* von Verdi in der Wiener Staatsoper. Leonard Bernstein am Pult der Philharmoniker. Regie und Bühnenbilder von Luchino Visconti. Ein Sängerensemble der Mailänder Scala und Dietrich Fischer-Dieskau als Sir John Falstaff.

Früh jedoch setzte sich dieser junge und so erfolgreiche Bariton für die Neue Musik ein. Fischer-Dieskau war (und ist) entschieden neugierig. In dem richtigen Wortsinn. Erpicht weniger auf Neuigkeiten, als auf Neuheiten. In seinem Bericht über den Gallischen Krieg hat Julius Cäsar behauptet, die Gallier seien »rerum novarum cupidi«. Unter Furtwänglers Leitung trug er nun endlich wieder Gesänge Gustav Mahlers vor. Wolfgang Fortner schrieb für ihn auf einen altenglischen Text einen Bericht über die Weltschöpfung. *The Creation.* In Hans Werner Henzes Oper *Elegie für junge Liebende* stand er – meisterhaft – in der Hauptrolle eines ichbesessenen Dichters auf der Bühne, den der Textverfasser und wirkliche Dichter W. H. Auden durchaus nicht schmeichelhaft, eher menschenfresserisch entworfen hatte. Das konnte glücken, denn Fischer-Dieskau ist auch ein Humorist. Er kann es sich leisten, auch häßlich zu sein und Häßliches zu gestalten. Auch auf diese Welt des Häßlichen ist er neugierig. Wenn er es zu reproduzieren hat, entsteht keine Tragik, sondern gleichsam eine neue Sachlichkeit menschlichen Böseseins.

»Unendlich Licht mit seinem Licht verbinden.« Dies ist die Schlußzeile des Goethe-Gedichts für den verstorbenen Friedrich Schiller. Die Wirkungen Fischer-Dieskaus sind unermeßlich. Durch ihn, mit ihm, bisweilen gegen ihn entstand eine neue Generation singender und nachdenkender junger Gesangskünstler. Seit dem Vorsingen dieses Interpreten großer musikalischer Dichtung entstand ein neues Bewußtsein von der Substanz und Funktion großer deutscher (und außerdeutscher) Liedkunst. Er hat eine Welt der Lyrik fest im Kopf. Er hat jede Zeile, die er singt, genau verstanden. Manche haben ihm das sogar übelgenommen. Sie wollten gar nicht, daß man jedes Wort des Sängers verstehen würde. Für die früheren großen Sängerinnen und Sänger des neunzehnten und frühen zwanzigsten Jahrhunderts war Deutlichkeit das oberste Gesetz. In seinen Anweisungen für Bayreuth hatte Richard Wagner der Textdeutlichkeit den Vorrang eingeräumt. Um ihretwillen müsse sich dann halt das Orchester zurückhalten.

Durch die Kunst Dietrich Fischer-Dieskaus ist vieles an deutscher Liedkunst erst wieder ins Bewußtsein gekommen. Mit ihm wollten plötzlich die großen Pianisten musizieren. So entstanden einige der schönsten Aufnahmen großer Liedkunst. Meine Lieblingsaufnahme will ich nicht verschweigen. Die *Magelone-Romanzen* aus Ludwig Tiecks Geschichte von der Schönen Magelone. Vertont durch Johannes Brahms. Interpretiert durch Dietrich Fischer-Dieskau und Swjatoslaw Richter. Mit dem ergreifenden Anfangssatz der letzten Romanze. »Treue Liebe dauert lange«. Sie dauert nicht »ewig«, sondern lange. Das ist mehr als ewig.

Musik als Harmonia Mundi,
und Ernst Bloch

Der Doktor Faustus des deutschen Volksbuches war, wie bekannt, ein hochgelehrter Mann in allen vier Fakultäten der klassischen Universitas Litterarum. Der Mann freilich, geboren in Knittlingen und gestorben zu Staufen im Breisgau, der sich großspurig als Glückspilz zu bezeichnen pflegte, eben als ein Faustus, dürfte wirklich, auch für damalige Verhältnisse, so gelehrt aber nicht gewesen sein. Die Gelehrsamkeit diente ihm zum Geldverdienen und zur Ruhmsucht. Das Volksbuch ist bekanntlich eine protestantische Warnliteratur. Wehe dem, der ... Da landete man in letzter Instanz beim leibhaftigen Teufel.

Bei Christopher Marlowe, der als erster das deutsche Volksbuch für die englische Bühne dramatisierte, womit es dann wieder auf Deutschland zurückwirken konnte, ist der Doktor Faustus, wie auch später bei Goethe, in der Tat ein hochgelehrter Mann, der sich in aller Bewußtheit mit dem Teufel einläßt. Bereits bei Marlowe steht der Faust-Monolog am Beginn, der von der Verzweiflung über die Unzulänglichkeit aller Wissenschaft aus vier Fakultäten berichtet.

Ob die Faustgeschichte in ihren vielen Ausprägungen der fünf Jahrhunderte nun mit der Höllenfahrt endet oder der Himmelfahrt: an der Zugehörigkeit des Faust zur Wissenschaft und zum akademischen Leben wurde niemals wirklich gezweifelt.

Erst Thomas Mann äußerte, übrigens früh schon in seinem Leben und in der Frühe unseres Jahrhunderts, daß er selbst sich den Doktor Faustus durchaus nicht als Philosophen, Theologen, auch hochgelehrten Juristen oder Mediziner vorstellen möchte, sondern als Künstler. Genauer gesagt, als Musiker. Denn das philosophische Denken vieler Gelehrter aus Deutschland sei immer wieder insgeheim inspiriert worden durch Musik und Musikalität. Musik folglich als geheimes, oder kaum geheimes Grundthema eines spezifisch deutschen Philosophierens.

Dafür gibt es in der Tat viele und eindrucksvolle Beispiele. In doppelter Relation sogar: Als Affinität bedeutender Denker zur Tonkunst, ebenso als philosophische Spekulation bedeutender Tonsetzer. Es gibt eine Kette von Jakob Böhme und Johannes Kepler bis zu Paul Hindemith und Arnold Schönberg. Die klingenden Gläser in der schlesischen Schusterstube des Jakob Böhme inspirierten eine tönende Weltsicht. Johannes Kepler entdeckte hinter aller Zahlenspekulation und rechnerischer Genauigkeit eine allem Dasein zugrunde liegende Harmonia Mundi. Der gegen Ende seines Lebens zum katholischen Glauben konvertierte deutsche Tonsetzer Paul Hindemith schrieb eine Oper über eben diese »Harmonie der Welt«.

Merkwürdig aber. Die deutsche musikalische Philosophie steht am Anfang eines deutschen Philosophierens, und offenbar auch in unserer Gegenwart: also der Endzeit jener im frühen sechzehnten Jahrhundert etablierten bürgerlichen Gesellschaft.

Die eigentliche Epoche jedoch der großen Philosophen der bürgerlichen Aufklärung hat offenbar wenig Neigung verspürt, sich reflektierend mit dieser merkwürdigen Zwitterkunst aus Exaktheit und Ekstase genauer einzulassen, mit welcher wir es in der europäischen Musikgeschichte seit dem sechzehnten Jahrhundert zu tun haben. Insbesondere in den protestantischen deutschen Bereichen. Die philosophische Entwicklung des siebzehnten Jahrhunderts, mit Descartes und Pascal, Spinoza und Leibniz, fühlt sich der Mathematik verbunden, nicht der Musik.

Erst mit der deutschen Romantik, dies aber bereits im frühen Stadium zu Jena, zieht die Musik leibhaftig ein in alles »Dichten und Trachten«. Bei Wilhelm Heinrich Wackenroder und Friedrich von Hardenberg. Natürlich auch bei dem durchaus nicht romantischen, aber hochmusikalischen Hölderlin. Die große musikalische Romantik der Tonsetzer verbindet sich eng mit der romantischen Poesie. Umgekehrt wirkt die romantische Poesie, mit ihren späten Höhepunkten E. T. A. Hoffmann und Heinrich Heine, weit hinaus in alle europäische Kunst der Romantik.

Wodurch sich freilich eine Transformation vollzieht in der Haltung romantischer Künstler zu aller Wirklichkeit von Staat und Gesellschaft. Für Wackenroder, Friedrich Schlegel, Novalis war romantische Kunst eine Gegenwelt zur platten bürgerlichen Normalität. In E.T.A. Hoffmanns Erzählung *Der goldne Topf* mit dem Untertitel »Ein Märchen aus der neuen Zeit«, wird die Lehre verkündet, daß alle Kunst genötigt sei, ein Doppelleben zu führen. Gleichzeitig in Dresden und in Atlantis. Goethe las entrüstet diese Erzählung, notierte dann im Tagebuch, sie sei ihm nicht »bekommen«, diese Lektüre.

Hinter Goethes Abscheu stand wohl das tiefe Mißtrauen gegenüber aller Kunst, vornehmlich der Tonkunst, die sich dem verbalen Verstehen entzieht. Über ein Streichquartett, etwa einen späten Beethoven, kann man nicht diskutieren. Es sei denn auf seiner eigenen – musikalischen – Struktur. Womit freilich die Tonkunst in Gefahr geriet, als Gegenaufklärung gedeutet zu werden.

Eben in diesem Zusammenhang wird man die Philosophie Arthur Schopenhauers als eminent romantische Philosophie interpretieren müssen. Daß der höchst ungesellige Philosoph aus Danzig ein durchaus »unromantisches« Leben führte, spricht nicht dagegen. *Die Welt als Wille und Vorstellung*, erschienen im Jahre 1819 und lange Zeit unbeachtet geblieben, ist ein erzromantisches Buch. Nicht zufällig aber, daß es die gescheiterten Aufklärer und Revolutionäre seit 1849 waren, die ihren Schopenhauer für sich entdeckten. Als einen Philosophen der Abkehr vom Weltwillen, damit auch von allem Streben der Aufklärung und Weltveränderung.

Womit das Stichwort »Richard Wagner« fallen muß. Er vor allem fühlte sich betroffen und getroffen durch die Lektüre Arthur Schopenhauers in seinem Züricher Exil in den frühen fünfziger Jahren des 19. Jahrhunderts. Entdeckt hatte er dieses neue Kultbuch nicht selbst, obwohl er in einem berühmten Brief an Franz Liszt es vorzugeben scheint. Den Schopenhauer bekam Wagner von den befreundeten Emigranten Georg und Emma Herwegh. Von nun an gibt es, bis in Wagners spätes Schaffen hinein, jene indische Komponente, die er bei Schopen-

hauer entdeckt hatte. »Geh' an der Welt vorüber, es ist nichts.«
Schopenhauer hatte das, freilich mit ererbtem Wohlstand, vorleben wollen. Richard Wagner hingegen war hier nicht eben der richtige Adressat.

Was Schopenhauers Philosophie in der Absage an den Weltwillen und in der Entwirklichung der Welt als einer bloßen »Vorstellung«, an der Musik bewundert hatte, war ihre nichtverbale Gesetzmäßigkeit. Eine Harmonie, die absichtslos schien und ungetrübt durch alle gesellschaftliche Rezeption. Daß die Musikgeschichte seit dem Mittelalter das Gegenteil demonstrierte, nämlich die Abhängigkeit aller Musik von ihren gesellschaftlichen Auftraggebern, schien den Philosophen nicht zu stören.

Vermutlich war die Schopenhauerrezeption Richard Wagners abermals ein hastiges Mißverständnis. Eine neue Kultfigur in Wagners Leben seit E. T. A. Hoffmann und Carl Maria von Weber, seit Beethoven und den Pariser utopischen Sozialisten um Proudhon, seit Ludwig Feuerbach und Michail Bakunin. Sie alle haben ihre Spuren hinterlassen im *Ring des Nibelungen*. Am wenigsten gilt das für die neue Kultfigur Arthur Schopenhauer. Der Philosoph selbst schien es gemerkt zu haben, wie sein Brief an Wagner nach der Lektüre der *Walküre* bestätigt. Proudhon hingegen ist nachweisbar. Die *Götterdämmerung* wurde von Wagner nach wie vor interpretiert als Brandschatzung des verhaßten Städtchens Paris, jener so demütigenden Hauptstadt des 19. Jahrhunderts.

Auch dem von Wagner so demonstrativ betonten Einfluß Schopenhauers auf den *Parsifal* sollte man nicht trauen. Es ist ein groteskes Mißverständnis, wenn Nietzsche das Bühnenweihfestspiel als Schöpfung eines katholischen Konvertitentums denunziert. Dies sei »Roms Glaube ohne Worte«.

Richard Wagner blieb bis zuletzt ein Feuerbachianer, der sich alle Religion lediglich als menschlichen Überbau zu deuten wußte. Da kam es ihm, im Falle des *Parsifal*, auf eine spezifische Religion überhaupt nicht an. Katholische Rituale und indische Theologie. Alles zubereitet für einen Abend des Musiktheaters. Deshalb war Richard Wagner bei der Bayreuther Uraufführung des *Parsifal* im Jahre 1882 so verärgert, als der Vorhang des ersten Aktes über der Abendmahlsszene gefallen war, und keine Hand sich regte zum Applaus.

Auch in der Musikgeschichte gibt es immer wieder sonderbare Mißverständnisse, die sich als unausrottbar erweisen. Richard Wagner hielt seinen kritischen Gegenspieler zu Wien, den Dr. Eduard Hanslick, den Wagner so gern zum Juden gemacht hätte, was er nicht war, in allen Bereichen für das blanke Gegenbild. Dafür genügte ihm vor allem Hanslicks Freundschaft mit Johannes Brahms. Auch Hanslick selbst, dafür zeugen seine scharfsinnigen Verrisse, wollte in aller Bewußtheit eine antiwagnerianische Musikphilosophie repräsentieren.

Dabei erweist es sich aber bei genauer Interpretation, daß sich Eduard Hanslick als Musiktheoretiker in enger Verbindung fühlt mit der Musikphilosophie Arthur Schopenhauers. In Hanslicks berühmtem Buch *Vom musikalisch Schönen* wird eine durchaus auch auf Schopenhauer zurückgeführte Musikphilosophie analysiert. Wenn in der Tat alle Musik, wie Hanslick formuliert, nichts anderes sein solle als ein »Spiel tönend bewegter Formen«, dann handelt es sich wohl um eine Art der Musik, die sich freigemacht hat von einer Befleckung durch den Weltwillen. Was man von der Musik Richard Wagners nicht sagen konnte und kann.

Musik als Harmonia Mundi wäre folglich in der Ästhetik eines Eduard Hanslick weit eher aufzuspüren, als in der Musik des *Tristan* und im *Karfreitagszauber.* Bleibt zu fragen, ob dieses Konzept der Musik als einer gleichsam »gegenstandslosen Kunst« in der Tat ein Realphänomen ist oder doch eher eine spezifisch »deutsche Ideologie«. Diese Fragestellung ist durchaus nicht gegenstandslos. Sie meint vor allem das Philosophieren Ernst Blochs, und zwar ihr gesamtes Philosophieren. Vielleicht war alles Denken dieses eminent musikalischen und lesefreudigen Denkers insgeheim als ein einziger Beitrag zum Phänomen der Ästhetik zu deuten.

Für Bloch gab es fließende Grenzen zwischen dem Erleben

großer Musik und dem denkerischen und sprachlichen Einfall des Schriftstellers. Für ihn vermochte eine bestimmte Musik durchaus Antwort zu geben auf weltanschauliche Probleme.

Ein rührendes, gleichzeitig tiefsinniges Ereignis aus Ernst Blochs letzter Lebenszeit mag das andeuten. Kurz vor seinem 90. Geburtstag fand er sich bereit, in einem Gespräch mit zwei Freunden vor der Fernsehkamera über sein Denken noch einmal Auskunft zu geben. Wie zu erwarten war, kam die Frage nach seinen konkreten gesellschaftlichen Vorstellungen von den Zentralbegriffen seiner Philosophie: also Heimat und Hoffnung. Statt einer Antwort begann der alte Mann mit brüchiger Stimme zu singen: »Mein gläubiges Herze, frohlocke und scherze...«, also die *Pfingstkantate* von Johann Sebastian Bach. Dann wäre mithin die unirdische heitere Musik des Sopransolos zu verstehen als ein Musizieren, dem der Weltwille nichts anhaben kann.

Ernst Bloch war seit seiner Jugend ein Verehrer der Musik Gustav Mahlers. Gerade die in ihrer – nicht absoluten – Struktur fragwürdigen *Sinfonien Zwei* und *Drei* hatten es ihm angetan. Also die *Auferstehungssinfonie* und Mahlers Dritte mit dem geheimen Mittelpunkt des Gesangs der Nacht nach Worten Friedrich Nietzsches. Menschlicher Schmerz vergeht immer wieder rasch. »Doch alle Lust will Ewigkeit.« Vermutlich führt ein sonderbarer gerader Weg von der Pfingstkantate Johann Sebastian Bachs zur *Vierten Sinfonie* Gustav Mahlers. Dann hätte Ernst Bloch in der Tat Recht gehabt, wenn er die Musik des gläubigen Herzens und die *Dritte Sinfonie* Gustav Mahlers als musikalische Harmonie der Welt verstand. Im Grunde würde ein Bogen gespannt von der Sopranstimme der *Pfingstkantate* zur Sopranstimme am Schluß von Mahlers *Vierter Sinfonie*. Der Gesang von den himmlischen Freuden und von der Musik im Himmel, die unvergleichbar sei aller Musik auf Erden. Es ist bekannt, daß Mahler diesen Text aus *Des Knaben Wunderhorn* für seine *Dritte Sinfonie* vorgesehen hatte. Ein Teil der Musik dazu findet sich bereits in dieser *Dritten Sinfonie*. Wahrscheinlich hat der jüdische Tonsetzer aus Österreich-Ungarn richtig gehandelt, wenn er seine kindlich heitere Musik über die Freuden einer nichtirdischen Welt aus dem Zusammenhang der *Dritten Sinfonie,* als einer Weltmusik, fernhielt. Am Schluß der *Vierten Sinfonie,* die mit Schellengeklingel beginnt, geht es nach wie vor sehr irdisch zu. Bis sich der riesige musikalische Vorhang öffnet: vor einem imaginären Bühnenhimmel. Das Lied von den himmlischen Freuden besingt eine schöne theatralische Welt. Eine Gegenwelt zu aller irdischen Misere. Ganz wie in der großen deutschen Romantik bei E. T. A. Hoffmann im Märchen vom *Goldnen Topf* demonstriert worden war, alle Kunst sei nur im Doppelleben möglich. Man lebt gleichzeitig in Dresden und in Atlantis.

Musik als Harmonie der Welt. Sie muß die profunde Disharmonie mit Notwendigkeit mit sich schleppen. Das wußte Johann Sebastian Bach genau so wie E. T. A. Hoffmann. Johannes Kepler ebenso wie Paul Hindemith. Richard Wagner ebenso wie Gustav Mahler. Soll man hier von einer spezifischen Lebensform deutscher Tonsetzer sprechen? Thomas Mann hat es so verstanden. Allein, ein solches Fragen muß ohne Antwort bleiben.